Cappellani G. - D'Agostino M. - De Siena

LABORATORIO
DI TECNOLOGIE MUSICALI

Teoria e Pratica per i Licei Musicali, le Scuole di Musica e i Conservatori
Volume 1

Cappellani G. - D'Agostino M. - De Siena L. - Mudanò S. - Paolozzi G.
LABORATORIO DI TECNOLOGIE MUSICALI
Teoria e Pratica per i Licei Musicali, le Scuole di Musica e i Conservatori
Vol. 1
ISBN 978-88-905484-7-5

Realizzazione immagini: Maurizio Refice e Gabriele Cappellani, con la collaborazione di Fabio Iafano
Realizzazione esempi interattivi: Gabriele Paolozzi
Realizzazione indice analitico e glossario: Giulio Erra
Realizzazione esempi sonori: Giulio Erra, con la collaborazione di Fabio Iafano
Immagine di copertina: © Dmitry Nikolaev
Immagine 2.2 - Creative Commons 2.5 - autore: Iain Fergusson
Immagine 6.5 - Creative Commons 3.0 - autore: Fanny Schertzer

ConTempoNet s.a.s., Roma
e-mail   posta@contemponet.com
         laboratorio@tecnologiemusicali.net
URL: www.contemponet.com
         www.tecnologiemusicali.net

INDICE

Prefazione di Alessandro Cipriani e Maurizio Giri • **VII**
Introduzione • **IX**

UNITÀ 1
UN'ORCHESTRA DI COMPUTER
CONTRATTO FORMATIVO • **2**
1.1   Un'orchestra di computer • **3**
1.2   E ora, suoniamo! • **10**

APPENDICI
1.A1   Acustica e Psicoacustica I • **12**
1.A2   Mono vs Stereo • **22**
1.A3   Catena elettroacustica e trasduttori • **23**
        ATTIVITÀ E VERIFICHE
        In classe - Verifiche individuali • **31**
        In classe - Verifiche di gruppo • **32**
        A casa - Questionari di autoverifica • **33**

UNITÀ 2
IL SUONO DA VICINO
CONTRATTO FORMATIVO • **36**
2.1   Il suono da vicino: il microfono • **37**
2.2   Il microfono a condensatore • **39**
2.3   Una chitarra "a percussione" • **41**

APPENDICI
2.A1   Acustica e Psicoacustica II • **44**
2.A2   Il suono attraverso i cavi • **50**
2.A3   Mic level, Line level, Instrument level e D.I. Box • **56**
2.A4   Regolazione dei livelli del segnale nel mixer • **58**
        ATTIVITÀ E VERIFICHE
        In classe - Verifiche individuali • **63**
        In classe - Verifiche di gruppo • **64**
        A casa - Questionari di autoverifica • **65**

UNITÀ 3
UNO STUDIO FATTO IN CASA
CONTRATTO FORMATIVO • 68
3.1   La postazione audio digitale • 69
3.2   Ascoltare, analizzare, produrre • 73

APPENDICI
3A.1   Il computer • 76
3A.2   La scheda audio • 81
3A.3   *Hard Disk* e connessioni • 82
3A.4   I monitor da studio • 83
       ATTIVITÀ E VERIFICHE
       In classe - Verifiche individuali • 84
       In classe - Verifiche di gruppo • 85
       A casa - Questionari di autoverifica • 86

UNITÀ 4
DAW E IMPOSTAZIONI DI BASE DI UN PROGETTO
CONTRATTO FORMATIVO • 88
4.1   Finalmente pronti! • 89
4.2   Primi passi con la DAW • 94
4.3   Controlliamo • 96

APPENDICI
4.A1   Acustica e Psicoacustica III • 98
4.A2   Sample rate, bit depth e SRC • 102
4.A3   Tipologie di tracce • 104
4.A4   Formati dei file e relative estensioni • 105
       ATTIVITÀ E VERIFICHE
       In classe - Verifiche individuali • 108
       In classe - Verifiche di gruppo • 109
       A casa - Questionari di autoverifica • 110

UNITÀ 5
MASH-UP!
CONTRATTO FORMATIVO • 112
5.1   Mash-up! • 113
5.2   Taglia e "cuci" • 115
5.3   Ultimi ritocchi • 117

APPENDICI
5.A1   Acustica e Psicoacustica IV • 121
5.A2   Timeline e griglia • 124
5.A3   Strumenti di base per l'editing e il montaggio • 126
5.A4   Fade in, Fade out e Crossfade • 127
5.A5   Editing veloce • 129

ATTIVITÀ E VERIFICHE
In classe - Verifiche individuali • **130**
A casa - Questionari di autoverifica • **131**

UNITÀ 6
CATTURARE IL SUONO
CONTRATTO FORMATIVO • **134**
6.1   Catturare il suono • **135**
6.2   Una passeggiata sonora • **140**

APPENDICI
6.A1   Tipologie di microfoni • **143**
6.A2   Tecniche di ripresa microfonica di base • **146**
6.A3   Il soundscape • **149**
6.A4   Conversione A/D e D/A • **150**
6.A5   Livelli di registrazione e dBFS • **155**
ATTIVITÀ E VERIFICHE
In classe - Verifiche individuali • **158**
In classe - Verifiche di gruppo • **159**
A casa - Questionari di autoverifica • **160**

UNITÀ 7
LOOP
CONTRATTO FORMATIVO • **162**
7.1   Loop • **163**
7.2   Creiamo loop con i nostri sample • **165**

APPENDICI
7.A1   Formati dei loop • **169**
7.A2   Click, Precount e Pre/Post Roll • **170**
ATTIVITÀ E VERIFICHE
In classe - Verifiche individuali • **172**
In classe - Verifiche di gruppo • **173**
A casa - Questionari di autoverifica • **174**

UNITÀ 8
TRASFORMARE IL SUONO
CONTRATTO FORMATIVO • **176**
8.1   Elaborazione del suono sul mixer • **177**
8.2   Elaborazione del suono nella DAW • **181**
8.3   Elaborazioni estreme! • **187**

APPENDICI
8.A1   Acustica e Psicoacustica V • **190**
8.A2   Il Riverbero • **195**
8.A3   Il Delay • **198**

8.A4   I diversi formati di plug-in • **199**
        ATTIVITÀ E VERIFICHE
        In classe - Verifiche individuali • **200**
        In classe - Verifiche di gruppo • **201**
        A casa - Questionari di autoverifica • **202**

UNITÀ 9
Il MIDI (1a parte)
CONTRATTO FORMATIVO • **204**
9.1   Il MIDI • **205**
9.2   Minimalisti digitali • **207**

APPENDICI
9.A1   Il protocollo MIDI • **209**
9.A2   Frequenza e note MIDI • **220**
        ATTIVITÀ E VERIFICHE
        In classe - Verifiche individuali • **223**
        In classe - Verifiche di gruppo • **224**
        A casa - Questionari di autoverifica • **225**

PREFAZIONE
di Alessandro Cipriani e Maurizio Giri

Il panorama editoriale italiano offre molti testi, alcuni dei quali di buona qualità, di introduzione alle tecnologie musicali, alla musica elettronica e all'audio
digitale. Spesso però non si tratta di testi organizzati secondo una metodolo-
gia didattica volta a costruire un percorso di apprendimento, ma si propongo-
no come ottimi archivi di informazioni preziose disposte in sequenza.

Occuparsi praticamente di tecnologie musicali, registrare, mixare, allestire un
home studio, fare musica elettronica, scrivere partiture elettroniche richiede
ben più che un libro di informazioni. Si ha bisogno di un testo che costrui-
sca un percorso didattico guidato, che non dia nulla per scontato e con una
fortissima integrazione fra teoria, pratica, percezione, creatività individuale
e collettiva, con attività di gruppo, *problem solving*, *reverse engineering* etc.

Il rischio, in mancanza di tale percorso, è quello di imparare solo la teoria,
o meglio di imparare solo "in teoria", di approfondire le proprie conoscenze,
senza un vero sviluppo delle abilità pratiche e delle competenze complesse,
che richiedono esperienza, ragionamento pratico, rapporto fra percezione e
conoscenza, fra agire e capire, fra sapere e saper fare.

Ed è qui che l'ottimo e innovativo testo di Cappellani, D'Agostino, De Siena,
Mudanò e Paolozzi interviene a colmare quel vuoto presente nel panorama
editoriale italiano.
Laboratorio di Tecnologie Musicali è un testo in cui la parte pratica e di esperienza del suono è la base principale su cui viene costruito il percorso stesso,
un percorso che parte da zero. In generale l'attenzione al suono e agli aspetti
percettivi è centrale in questo lavoro.

Le nuove teorie sull'apprendimento mettono l'accento sul fatto che la conoscenza e le abilità non sono mai oggettive ma che sono in forte relazione col
tipo di intelligenza del discente. L'apprendimento viene visto quindi, particolarmente nella teoria costruttivista, come costruzione di un esperienza che,
formandosi in relazione con singoli individui o con gruppi, viene rimodulata
ogni volta in modi e tempi diversi.

Laboratorio di Tecnologie Musicali va incontro a questa possibilità di rimo-
dulazione della conoscenza, anche grazie all'apparato di esempi interattivi e
parti di apprendimento pratico con i quali ogni utente del libro può interagire
in modo attivo, rendendo personale il proprio apprendimento. Non si tratta
quindi semplicemente di un testo didattico, ma piuttosto di una vera e propria
mappa per un viaggio nel suono e la musica attraverso le tecnologie, un "libro
vivente", in cui la parte software porta l'utente ad esperire una forte interattivi-
tà, in cui la sua intelligenza e la sua creatività vengono messe costantemente
a frutto, man mano che si dipana la crescita delle sue conoscenze, abilità e
competenze.

Il linguaggio utilizzato dagli autori di questo testo è semplice, va incontro in modo "amichevole" a persone che ancora debbono imparare la terminologia tecnica, ma allo stesso tempo i concetti non vengono banalizzati; vengono man mano introdotti e spiegati i termini della disciplina, evitando tecnicismi fine a se stessi. Gli argomenti trattati si intrecciano continuamente, la memoria viene continuamente stimolata attraverso rimandi e reti interdisciplinari tra i vari ambiti trattati.

Si tratta di un testo dalle caratteristiche nuove per il panorama italiano del settore, perché tende a coniugare l'immediatezza della didattica anglosassone, con la capacità di relazione, contestualizzazione, ragionamento e *problem solving* tipico della didattica italiana.

Lo scopo è quello dunque di costruire basi tecniche robuste, utile per chi voglia utilizzare le tecnologie musicali in modo semplice, ma anche fondamentale per chi voglia avviare un percorso più approfondito o specialistico in un secondo momento o con i volumi successivi di quest'opera importante.

Da ultimo, va segnalata la modalità originale di scrittura a rete fra i vari autori, i quali hanno condiviso le diverse competenze specialistiche ed hanno sperimentato una non divisione del lavoro, ridiscutendo sempre ogni passaggio insieme. Questo metodo di scrittura, per il quale gli autori si sono avvalsi della rete nelle sue forme più avanzate, ha portato a una forte integrazione e organicità, anziché come si potrebbe pensare in presenza di 5 autori diversi, ad una frammentazione del linguaggio e separazione fra le diverse zone del libro. Quello che si dice "fare della diversità un elemento di ricchezza".

Un testo diverso, dunque, con una concezione didattica forte, che sarà di grande stimolo sia per i docenti, i quali troveranno materiale in abbondanza per organizzare le proprie lezioni, sia per chi voglia intraprendere un viaggio nel suono da autodidatta.

Alessandro Cipriani e Maurizio Giri
Roma, maggio 2014

INTRODUZIONE

Perché un libro di testo

Laboratorio di Tecnologie musicali è un progetto in due volumi sollecitato dallo sviluppo e dalla diffusione delle nuove tecnologie legate alla musica che hanno condotto all'introduzione di una disciplina specifica, *tecnologie musicali*, nei licei musicali avviati con la recente riforma della scuola secondaria superiore. Parimenti, sono stati introdotti corsi di *informatica musicale* nei piani di studio dei conservatori e degli istituti musicali, sia nella formazione di base sia in quella accademica.

Questa attenzione per le tecnologie musicali scaturisce dalla convinzione, ormai acquisita, che il possesso di competenze in questo campo sia imprescindibile per il musicista moderno e indispensabile per l'accesso alle nuove professioni musicali.

Prima di intraprendere la stesura di questo lavoro ci siamo chiesti se ancora fosse necessario un libro di testo in un momento che vede la scuola impegnata a individuare altri sussidi didattici alternativi al libro cartaceo.

Dopo un'attenta riflessione ci siamo risposti di sì, che il libro di testo è ancora uno strumento utile sia per il docente sia per lo studente. Infatti, aiuta il primo a pianificare l'attività didattica e la preparazione delle lezioni, evita la dispersione generata dalla somministrazione di materiali didattici provenienti da fonti diverse e organizzati nella classica dispensa e gli consente di verificare il raggiungimento degli obiettivi da parte dello studente. Per quest'ultimo il libro rappresenta ancora il più importante strumento di supporto allo studio e orienta il suo percorso di ricerca fuori dal testo (altri libri, il web etc.) fungendo da "mappa".

Come nasce *Laboratorio di Tecnologie Musicali*

In primo luogo abbiamo fatto una ricognizione dei libri sull'argomento presenti in commercio e abbiamo constatato che, nonostante esistano pubblicazioni autorevoli e ben fatte, nessuna di queste, a nostro giudizio, si adattava alle esigenze dell'insegnamento della disciplina: in alcuni casi il linguaggio era spesso troppo complesso; in altri gli argomenti trattati non erano coerenti con le indicazioni nazionali sugli obiettivi specifici di apprendimento suggeriti dal Ministero o non le soddisfacevano in modo completo; in altri ancora mancava del tutto l'apparato delle verifiche o le attività pratiche da svolgere.

Fatte queste considerazioni, occorreva secondo noi un libro che spiegasse i concetti in un linguaggio semplice e adatto ai destinatari a cui si rivolge; che fosse coerente con gli obiettivi di apprendimento prefissati; che contenesse proposte di lavoro e attività pratiche da svolgere in classe e a casa; che possedesse un robusto apparato di prove e di verifiche degli apprendimenti.

Siamo partiti "spacchettando" le indicazioni nazionali relative agli obiettivi specifici di apprendimento per la disciplina individuando una ripartizione in 5 macro-argomenti: *Acustica e Psicoacustica, Elettroacustica, Audio digitale, MIDI* e *Notazione musicale*. Abbiamo deciso di rivoluzionare l'impostazione tradizionale comune a molti libri non affrontando in blocco questi argomenti, ma articolandoli in modo trasversale nelle varie unità in modo da offrire una trattazione sempre varia e al contempo esaustiva. Per esempio, i concetti e i laboratori di acustica e psicoacustica si trovano nelle unità 1, 2, 4, 5 e 8.

Molto più di un libro di testo

Al tempo stesso ci siamo detti che serviva molto di più di un libro di testo. Sarebbe stato infatti contraddittorio spiegare le nuove tecnologie senza un adeguato supporto di materiali multimediali e interattivi. Abbiamo quindi immaginato una piattaforma didattica integrata in cui il libro si connette con altri sussidi didattici appositamente ideati per una più efficace comprensione dei contenuti.

A chi si rivolge l'opera

Questo lavoro è pensato per gli studenti del primo biennio del liceo musicale. Può anche essere utilizzato sia per la disciplina *Informatica musicale* prevista nei piani di studio dei Conservatori o delle scuole di musica sia nei corsi pre-accademici di Musica Elettronica e Tecnico del suono.

Il libro si propone anche come un valido strumento per accompagnare il percorso formativo di un autodidatta.

Come funziona *Laboratorio di Tecnologie Musicali*

Come si evince dal titolo, l'approccio didattico è di tipo laboratoriale, coniuga cioè il *sapere* con il *saper fare*. Ogni unità didattica si divide in due parti, una pratica e una teorica, che "dialogano" costantemente tra loro.
Nella prima parte di ogni unità sono previste una o più attività pratiche, individuali e di gruppo, da svolgere nel laboratorio di tecnologie musicali o a casa. La seconda parte compendia i principali concetti teorici implicati nelle attività svolte organizzandoli in una serie di appendici.
Da questa impostazione delle varie unità si comprende che, dal punto di vista pedagogico, si è scelto di far precedere l'esperienza del suono e la pratica nel campo delle nuove tecnologie all'acquisizione dei concetti teorici della disciplina.

Gli esempi interattivi
Proprio per questa attenzione all'esperienza del suono, una parte importante del libro risiede negli esempi interattivi richiamati nel corso delle unità e organizzati all'interno di una unica applicazione denominata *TM Lab*, scaricabile dal sito www.tecnologiemusicali.net/tm

Il sito e i materiali didattici integrativi
Oltre all'applicazione *TM Lab*, abbiamo predisposto una serie di materiali didattici integrativi o necessari alla realizzazione delle varie attività proposte nel testo. Anche questi materiali sono organizzati per unità e sono scaricabili all'indirizzo www.tecnologiemusicali.net/tm

Nel sito internet sono disponibili:

- i materiali audio utilizzati nel corso delle attività pratiche organizzati in cartelle
- i tutorial video che guideranno i lettori passo dopo passo nella risoluzione dei principali problemi e li accompagneranno nella realizzazione delle attività
- il glossario contenente la spiegazione dei principali termini tecnici utilizzati
- una scheda per ciascuna unità con i link alle principali risorse in rete, come ad esempio approfondimenti, software musicali etc, una corposa videografia e discografia di supporto allo studio comprendente brani tratti dal repertorio di vari generi musicali.

I docenti interessati, oltre a poter scaricare tutti i materiali appena elencati, hanno la possibilità di accedere anche a una sezione riservata del sito da cui scaricare questionari pronti per l'uso da proporre agli studenti alla fine di ciascuna unità per verificare il livello delle conoscenze raggiunto. Per accedere a questa sezione è necessario registrarsi e autenticarsi come docente seguendo l'apposito link sul sito www.tecnologiemusicali.net/tm.

Le immagini dei software
Per lo svolgimento di molte delle attività proposte, sarà indispensabile che i computer del laboratorio o quello personale siano provvisti di una DAW. Il panorama delle DAW è molto vario e comprende sia software commerciali, con costi molto variabili, sia gratuiti. Abbiamo deciso di lasciare il lettore libero di scegliere il software che preferisce in base alle proprie esigenze e al proprio budget; ciò nonostante, per comodità di lavoro, nel libro si è scelto di utilizzare prevalentemente le immagini con le schermate del software *Reaper*. Questo perché la struttura e la concezione dell'interfaccia grafica di questo programma è analoga a quella di molte altre DAW in circolazione. In alcuni casi abbiamo però dovuto inserire immagini di schermate di altri software perché li abbiamo ritenuti più adatti a illustrare gli strumenti e le funzioni spiegati o perché questi ultimi non erano presenti su *Reaper*.

Tempi di apprendimento
All'inizio di ciascuna unità sono indicati i tempi di apprendimento previsti. Tenendo conto del monte ore complessivo della disciplina per ciascun anno scolastico del primo biennio (66 ore/anno), abbiamo assegnato a ciascuna unità un numero di ore adeguato al suo svolgimento considerando che il piano di studi prevede 2 ore settimanali di tecnologie musicali.

Livello richiesto
Per affrontare gli argomenti trattati non è richiesta alcune conoscenza specifica nel campo delle tecnologie musicali poiché la finalità di questo testo è proprio quella di accompagnare lo studente al conseguimento di un buon livello di competenza partendo da zero. Per la comprensione di alcuni concetti è importante però possedere conoscenze basilari di informatica (per esempio saper installare/disinstallare un software), matematica (conoscere le equivalenze o le potenze) e musica (saper leggere le note su un pentagramma).

Commenti e segnalazioni
Per qualsiasi commento, feedback o segnalazione potete scrivere all'indirizzo di posta elettronica laboratorio@tecnologiemusicali.net

Ringraziamenti

Gli autori desiderano ringraziare Alessandro Cipriani e Maurizio Giri per aver proposto loro l'idea di realizzare questo lavoro e averli accompagnati in ogni fase aiutandoli a superare le innumerevoli difficoltà incontrate.
Si ringraziano inoltre Giulio Erra e Fabio Iafano per l'impegno profuso e la professionalità mostrata nel loro lavoro; Antonino Chiaramonte e Marco Massimo per la disponibilità.

Gabriele Cappellani desidera inoltre ringraziare Carmela Pupillo per l'amorevole supporto. Un ringraziamento speciale lo rivolge anche all'amico Peppe Scucces che con la sua esperienza e la sua sensibilità umana e artistica è stato un punto di riferimento importante in questi primi anni di insegnamento.
Mirko D'Agostino desidera inoltre ringraziare Seda Sultansu per averlo spronato e supportato con costanza, pazienza e incrollabile fiducia, Antonio D'Agostino, Vladimiro D'Agostino e Patrizia Recano per averlo sempre spinto a seguire la propria strada e Sergio Quagliarella senza il quale questa strada non sarebbe mai stata intrapresa.
Luca De Siena desidera ringranziare Carla Di Martino e Pietro De Siena per l'assiduo sostegno nonché Emanuele Pappalardo, Marco Massimi, Luca Proietti e Filippo Volpe per l'importanza che hanno avuto lungo il proprio percorso didattico.
Gabriele Paolozzi desidera ringraziare particolarmente Alfredo Paolozzi e Silvana Schiavo per avergli consentito di seguire il proprio percorso musicale e professionale e Jessica Patti per essergli stato vicino con fiducia e pazienza.
Salvatore Mudanò intende ringraziare particolarmente Ursula Breitinger per la pazienza, il sostegno e il continuo supporto dimostrato anche nei momenti più difficili, Enrico La Cognata per averlo sempre incoraggiato e sostenuto e infine un ringraziamento va a Francesco Paris per la disponibilità e la fiducia dimostrata in questi anni.

Dedica

Gli autori vogliono dedicare questo libro alle loro famiglie per il sostegno ricevuto e la pazienza mostrata durante la sua lunga gestazione.

Gabriele Cappellani è laureato al DAMS di Bologna, diplomato in pianoforte e in musica elettronica all'Istituto musicale pareggiato "V. Bellini" di Catania dove ha conseguito anche il diploma accademico abilitante all'insegnamento dell'educazione musicale nella scuola secondaria di I e II grado. Ha insegnato Storia della musica elettroacustica, Acustica musicale e Informatica musicale all'Istituto musicale "V. Bellini" di Catania. Attualmente è docente di Storia della musica e di Tecnologie musicali al Liceo musicale dell'Istituto di Istruzione Secondaria Superiore "G. Verga" di Modica.

Mirko Ettore D'Agostino è laureato in Musica Elettronica e in Musica e Nuove Tecnologie con specializzazione in Composizione Audiovisiva Digitale presso il Conservatorio di Musica "Licinio Refice" di Frosinone. Accanto all'attività di compositore affianca attualmente quella di produttore e mastering engineer presso il Babajim Istanbul Studios & Mastering. I suoi lavori elettroacustici e per il video sono stati eseguiti in Italia e all'estero.

Luca De Siena è laureato in Musica Elettronica e Musica e Nuove Tecnologie presso il conservatorio "Licinio Refice" di Frosinone. È attualmente docente di "Tecnologie Musicali" presso il liceo musicale "Chris Cappell College" di Anzio e di "Mastering" presso il master di 1° livello in "Nuove Tecnologie Applicate Alla Musica" dell'Istituto Superiore di Studi Musicali "Bellini" di Caltanissetta. Le sue musiche sono state selezionate ed eseguite nei più importanti festival di musica elettroacustica internazionali. Come mastering engineer ha all'attivo alcuni dischi pubblicati da etichette indipendenti.

Salvatore Mudanò è laureato in Musica Elettronica e in Musica e Nuove Tecnologie con specializzazione in Composizione Audiovisiva Digitale presso il Conservatorio di Musica "Licinio Refice" di Frosinone. Bassista, sound engineer, svolge varie attività, dalla registrazione audio di concerti dal vivo, al missaggio e mastering; operatore Pro Tools per la post-produzione audio per clienti come Rai, La7 e Sky.

Gabriele Paolozzi è laureato in Musica Elettronica e in Musica e Nuove Tecnologie con specializzazione in Composizione Audiovisiva Digitale presso il Conservatorio di Musica "Licinio Refice" di Frosinone. Le sue composizioni elettroacustiche e i suoi lavori per il video sono stati selezionati ed eseguiti in diversi festival nazionali e internazionali.
È inoltre sound engineer per il live ed ha collaborato con artisti di fama nazionale e internazionale.

LEGENDA DEI SIMBOLI UTILIZZATI

• DETTAGLI TECNICI

• APPROFONDIMENTI

• ATTIVITÀ ED ESEMPI INTERATTIVI

• UNA COSA A CUI FARE ATTENZIONE

• SCHEDA RISORSE DIDATTICHE

• RISORSE AUDIO

• RISORSE MIDI

• VIDEO TUTORIAL

• VERIFICHE DI GRUPPO

• VERIFICHE INDIVIDUALI

• QUESTIONARI DI AUTOVERIFICA

UNITÀ 1
UN'ORCHESTRA DI COMPUTER

Argomenti trattati

1.1   UN'ORCHESTRA DI COMPUTER

1.2   E ORA, SUONIAMO!

Appendici

1.A1 ACUSTICA E PSICOACUSTICA I

1.A2 MONO VS STEREO

1.A3 CATENA ELETTROACUSTICA E TRASDUTTORI

PREREQUISITI PER IL CAPITOLO
• Conoscenza di base del computer

OBIETTIVI
Abilità
• Saper collegare correttamente gli elementi di una catena elettroacustica (sorgente, mixer, diffusori acustici)
• Sapere utilizzare i controlli principali di un mixer per controllare il flusso del segnale

Conoscenze
• Comprendere il funzionamento di una catena elettroacustica
• Comprendere il funzionamento dei controlli principali del mixer
• Comprendere la differenza tra segnali monofonici e segnali stereofonici
• Comprendere i principi su cui si fondano acustica e psicoacustica
• Comprendere i meccanismi di produzione e propagazione del suono
• Comprendere alcune delle principali caratteristiche dell'onda di pressione sonora
• Comprendere la relazione tra frequenza dell'onda sonora e percezione dell'altezza

CONTENUTI
• Controlli principali del mixer (fader, gain, mute, pan, EQ)
• Connettori audio, ingressi di linea e ingressi microfonici
• Trasduttori e diffusori
• Definizioni di acustica e psicoacustica
• L'onda di pressione sonora

TEMPI
Per un corso biennale di 30+30 settimane: circa 4 settimane (8 ore)

ATTIVITÀ
• Realizzazione di una catena elettroacustica (lettore mp3/cd, mixer, diffusori)
• Collegamento di più sorgenti sonore al mixer
• Regolazione dei controlli principali del mixer (gain, fader, pan)
• Attività di gruppo da svolgere in classe
• Attività di ascolto e analisi
• Produzione di elaborati (di gruppo e individuali)

VERIFICHE
• Questionario di autoverifica
• Verifiche abilità pratiche
• Verifica generale delle competenze acquisite

SUSSIDI DIDATTICI DISPONIBILI ONLINE
• Glossario • Scheda risorse didattiche • Applicazioni ed esempi interattivi

MATERIALI NECESSARI
• Computer • Sistema di controllo e diffusione del suono (mixer + 2 casse audio)

1.1 UN'ORCHESTRA DI COMPUTER

L'orchestra, così come la conosciamo, è formata da un insieme di strumenti tradizionali come violini, flauti, clarinetti, timpani etc. Col passare degli anni, però, l'evoluzione tecnologica ha messo a disposizione dei musicisti nuovi strumenti. Uno di questi è il computer.
Il computer infatti può essere utilizzato come un vero e proprio strumento musicale da far suonare insieme ad altri computer formando un'orchestra, la **laptop orchestra**[1].
Proviamo a realizzarne una.

Come far suonare tanti computer insieme?

Per far suonare la nostra orchestra abbiamo bisogno innanzitutto di dispositivi che consentano di diffondere il suono, quelli che comunemente chiamiamo **casse**.
Occorre poi uno strumento per "miscelare" insieme i suoni provenienti da fonti sonore diverse (i nostri computer): il **mixer**.

- La **cassa** (**diffusore** o **altoparlante**, in inglese **loudspeaker**) è un dispositivo che genera onde sonore se sollecitato da un segnale elettrico. Le casse si distinguono in: casse *attive* se l'amplificatore del segnale elettrico è incorporato nel diffusore stesso e casse *passive* se l'amplificatore è esterno al diffusore. Gli impianti Hi-Fi domestici di solito hanno casse passive e un amplificatore esterno alle casse. Quest'ultimo può essere un'unità a sé stante o integrata agli altri componenti dell'impianto (per esempio il lettore CD).
- Il **mixer** (letteralmente "miscelatore") è un dispositivo elettronico che consente di combinare insieme più sorgenti sonore e modificarne alcune caratteristiche quali il volume, il timbro e la posizione nello spazio.

Colleghiamo tutto

Per far sì che il suono proveniente dai nostri computer passi attraverso il mixer e venga riprodotto dalle casse, tutti questi dispositivi devono ora essere collegati tra loro. Il collegamento tra casse, mixer e laptop è un esempio di ciò che tecnicamente viene definito catena elettroacustica.

---

[1] *Laptop* è il termine che si usa per indicare i computer portatili. Naturalmente, per lo svolgimento dell'attività potete utilizzare anche computer fissi o *Desktop* se presenti nel vostro laboratorio di tecnologie musicali.

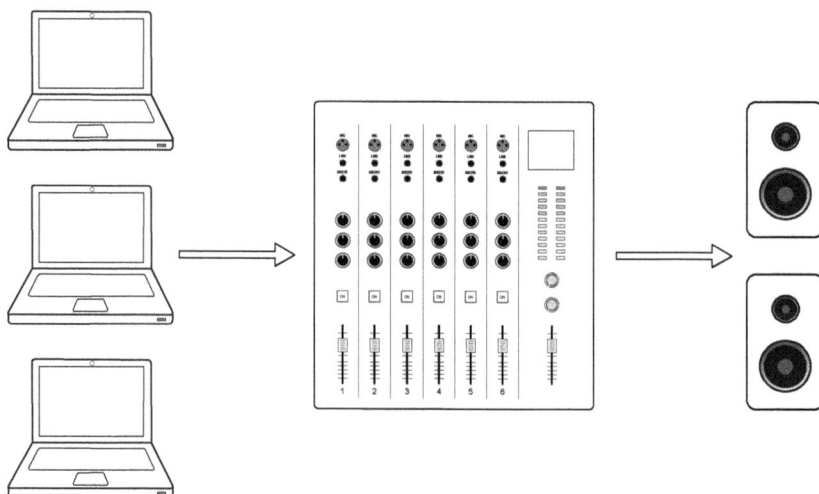

fig. 1.1: catena elettroacustica (laptop, mixer, casse audio)

Per collegare tra loro i dispositivi che costituiscono la nostra catena elettroacustica abbiamo bisogno di **cavi audio**. I cavi audio possono avere diversi tipi di **connettori** ai loro capi (jack, mini-jack, XLR o RCA). In base al tipo di ingresso e/o uscita audio dei nostri dispositivi sceglieremo i cavi con i connettori adatti[2].

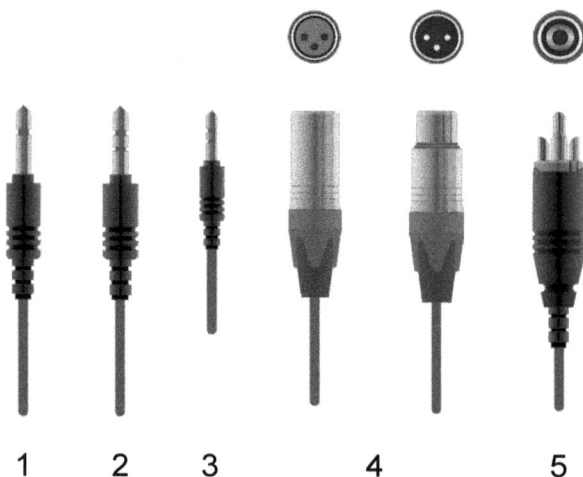

fig. 1.2: connettori audio: 1) jack a 2 poli, 2) jack a 3 poli, 3) mini-jack a 3 poli, 4) XLR, 5) RCA

[2] I laptop sono forniti solitamente di una sola uscita audio *"mini-jack"* (la stessa utilizzata per le cuffie), mentre i mixer hanno di solito - sia in ingresso sia in uscita - i connettori XLR, jack o RCA. Gli altoparlanti, infine, sono generalmente dotati di connessioni jack e XLR.

Ad esempio, un ingresso XLR necessita di un cavo con connettore XLR, mentre ad un'uscita RCA dovremo collegare un cavo con connettori RCA.

- L'**elettroacustica** è quella disciplina che si occupa dell'acquisizione, della trasmissione, del trattamento e della diffusione del suono, sotto forma di segnale elettrico, per mezzo di apparecchiature elettriche, elettroniche ed elettromagnetiche.
- La **catena elettroacustica** è un insieme di due o più dispositivi collegati tra loro che consente di svolgere almeno una delle seguenti operazioni: acquisizione, elaborazione e diffusione del suono.
- I **connettori** in campo audio vengono solitamente distinti in connettore maschio e connettore femmina; in genere sono situati l'uno sul cavo, l'altro sul pannello dell'apparecchiatura elettronica. Queste due tipologie di connettori (maschio e femmina) le ritroviamo quotidianamente in diversi campi di applicazione (ad es. negli elettrodomestici) e vengono comunemente definite come spina e presa.

Iniziamo dunque a fare i collegamenti. Connettiamo le casse alle uscite del mixer.
E ora? Dove collegare i nostri laptop sul mixer?
Il mixer presenta solitamente diversi ingressi ai quali possiamo collegare i computer[3]. Se sfruttiamo l'uscita audio/cuffie del computer, avremo bisogno di un cavo che abbia a un'estremità un connettore mini-jack a 3 poli (comunemente detto mini-jack stereo) e all'altra estremità (lato mixer) due connettori jack a 2 poli (comunemente detti "jack mono") che collegheremo alle prese jack di 2 **canali** adiacenti del mixer. In pratica, il segnale in uscita dai computer con un unico connettore stereo viene separato su due connettori distinti (uno per ciascun canale) che vengono collegati a 2 canali indipendenti del mixer. Pertanto, se pensiamo di utilizzare 6 laptop, dovremo disporre di un mixer con almeno 12 canali (2 per laptop).

- Un **canale** può essere pensato come un "tubo" attraverso il quale scorre il flusso del segnale audio.

---

[3] Gli ingressi del mixer presentano di solito 2 tipi di connettori per ciascun canale: un connettore dedicato all'ingresso del segnale proveniente dal microfono (*ingresso microfonico*) e un connettore dedicato all'ingresso del segnale proveniente da lettori CD/Multimediali, tastiere, computer etc. (*ingresso di linea*).

Mono vs Stereo

È bene chiarire da subito la differenza fra il concetto di "mono" e quello di "stereo". Mono è un termine che deriva dal greco e vuol dire «uno solo», «formato da uno solo». Nel campo dell'audio si definisce **mono** un segnale che viaggia su un solo canale; esso è costituito da un'unica onda. Si definisce **stereo** una coppia di segnali audio aventi delle differenze anche minime fra loro, che viaggia su due canali indipendenti: il canale sinistro e il canale destro; il segnale audio stereo è pertanto costituito da due onde.

In generale possiamo dire che il mono è un fenomeno puramente elettrico, cioè riguarda soltanto la trasmissione di un segnale sotto forma di segnale elettrico. Dal punto di vista percettivo, invece, il nostro ascolto è sempre un ascolto stereo, proprio perché siamo dotati di due orecchie alle qual i segnali sonori giungono sempre con qualche differenza.

Quindi se ascoltiamo un segnale mono tramite un impianto stereo (cioè dotato di due canali, due altoparlanti) quel segnale diventa stereo?

La risposta è no! Il risultato di questo ascolto si definisce **dual mono** o **doppio mono**. Pertanto non basta duplicare un segnale mono per ottenerne uno stereo.
Il segnale stereo è infatti un segnale che presenta delle differenze già alla sorgente, cioè che è stato ripreso con due microfoni posizionati secondo una particolare configurazione (ne parleremo più avanti nelle tecniche di microfonazione stereo) o che proviene da un dispositivo stereo (es. un campionatore, un sintetizzatore, un lettore mp3).

Ogni canale del mixer possiede numerosi controlli, alcuni dei quali sono illustrati nell'*Appendice 1.A3*. Quelli principali sono:

- Gain
- EQ
- Pan
- Mute
- Fader

Ora collegate il primo laptop ai primi due canali del mixer per verificare che tutto funzioni e per prendere confidenza con i controlli di base. Per prima cosa ruotate il controllo del *Pan* del primo canale tutto a sinistra e quello del secondo tutto a destra per indirizzare il segnale dei due canali alle uscite principali (*Main Out* o *L/R*), rispettivamente a sinistra e a destra. Chiariremo meglio questa operazione nell'*Appendice 1.A3* di questa unità.

TM Lab - Unità 1 - Simple Sample Player

Avviate l'applicazione *TM Lab*[4], selezionate *Unità 1* dal menu a tendina e scegliete *Simple Sample Player*, per caricare i suoni nel player, trascinate nell'apposito riquadro dell'applicazione una delle sotto-cartelle contenute nella cartella *Unità 1/Audio*. Noterete che il menu a tendina del player si popola con i nomi dei file presenti nella cartella che avete appena scelto. Selezionatene uno, attivate la funzione *loop* e avviate la riproduzione del suono facendo clic sul tasto *Play* oppure premendo la barra spaziatrice, come indicato nelle istruzioni presenti sul programma.

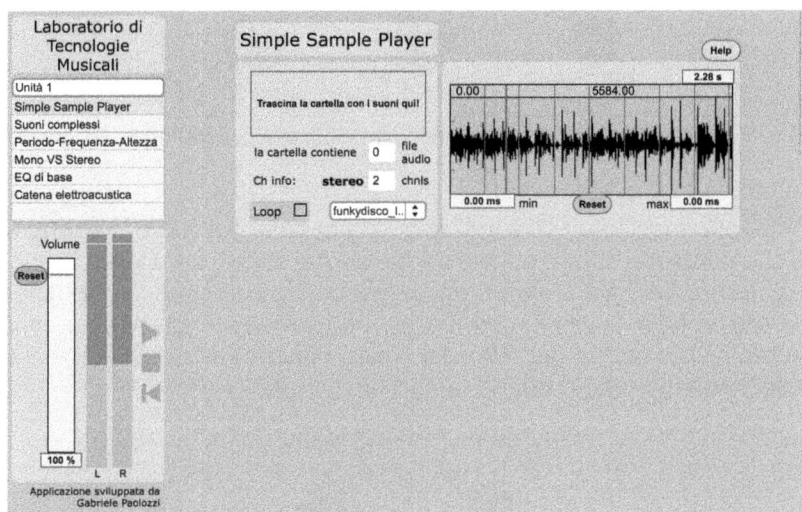

fig. 1.3: Simple Sample Player

Verifichiamo adesso che il primo computer sia stato correttamente collegato al mixer: tiriamo su i fader delle uscite principali (di solito indicati con *Main Out o L/R*) e agiamo sui fader della prima coppia di canali portandoli su molto lentamente. Se tutti i collegamenti sono esatti, dovremmo ascoltare il suono riprodotto dal computer.

Vediamo brevemente i controlli che troviamo su ciascun canale.

Il primo controllo che trovate nella parte alta del mixer, il **Gain**, (letteralmente "guadagno"), aumenta il livello del segnale in ingresso sul mixer.
Il **Fader**, l'ultimo controllo in basso del canale, regola invece il volume del suono in uscita.

Un altro controllo importante è il **Mute** con il quale "chiudiamo" il canale impedendo al suono che lo attraversa di uscire dal mixer.

[4] Vi ricordiamo che il materiale di supporto al libro e l'applicazione *TM Lab* contenente gli esempi interattivi sono disponibili online alla pagina di supporto del sito.

Il **Panpot** (abbreviazione di *panoramic potentiometer*) è il controllo che consente di dosare il segnale del canale sulle due uscite principali, destra e sinistra: se lo teniamo esattamente al centro, il suono sarà presente in egual misura su entrambe le casse collegate alle uscite principali; se lo ruotiamo completamente a sinistra, il suono sparirà dalla cassa destra e giungerà solo da sinistra; se lo ruotiamo tutto a destra, al contrario, sarà presente solo sul lato destro. Il controllo dinamico della posizione del suono nello spazio si chiama **spazializzazione**.

fig. 1.4: tre immagini del panpot con le 3 posizioni: a) sinistra, b) centro, c) destra

Quando avete trascinato sull'applicazione la cartella dei suoni vi sarete forse accorti che compare l'informazione relativa al numero di canali di ciascun file, *mono* o *stereo*. Se il file è stereofonico (ossia con contenuti sonori differenti tra destra e sinistra) utilizzeremo tutti e due i canali in ingresso sul mixer e imposteremo il controllo del Pan del primo canale tutto a sinistra, mentre quello del secondo tutto a destra.

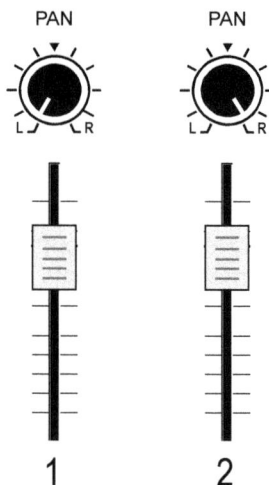

fig. 1.5: segnale stereo su due canali del mixer "panpottati" rispettivamente a sinistra e a destra

Se il file è monofonico abbiamo due possibilità: la prima, raffigurata nell'immagine 1.6a, è quella di utilizzare entrambi i canali e assegnarli tramite il panpot rispettivamente alle uscite sinistra e destra; in questo caso riusciamo a bilanciare il suono tra i due canali di uscita dosando in modo diverso i fader dei due canali. La seconda possibilità (fig. 1.6b) consiste nell'utilizzare un solo canale ponendo il panpot al centro e mettendo in *MUTE* il secondo canale. In questo secondo caso controlliamo la distribuzione del segnale sui due canali di uscita principali (*Main Out* o *L/R*) tramite il panpot. Tenete presente che in entrambi i casi l'ascolto che otterremo sarà dual-mono.

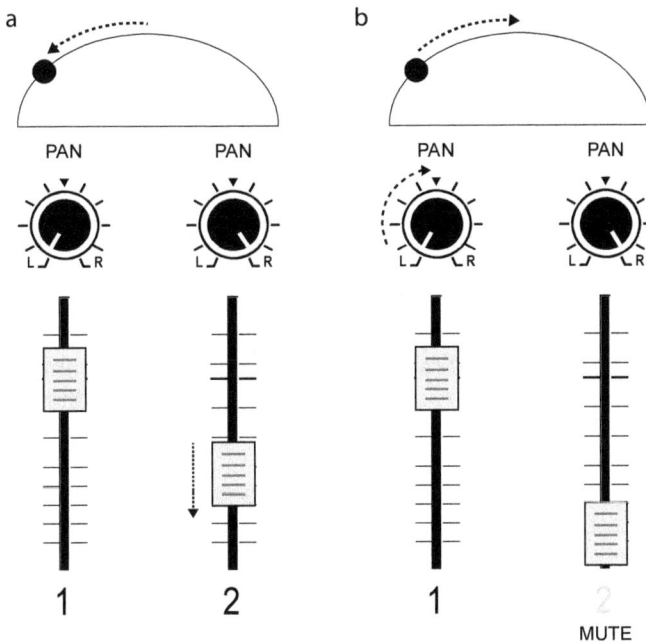

fig. 1.6 a e b: posizionamento (*panning*) di un segnale monofonico tramite il panpot e tramite i fader

E l'EQ? EQ è l'abbreviazione di *equalizzatore*. Tramite l'equalizzatore possiamo modificare il **timbro** del suono, ovvero cambiarne alcune delle caratteristiche sonore che lo contraddistinguono. Con l'EQ, ad esempio, potremmo trasformare il suono di una chitarra in qualcosa di completamente diverso, tanto diverso da non poterne più riconoscere l'origine. Proviamo a sperimentare con l'EQ e a vedere come è possibile trasformare, anche radicalmente, un suono.

- Il **timbro** è quella caratteristica che, a parità di altezza e intensità, ci fa distinguere il suono di uno strumento da quello di un altro.
- Il **Main Out** o **L/R** identifica il controllo del volume delle uscite principali. A seconda del modello del mixer potremo avere uno o due fader; se è presente un solo fader, questo controllerà entrambe le uscite; se sono presenti 2 fader, uno controllerà il volume dell'uscita sinistra, l'altro dell'uscita destra.

1.2 E ORA, SUONIAMO!

Dopo aver sperimentato con il mixer e aver preso un po' di confidenza con i suoi controlli, siamo finalmente pronti a suonare con la nostra laptop orchestra.

🖵 *TM Lab - Unità 1 - Simple Sample Player*

Collegate dunque gli altri computer al mixer sfruttando due canali adiacenti per ciascun computer, aprite il player su ognuno di essi, caricate una cartella con i suoni tra quelle che trovate all'interno della cartella *Unità 1/Audio* e verificate che tutto funzioni.
A questo punto è necessario dividersi i compiti.
Oltre agli esecutori c'è bisogno di una figura che coordini la performance, che faccia quello che in gergo tecnico si chiama *regia del suono*. Il *regista del suono* deve gestire gli equilibri dinamici tra i vari suoni, decidendo quando e quanto farli sentire, e la loro disposizione nello spazio stereofonico. Inoltre, il regista può modificare il timbro dei suoni agendo sull'EQ. Tenuto conto della complessità del compito, la regia del suono può essere curata anche da due persone.

Anche il ruolo degli esecutori è molto importante: essi devono ascoltare con attenzione ciò che accade durante la performance e interagire con il regista.

A questo punto registi del suono ed esecutori dovranno scegliere i suoni da utilizzare tra quelli presenti nel menu a tendina dell'applicazione *Simple Sample Player.*

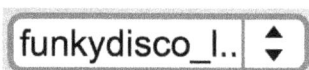

funkydisco_l.. ▲▼

fig. 1.7: menu a tendina per la scelta dei suoni

Abbiamo messo a disposizione sei cartelle con sei diverse categorie di suoni che trovate sempre all'interno della cartella che raccoglie i materiali didattici dell'unità (*Unità 1/Audio*). Per assicurare una maggiore varietà timbrica, vi consigliamo di assegnare una cartella diversa a ciascun esecutore/computer. Tenete presente che è inoltre possibile cambiare i suoni anche durante l'esecuzione.

Ma ora basta parlare, è tempo di suonare.

Modalità di esecuzione

Le modalità di esecuzione possono variare. Il regista decide quando far ascoltare un suono, gestisce le dinamiche, ma potrebbe anche stabilire in che momento gli esecutori devono cambiare suono.

Un consiglio è quello di graduare la complessità della performance. All'inizio ricercate soprattutto un equilibrio tra i vari suoni e tentate di creare un percorso sonoro di senso compiuto. Iniziate poi a sperimentare con i timbri, agendo sull'EQ del mixer, e a muovere i suoni nello spazio.

Improvvisate affidandovi all'ascolto o attenendovi a una sorta di partitura o schema da voi realizzato prima della performance nel quale potete tracciare lo sviluppo del pezzo. In questo schema potete rappresentare i parametri esecutivi: le pause, le dinamiche, quali suoni scegliere e quando cambiarli; per il regista del suono possono essere inoltre indicati i parametri di spazializzazione ed equalizzazione.

In questa "partitura" il tempo è scandito in secondi. Sarà quindi necessario utilizzare un orologio o cronometro per l'esecuzione. Il player dispone già di un *metro/counter* (*metronomo/contatore di battute*) attivabile dal tasto *Transport*.

Ricordate di scambiarvi i ruoli alternandovi alla regia, così da dare la possibilità a tutti di mettersi alla prova.

Buon divertimento!

Una miniera di suoni

Stanchi dei suoni che vi abbiamo proposto?

Ovviamente siete liberi di utilizzare tutti i suoni che più vi piacciono. Il web è una risorsa sterminata di materiale multimediale dal quale potete attingere per sperimentare con nuovi suoni.

Una proposta molto valida che offre la rete e che consigliamo vivamente è il sito *freesound.org*. È sufficiente digitare una parola nel campo di ricerca (in inglese, ovviamente) per ottenere un elenco di suoni attinenti, ognuno accompagnato da una piccola descrizione. *Freesound.org* vi consente di ascoltare i suoni prima di scaricarli. Per scaricare i suoni è necessario registrarsi al sito. La registrazione è gratuita e richiede solo una casella email[5].

Organizzatevi in gruppi e pensate a un soggetto da sviluppare con i suoni. Cercate i vostri suoni, scaricateli e rinominateli in modo significativo (per esempio: *pioggia_01*, *pioggia_su_ombrello*) in modo che siano facilmente identificabili durante le attività in classe. Organizzateli poi per categorie in cartelle - anch'esse nominate in modo chiaro (per esempio "Pioggia") - da distribuire sui vari computer. A questo punto non vi resta che dar vita alla vostra performance!

-----

5 I suoni della libreria *freesound* sono rilasciati sotto licenza *Creative Commons*. Cosa vuol dire? Vuol dire che potete scaricare gratuitamente i suoni, ma dovete fare attenzione all'uso che ne fate. Esistono infatti diversi tipi di licenza, più o meno restrittivi: quello più aperto vi consente di usare i suoni come volete, senza però intestarvi la paternità degli stessi; quello più restrittivo vi impone di dichiarare sempre chi è l'autore dei suoni che state utilizzando e vi impedisce di sfruttarli commercialmente (cioè venderli o ricavarne profitto). Vi consigliamo quindi di leggere le FAQ *http://freesound.org/help/faq/#licenses*

Appendici

1.A1 ACUSTICA E PSICOACUSTICA I

Cosa sono l'acustica e la psicoacustica?

Viviamo in un'epoca in cui suoni di diversa origine ci circondano in ogni istante e in ogni luogo. Per molti di noi la Tv, la radio, le suonerie dei cellulari, la musica dei lettori mp3 e il rumore del traffico delle città sono il sottofondo costante della vita di tutti i giorni.
Ma cos'è il suono? In che modo è possibile definirlo?
Possiamo studiare il suono da due punti di vista: dal punto di vista fisico e dal punto di vista percettivo. Nel primo caso studieremo i fenomeni legati alla produzione del suono e alla sua trasmissione; nel secondo ci occuperemo invece di come il suono viene da noi percepito.
La scienza che studia il suono come fenomeno fisico si chiama **acustica**; la disciplina che si occupa del modo in cui il nostro cervello recepisce, analizza e interpreta questo fenomeno fisico trasformandolo in sensazione si chiama **psicoacustica**.

Dal punto di vista dell'acustica il suono viene definito come *onda di pressione sonora*, mentre dal punto di vista percettivo (quindi psicoacustico) viene definito come *sensazione*.
Un'altra disciplina molto vicina all'acustica è l'elettroacustica, che si occupa del suono come segnale elettrico e quindi della sua acquisizione, del suo trattamento e della sua trasmissione e diffusione tramite apparecchiature elettriche, elettroniche ed elettromagnetiche.

Produzione e propagazione del suono

Occupiamoci per adesso del suono come fenomeno fisico.
Affinché un suono possa essere generato abbiamo bisogno di due elementi:

- una **sorgente sonora**, cioè un corpo in grado di vibrare (la corda di chitarra, le corde vocali, gli altoparlanti);

- un **mezzo di propagazione**, come l'aria, attraverso cui le vibrazioni emesse dalla sorgente possano viaggiare.

Per fare un esempio, le vibrazioni prodotte dalla corda di una chitarra vengono amplificate da un *risonatore*, la cassa, e trasmesse all'aria circostante che trasporta l'informazione sonora fino a noi. L'aria è il mezzo di propagazione attraverso il quale i suoni prodotti dai vari oggetti raggiungono il nostro corpo. Essa rappresenta una sorta di collegamento *wireless* (senza fili) tra la sorgente e l'ascoltatore. In assenza di aria, come nel vuoto dello spazio cosmico, non potremmo avvertire alcun suono.

L'aria, e i gas in genere, sono mezzi elastici, ma lo sono anche i liquidi e i solidi, purché siano dotati di elasticità. L'**elasticità** è la capacità di un corpo di deformarsi per poi tornare alla propria conformazione originaria. La velocità con cui il suono si trasmette dipende dalle caratteristiche meccaniche del mezzo di propagazione. Per esempio, nell'aria a 21 °C, la velocità del suono è di circa 344 m/s (metri al secondo). Nei liquidi e nei solidi il suono viaggia più velocemente.

Nella tabella qui sotto è mostrata la velocità di propagazione del suono (misurata in metri al secondo) in diversi tipi di materiali.

Materiali	Velocità del suono in metri al secondo
Acciaio	5000-5900
Acqua	1480
Calcestruzzo	3100
Legno di olmo	4108
Legno di pino	3313
Metano	430
Piombo	1230
Vetro	4000-5500

Tabella 1: velocità del suono in diversi mezzi di propagazione alla temperatura di 21 °C

Cerchiamo ora di capire meglio il meccanismo di produzione e trasmissione del suono. Per farlo utilizzeremo la corda di una chitarra come sorgente sonora, e l'aria come mezzo di propagazione.
Quando pizzichiamo la corda della chitarra, essa inizia a vibrare mettendo in movimento le particelle d'aria, dette molecole.

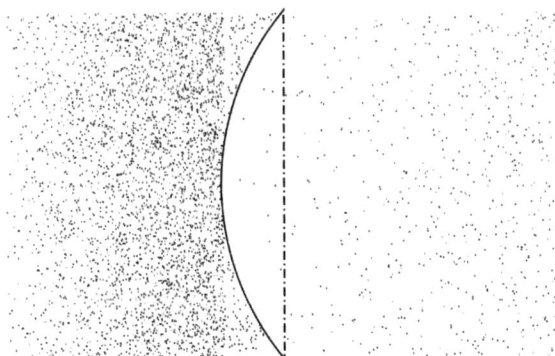

fig. 1.8: movimento trasmesso da un corpo vibrante alle particelle dell'aria

Le molecole vicine alla sorgente, oscillando, mettono in movimento le molecole a loro adiacenti, e queste, a loro volta, trasmettono il movimento a quelle
successive, creando delle variazioni nella pressione dell'aria. La zona in cui
la pressione atmosferica è maggiore viene chiamata zona di *compressione*;
la zona in cui la pressione atmosferica è inferiore viene chiamata zona di
rarefazione. L'alternanza di queste zone è ciò che chiamiamo **onda sonora**
o **onda di pressione sonora**.

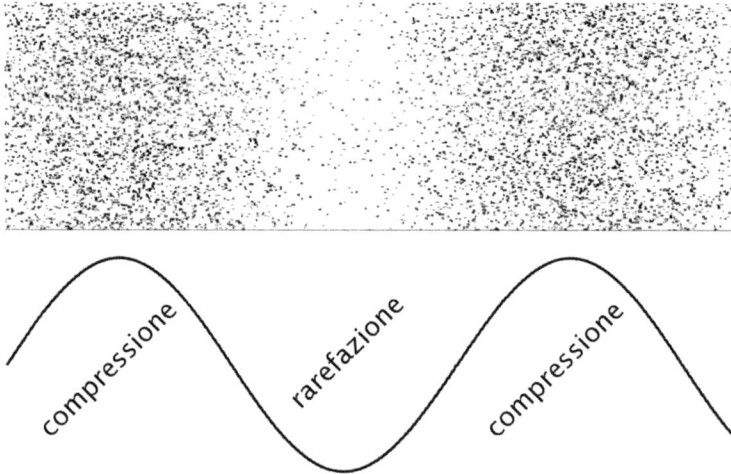

fig. 1.9: movimento delle particelle d'aria al passaggio di un'onda sonora

A questo punto il suono, sotto forma di onda di pressione sonora, raggiunge
il nostro apparato uditivo e da lì è trasmesso al cervello, che ci restituisce la
sensazione uditiva.

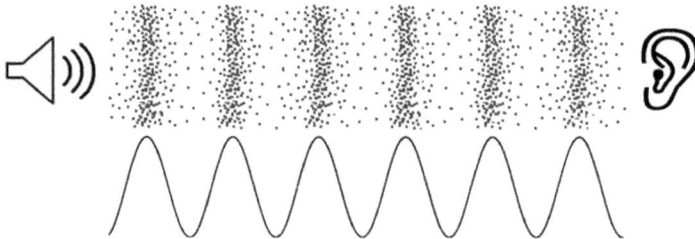

fig. 1.10: trasmissione del suono attraverso l'aria

Unità 1 - Risorse Didattiche U1 - Applet Onde 2D

Alcune caratteristiche dell'onda sonora

Oltre a viaggiare a una determinata velocità, le onde viaggiano anche secondo un certo andamento, che può essere regolare o irregolare. Quando l'andamento è regolare - ovvero quando le zone di compressione e rarefazione si ripetono a intervalli di tempo uguali - definiamo l'onda come **periodica**.

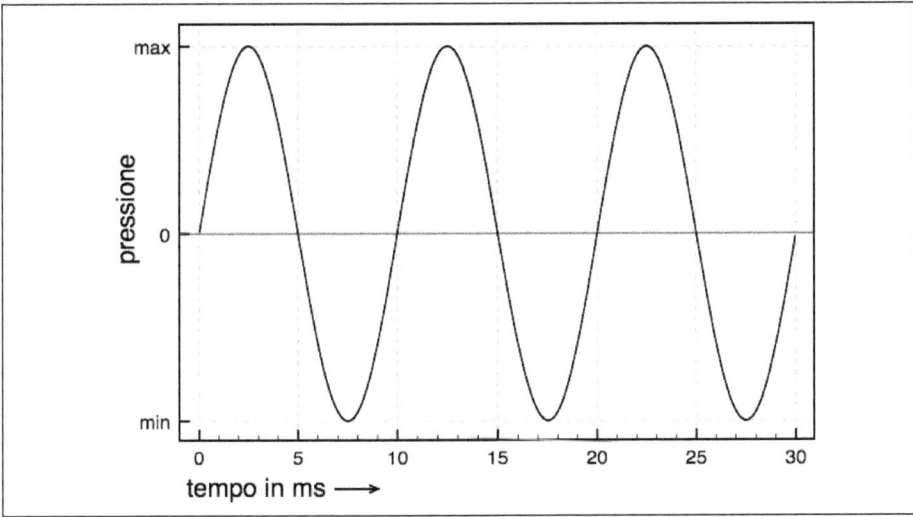

fig. 1.11: raffigurazione di un'onda periodica con andamento sinusoidale

Un'onda **aperiodica** è invece un'onda in cui questi valori di pressione si succedono in modo irregolare.

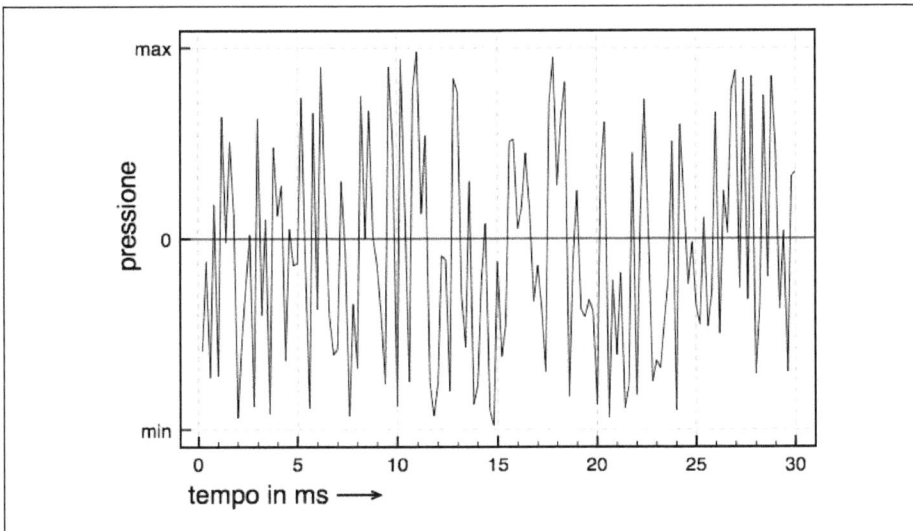

fig. 1.12: raffigurazione di un'onda aperiodica con andamento irregolare

La periodicità e l'aperiodicità di un'onda sono concetti molto importanti, perché influiscono sulla percezione dell'altezza del suono. Generalmente, quando un'onda è periodica, riusciamo a percepire in essa un'*altezza* definita (pensiamo ad esempio al do centrale di un pianoforte o di un qualsiasi altro strumento ad altezza determinata). Al contrario, nelle onde aperiodiche, l'irregolarità produce una sensazione di altezza indefinita, come nel caso delle percussioni ad altezza indeterminata (wood block, piatto etc.).

> • L'**altezza** (*pitch*) è quella qualità del suono che ci consente di distinguere i suoni acuti (o alti) dai suoni gravi (o bassi).

La sinusoide, l'onda che vediamo rappresentata nell'immagine 1.11, è il classico esempio di onda periodica. La sinusoide non è certo l'unico tipo di onda esistente, ma viene spesso utilizzata per illustrare e analizzare in modo semplice il comportamento del suono. Perché la sinusoide? Perché è un'onda elementare. Infatti i suoni presenti in natura sono assai più complessi, mentre la sinusoide è un'onda per così dire "artificiale" che è possibile generare solo con un sintetizzatore o un computer.

TM Lab - Unità 1 - Suoni complessi

Se avviate l'esempio interattivo *Suoni complessi* dal menu *Unità 1* dell'applicazione *TM Lab*, potete ascoltare e osservare alcuni esempi di suoni periodici e aperiodici.

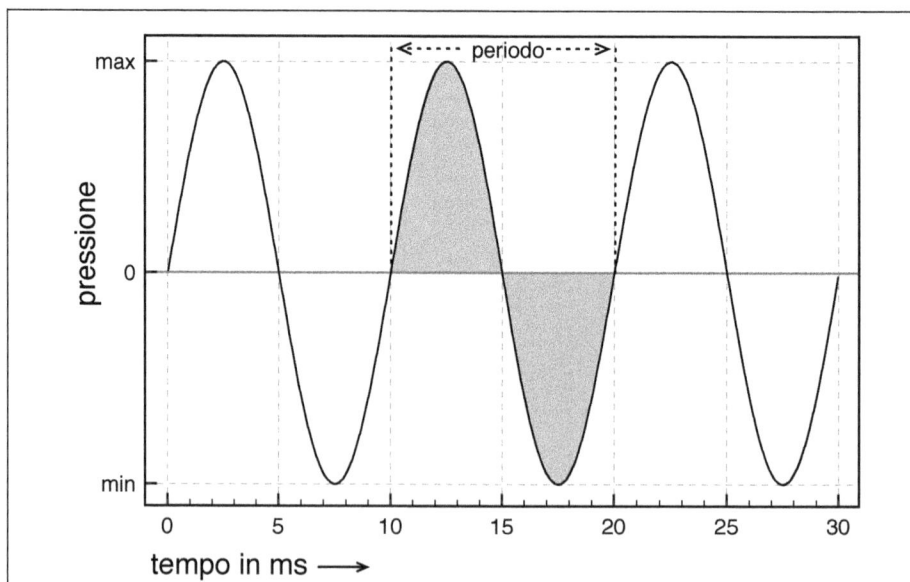

fig. 1.13: raffigurazione del periodo di un'onda

Abbiamo compreso che un'onda può essere periodica o aperiodica e che questa caratteristica determina la percezione di un'altezza determinata o indeterminata.

Ma cos'è il *periodo*? Prendiamo come esempio la sinusoide mostrata in fig. 1.13, in cui possiamo osservare le variazioni di pressione dell'aria al trascorrere del tempo. Ora concentriamoci sulla parte della sinusoide colorata in grigio scuro. Essa evidenzia un periodo dell'onda.

Infatti, partendo da una posizione di equilibrio (punto 0), l'onda ritorna al punto 0 toccando il valore massimo ed il valore minimo. L'oscillazione completa dell'onda è chiamata **ciclo**, mentre l'intervallo di tempo necessario a completare un ciclo si chiama **periodo**; esso si indica con il simbolo **T** e si misura in secondi (s) o in millisecondi (ms). Nell'esempio in figura il periodo è di 0,01 secondi, ovvero T= 0,01 s oppure T=10 ms. *Il periodo è quindi il tempo impiegato dall'onda per compiere un'oscillazione completa attorno al punto di equilibrio.*
La distanza percorsa da un'onda per completare un ciclo si chiama invece **lunghezza d'onda**, si rappresenta con la lettera greca λ (lambda) e si misura in metri o centimetri.

Non è necessario misurare il periodo partendo sempre dal punto 0, come nella figura precedente. Possiamo misurare il periodo partendo da un qualsiasi punto dell'onda (come in fig. 1.14). La cosa importante è che si misuri con esattezza il completamento di un intero ciclo.

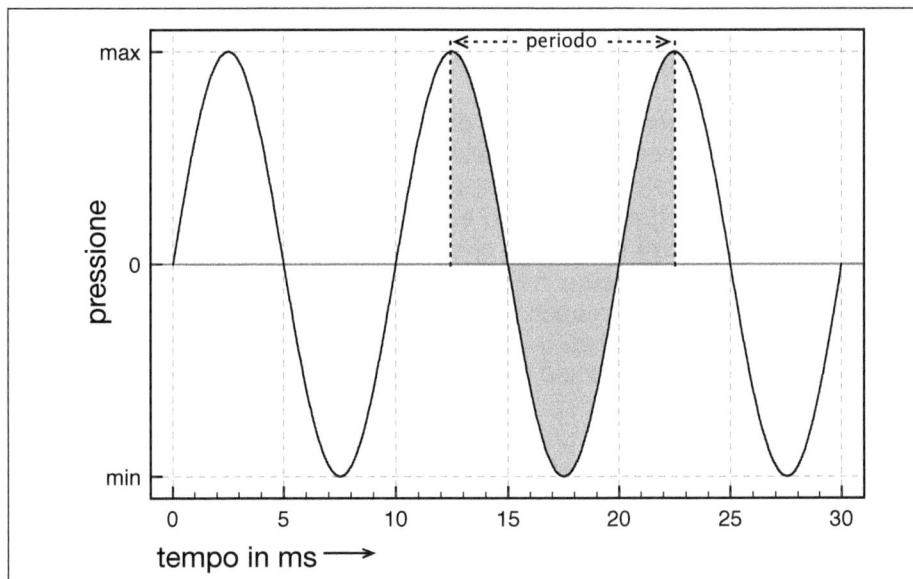

fig. 1.14: raffigurazione del periodo di un'onda

Avviate adesso l'applicazione *TM Lab* e selezionate l'esempio interattivo *Suoni complessi* che trovate nel menu *Unità 1*. Nel riquadro in alto dell'esempio è mostrato un singolo ciclo dell'onda, mentre nel riquadro in basso potete osservare il ciclo dell'onda che si ripete ad intervalli di tempo regolari.

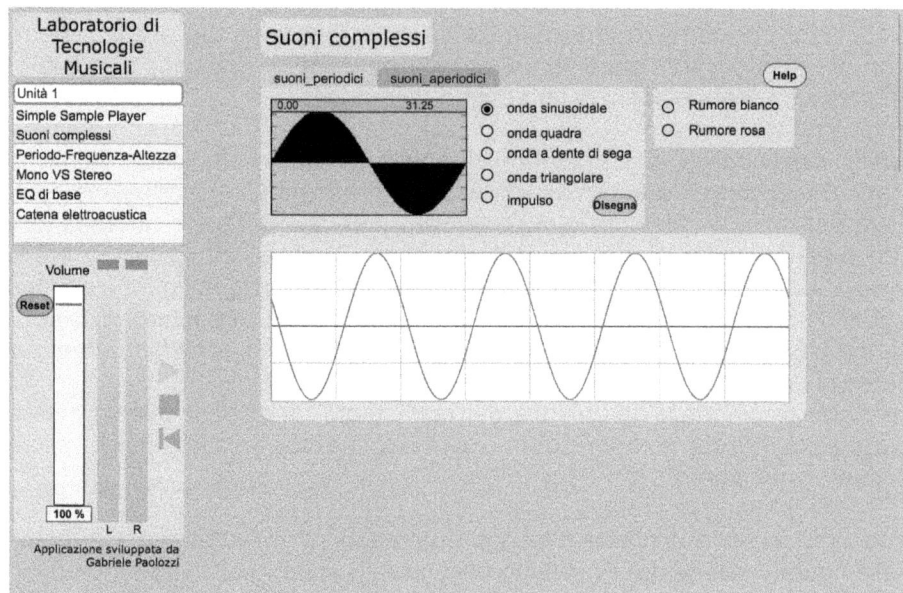

fig. 1.15: Suoni complessi

Frequenza e altezza

Un'altra importante caratteristica dell'onda sonora è la *frequenza*.
La frequenza (f) di un'onda determina la sensazione di altezza del suono, cioè ci fa percepire quel dato suono come acuto o grave; si tratta di una grandezza direttamente collegata al periodo e al ciclo dell'onda. In che modo sono collegati? La **frequenza** non è altro che il numero di cicli che un'onda compie in un secondo; essa si misura in **Hertz** (**Hz**). Ad esempio, un'onda il cui ciclo si ripete 220 volte in un secondo avrà una frequenza di 220 Hz. Spesso per esprimere i valori di frequenza si usa il kHz (kilo Hertz): 1 kHz = 1000 Hz. Per esempio, una frequenza di 2300 Hz può essere indicata anche come 2,3 kHz.

Frequenza e *periodo* sono grandezze inversamente proporzionali, cioè al crescere dell'una corrisponderà una diminuzione dell'altra e viceversa. Infatti, maggiore è la durata del periodo, minore sarà il valore della frequenza, cioè il numero di cicli che l'onda compie in un secondo. Si dice anche che la frequenza è il *reciproco* del periodo e viceversa. Possiamo esplicitare matematicamente questa relazione così:

$$f = 1/T \qquad T = 1/f$$

Attraverso queste formule possiamo ricavare la frequenza conoscendo il periodo e viceversa.
Prendiamo come esempio la sinusoide della fig. 1.14 in cui è evidenziato il periodo dell'onda.

Come possiamo notare, l'onda compie un ciclo completo in 0,01 secondi.
Utilizzando la formula di prima, otterremo che f = 1/0,01 cioè f = 100.
La nostra sinusoide avrà quindi una frequenza di 100 Hz.
Viceversa, possiamo ricavare il periodo di un'onda conoscendo la frequenza di un suono, in quanto T=1/f.
Prendiamo come esempio un suono con frequenza pari a 40 Hz. Quindi:

f = 40   T = 1/40   T = 0,025 secondi.

Dal punto di vista percettivo la frequenza è strettamente collegata alla sensazione di **altezza** che, come abbiamo visto sopra, è quella qualità del suono che ci consente di distinguere i suono acuti dai un suoni gravi. Possiamo definire l'altezza anche come la nostra risposta *soggettiva* (*psicoacustica*) alla frequenza del suono; quest'ultima, invece, è un parametro fisico (*acustica*) che possiamo misurare *oggettivamente*.

TM Lab - Unità 1 - Periodo-Frequenza-Altezza

Per comprendere meglio questi concetti avviate l'applicazione *TM Lab* e selezionate l'esempio interattivo *Periodo-Frequenza-Altezza* che trovate nel menu *Unità 1*.

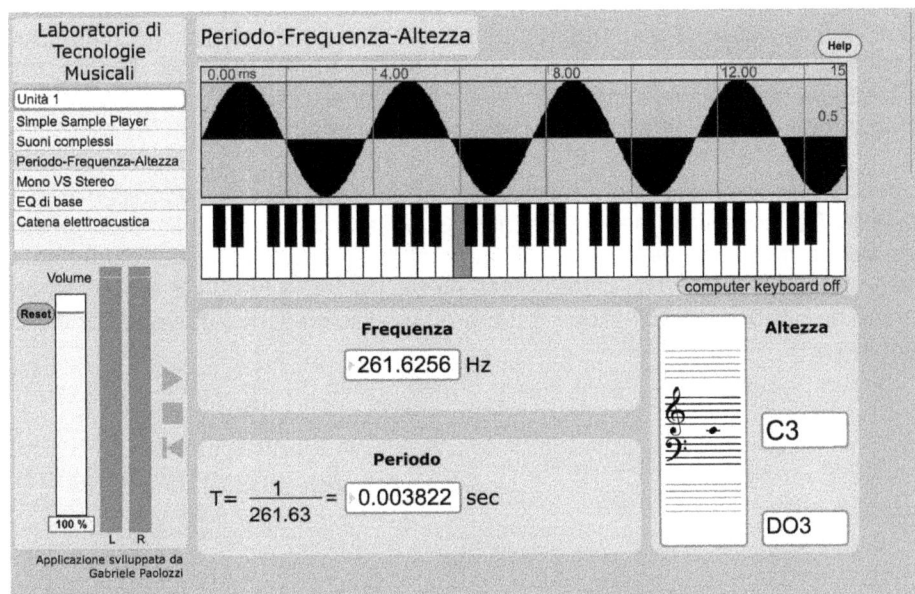

fig. 1.16: Periodo - Frequenza - Altezza

Agite con il mouse sulla tastiera del pianoforte o, se preferite, attivate la tastiera del computer (*computer keyboard off/on*) e usate quest'ultima per eseguire le note. Osservate prima di tutto il riquadro superiore e notate che, man mano che vi spostate nella regione acuta del pianoforte aumenta sempre di più il numero di cicli visualizzati. Questi, però, sono sempre più "stretti": il *periodo* - la durata di un *ciclo* - diminuisce infatti al crescere della frequenza.

Nel riquadro in basso a sinistra potete leggere il valore della frequenza espresso in Hz corrispondente a ciascuna nota e la durata del periodo che, come ormai sapete, si ottiene facendo 1/f. Osservate come la frequenza cresca man mano che vi spostate verso l'acuto; viceversa, il periodo diminuisce.

Nel riquadro in basso a destra potete leggere su pentagramma la nota corrispondente a ciascuna nota del pianoforte e il relativo nome nella notazione italiana e anglosassone.

Nell'esempio interattivo il valore in frequenza della nota più grave, il Do_1, è di 65,406 Hz, quello della nota più acuta, il Do_6, è di circa 2093 Hz. Ma quali sono i limiti della percezione dell'orecchio umano? L'uomo riesce a percepire *tutte* le frequenze? Per fortuna no!

L'orecchio umano può percepire solo le frequenze comprese tra i 20 Hz e i 20.000 Hz (o 20 kHz). Questo intervallo di frequenze si chiama **banda udibile**. Le frequenze sotto i 20 Hz vengono definite **infrasuoni**, quelle sopra i 20.000 Hz, **ultrasuoni**. Molti animali sono sensibili alle frequenze che si trovano al di fuori della banda udibile dell'uomo. Gli elefanti, ad esempio, riescono a percepire gli infrasuoni, mentre i cani gli ultrasuoni (i richiami per cani producono infatti frequenze ultrasoniche, troppo alte per l'uomo ma perfettamente udibili da questi animali). Nell'immagine 1.17 sono confrontati i valori delle bande udibili dell'uomo e di vari animali.

La gamma completa delle frequenze udibili può essere suddivisa in più *bande*. Per semplicità ne individuiamo 3: bassi, medi e alti. I limiti di queste tre bande non sono ben definiti; diciamo che le frequenze basse vanno solitamente da 20 a 160 Hz, le frequenze medie da 160 a 5000 Hz, le frequenze acute da 5000 Hz in su[6]. Approfondiremo queste nozioni più avanti parlando del mixer.

---

[6] I limiti delle bande qui indicati sono quelli che ritroviamo nei dispositivi Hi-Fi e nei mixer di base. Per una descrizione dei controlli sulle bande di frequenze dei mixer leggete l'appendice relativa in questa unità.

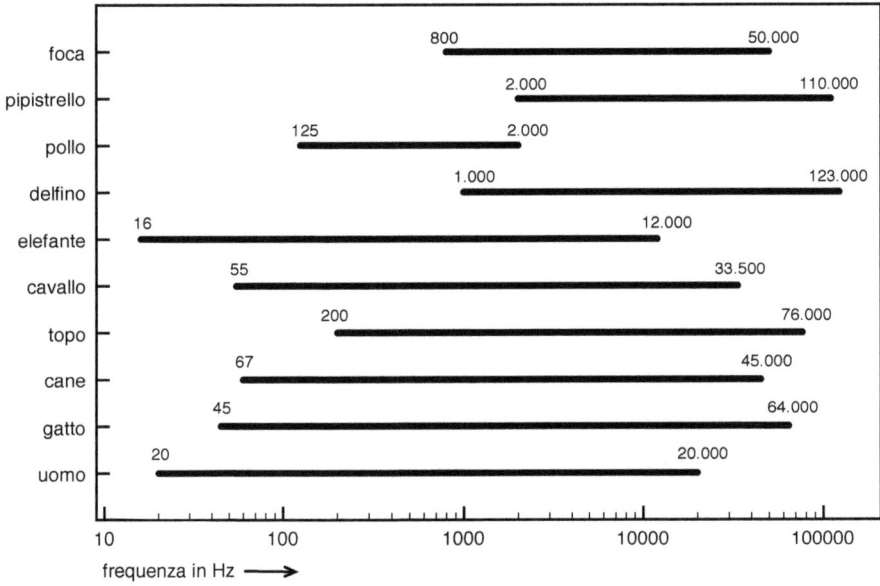

fig. 1.17: banda delle frequenze udibili dall'uomo e da alcuni animali

1.A2 MONO VS STEREO

🖳 *TM Lab - Unità 1 - Mono vs Stereo*

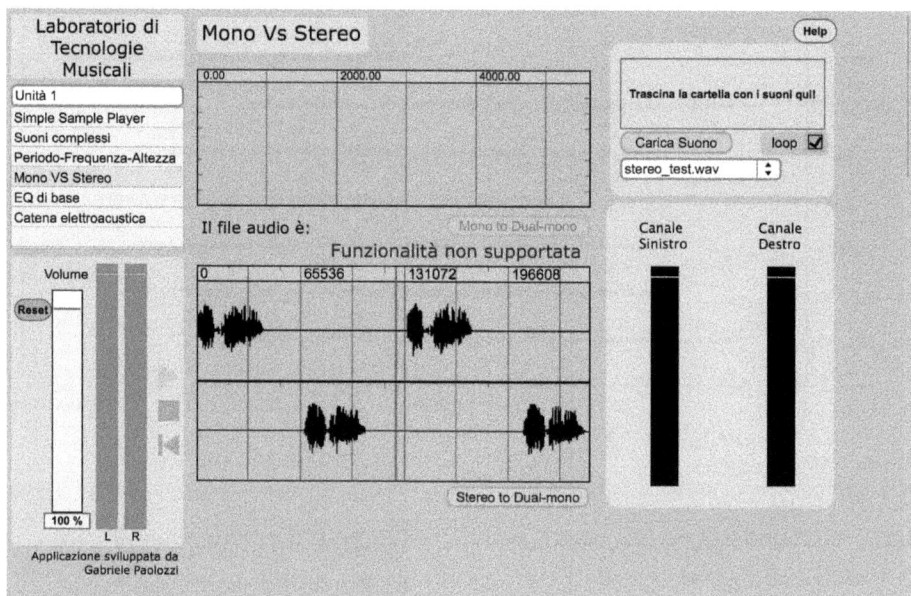

fig. 1.18: Mono vs Stereo

Aprite l'esempio interattivo *Mono vs Stereo*[7] selezionandolo dal menu dell'applicazione. Dal menu in alto a destra selezionate il primo suono *mono_test* e avviate la riproduzione; il segnale è presente solo sul canale sinistro e il suono proviene solo dal diffusore sinistro. Se fate clic sul tasto *Mono to Dual-Mono* noterete che il segnale è adesso presente su entrambi i canali e che il suono proviene in egual misura da entrambi i diffusori. Non abbiamo creato in questo modo un segnale stereo, ma appunto un segnale doppio-mono: abbiamo cioè sdoppiato il segnale originale sui due canali.

Selezionate adesso il file *stereo_test*: noterete che i segnali sinistro e destro sono nettamente differenti. Se adesso fate clic sul tasto *Stereo to Dual-Mono*, i segnali sinistro e destro vengono sommati insieme in un unico segnale che viene inviato a entrambi i canali di uscita. Notate che in questo modo non sentiamo più i suoni provenire alternativamente da destra e sinistra.
Se state utilizzando il mixer e un sistema di ascolto composto da due casse e avete collegato il computer a due canali del mixer (come nell'attività della laptop orchestra), provate a scambiare i segnali dei canali sinistro e destro invertendo la posizione del panpot come in figura 1.19.

---

[7] Per un riepilogo di questi concetti vedi il box di approfondimento *Mono vs Stereo* a pagina 6.

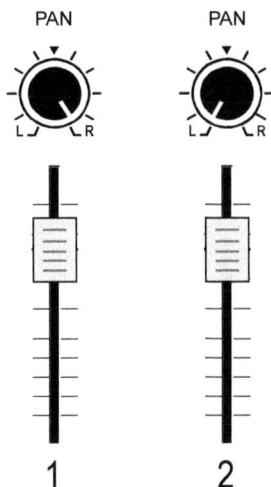

fig. 1.19: *channel swapping* - inversione dei canali sinistro e destro sul mixer

Selezionate adesso il file *drums_stereo* dal menu a tendina. Fate attenzione alla distribuzione stereofonica dei suoni dei vari pezzi della batteria: sentite l'*Hi-Hat* e il *Ride* provenire da punti nettamente differenti dello spazio? E il *fill* sui *Tom* da una parte all'altra? Se ora fate clic sul tasto *Stereo to Dual-Mono* perderete questa percezione spaziale dei suoni.

1.A3 CATENA ELETTROACUSTICA E TRASDUTTORI

Una catena elettroacustica è un insieme di due o più dispositivi elettroacustici collegati tra loro che consente di svolgere almeno una delle seguenti operazioni:

- *acquisizione* del suono: il suono viene "acquisito" per mezzo di dispositivi specifici denominati *trasduttori* (ad es. microfono, pick-up della chitarra, etc.) che trasformano le onde di pressione sonora in un segnale elettrico;
- *elaborazione* del suono: il suono originale viene manipolato per mezzo di dispositivi elettroacustici preposti al suo trattamento, come il mixer e i processori di segnale;
- *diffusione* del suono: il suono è riprodotto per mezzo di dispositivi come cuffie o altoparlanti che sono anch'essi trasduttori, ma funzionano in senso inverso trasformando i segnali elettrici in onde di pressione sonora.

Una catena elettroacustica può essere caratterizzata dalla presenza di tutte e tre le fasi o da una soltanto. La catena costituita da lettore mp3 e cuffie, per esempio, è una delle più elementari, e consta soltanto della fase di diffusione. Il suono non viene né acquisito né elaborato ma semplicemente diffuso per mezzo delle cuffie.

Un esempio di catena elettroacustica che contempla tutte e tre le fasi descritte sopra è quella formata da *microfono → mixer → altoparlanti*, che si occupano rispettivamente dell'*acquisizione*, dell'*elaborazione* e della *diffusione* del suono.

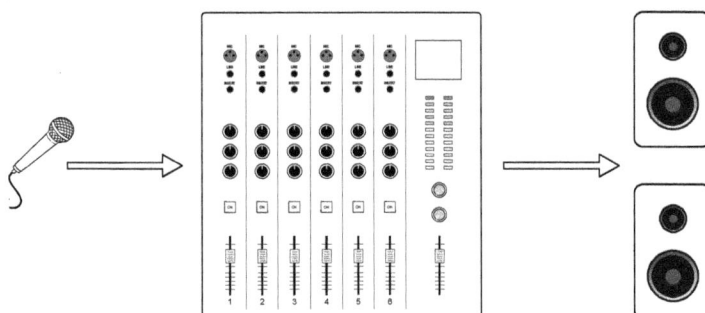

fig. 1.20: catena elettroacustica formata da microfono, mixer e altoparlanti

Come accennato sopra, nelle fasi di acquisizione e diffusione entrano in gioco dispositivi specifici detti *trasduttori*. I **trasduttori** sono dispositivi in grado di convertire una forma di energia in un'altra.
Ecco alcuni esempi di comuni trasduttori:

• la lampadina, che converte energia elettrica in energia luminosa
• i pannelli fotovoltaici, che convertono l'energia solare in energia elettrica

Un esempio di trasduttore che troviamo in natura e dal quale non ci separiamo mai è l'orecchio umano. Esso infatti converte le onde sonore in impulsi nervosi che vengono decodificati dal nostro cervello.

fig. 1.21: emissione, trasmissione, ricezione e decodifica del suono

Nel diagramma descritto in figura 1.22 è riprodotta una catena elettroacustica completa di tutte e tre le operazioni citate sopra (acquisizione, elaborazione e diffusione).

Le fasi di acquisizione e diffusione del suono sono rese possibili attraverso trasduttori come il microfono e l'altoparlante.

Il **microfono** serve per convertire le onde di pressione sonora in un segnale elettrico che viene poi inviato al mixer. Il microfono è il primo anello della catena elettroacustica poiché ha la funzione di acquisire il suono.

Il *diffusore* (*altoparlante*), anello finale della catena elettroacustica, compie l'operazione inversa del microfono poiché converte l'energia elettrica in energia sonora.

microfono

pre-amplificatore
mixer

cuffie

amplificatore
finale

altoparlanti
amplificati

altoparlanti

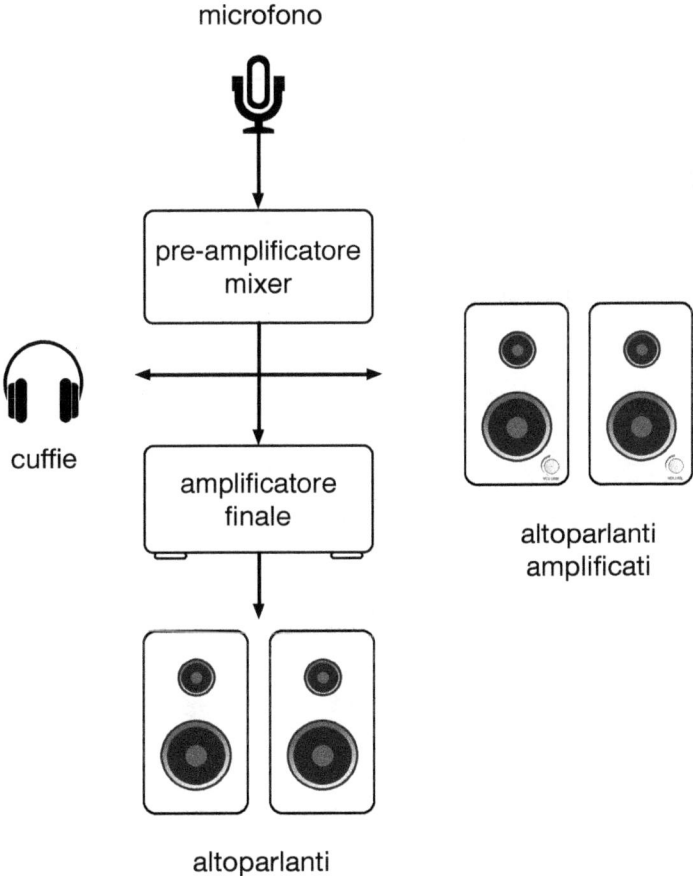

fig. 1.22: catena elettroacustica

Il *mixer* è l'anello centrale della catena elettroacustica ed è il cuore del sistema. Vediamolo più da vicino.

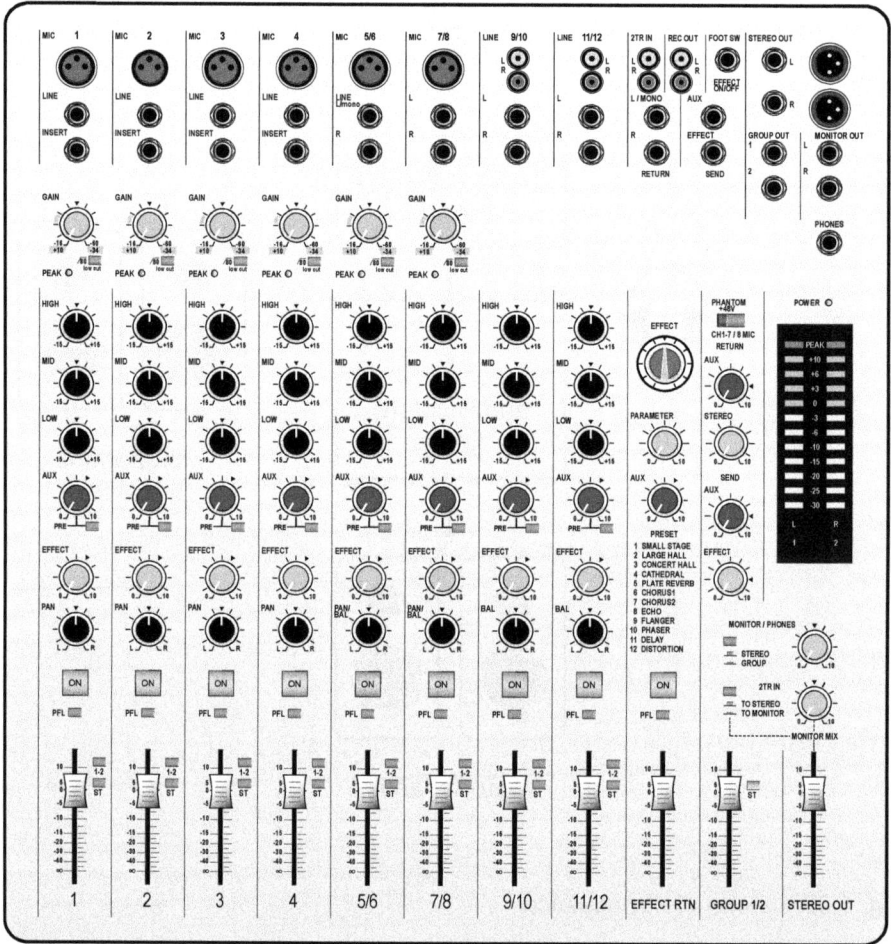

fig. 1.23: il mixer

Il mixer è un dispositivo molto complesso. Esso può essere paragonato a un sofisticato sistema idraulico dotato di "tubi" e "rubinetti". La sua funzione principale, infatti, è quella di "miscelare" i segnali sonori, di dosarli, e di convogliare i "flussi" che provengono dagli ingressi verso le uscite. Allo stesso tempo, il mixer ha il compito di elaborare i segnali elettrici in ingresso e di renderli adatti ad essere inviati al sistema di amplificazione e diffusione sonora.

Nel mixer i segnali sonori - i "flussi" - viaggiano all'interno di **canali**. Tutti i mixer posseggono infatti un certo numero di canali d'ingresso (*microfonici, di linea*) e di uscita (*aux, bus, direct output, main output*), numero che può variare in base alla tipologia di mixer: i mixer di dimensioni ridotte hanno 2, 4 o 6 canali d'ingresso e 2 soli canali di uscita; i mixer di dimensioni maggiori

possono avere anche 48 canali d'ingresso, 2 canali di uscita principali più
una serie di uscite ausiliarie (aux).

Il dosaggio, l'elaborazione e l'instradamento dei segnali avvengono attraverso una serie di cursori (i "rubinetti") e di interruttori (*switch*). In questa
appendice ne vedremo soltanto alcuni, rimandando alle pagine successive
l'approfondimento di tutte le sezioni del mixer.

Procediamo quindi dall'alto verso il basso.

Ingressi

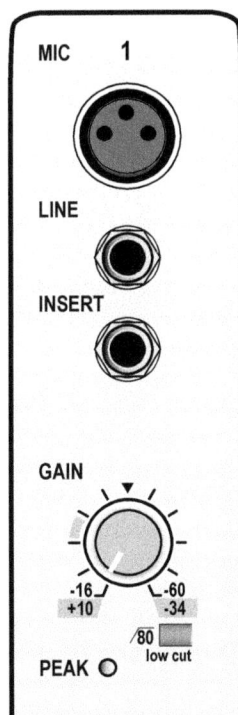

Nell'immagine qui a fianco osserviamo due tipologie di
ingresso presenti nella maggior parte dei mixer:

*   *ingresso microfonico (mic)*
*   *ingresso di linea (line)*

A seconda della sorgente sonora sceglieremo uno dei
due ingressi regolando di conseguenza il cursore del
gain che controlla la pre-amplificazione del segnale.
Per il momento diciamo soltanto che il *segnale microfonico*, per le sue caratteristiche[8], necessita di una
pre-amplificazione; il *segnale di linea* di solito non ha
bisogno di essere pre-amplificato.

Del punto di *insert* parleremo nelle prossime pagine;
per adesso diciamo solamente che serve ad interrompere il percorso del segnale per elaborarlo all'esterno
del mixer.

Il tasto **low cut** presente sul pannello attiva un **filtro
passa-alto** che ha la funzione di attenuare le frequenze al di sotto di una certa soglia (qui fissata a 80 Hz).

La spia *peak* ci segnala che stiamo eccedendo con il gain. Ne riparleremo
approfonditamente nell'*Unità 2*.

8 Parleremo di caratteristiche del segnale come impedenza e livello nelle appendici dell'*Unità 2*.

Equalizzatore

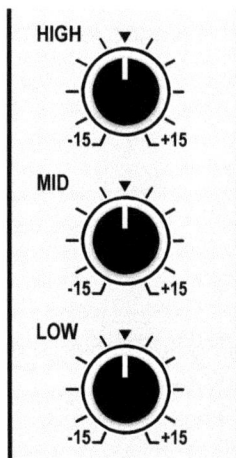

Sotto il pre-amplificatore troviamo l'**equalizzatore** che serve a modificare il *timbro* del suono. Il numero di controlli dell'equalizzatore dipende dalla tipologia e dalla qualità del mixer. L'equalizzatore raffigurato qui a fianco ha 3 controlli: uno per la banda di frequenze acute, uno per le frequenze medie, uno per le frequenze gravi.

TM Lab - Unità 1 - EQ di base

Per comprendere il funzionamento dell'EQ, avviate l'applicazione *TM Lab* e selezionate l'esempio interattivo *EQ di base* che trovate nel menu *Unità 1*. Dal menu a tendina selezionate il file audio *drums_stereo.wav*.

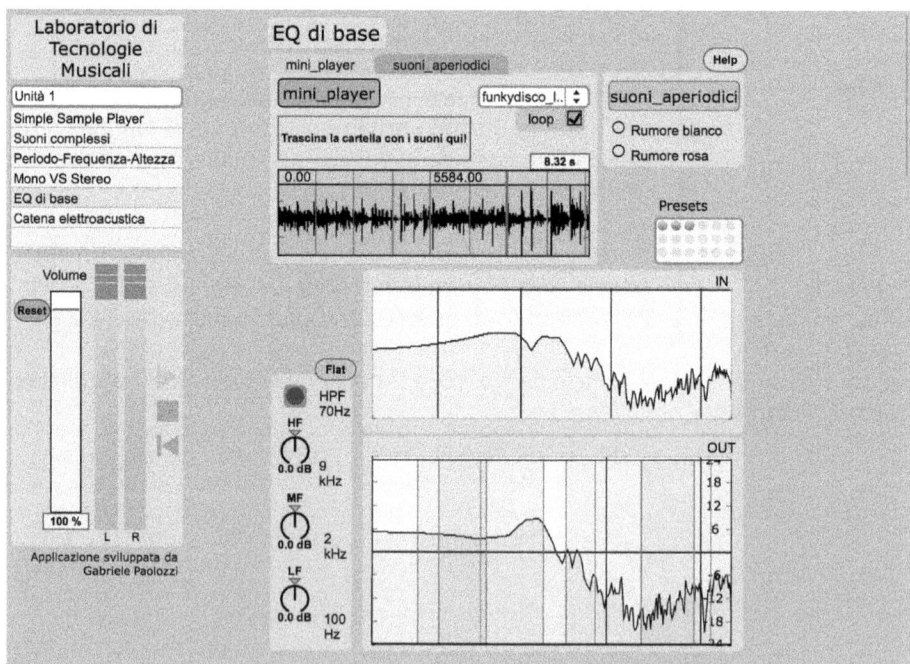

fig. 1.24: EQ di base

Avviate quindi la riproduzione con il pulsante *Play* (o premendo la barra spaziatrice sulla tastiera del computer) e ascoltate il suono. Adesso provate a modificare il timbro agendo sul primo cursore rotativo in alto denominato HF (*High Frequencies*) che controlla le frequenze acute al di sopra dei 9 kHz: se lo spostate verso destra noterete che il suono diventa via via più "brillante", "chiaro" e sentiamo di più il suono dell'Hi-Hat e dei piatti; questo accade perché stiamo *enfatizzando*, cioè dando maggiore risalto alle frequenze acute. Viceversa, se lo ruotate in senso antiorario, vi accorgerete che il suono diventa più "scuro", "cupo" e il suono dei piatti diventa meno percepibile: stiamo infatti attenuando le frequenze acute.

Il controllo centrale *MF (Mid Frequencies)* agisce sulle frequenze medie: ruotandolo verso destra rispetto alla posizione centrale, le enfatizziamo dando "più corpo" al suono ed esaltando la presenza del rullante; viceversa, se lo ruotiamo verso sinistra le attenuiamo "svuotando" il suono. Questo accade perché il nostro orecchio è maggiormente sensibile alle frequenze medie.
Passiamo adesso all'ultimo cursore in basso *LF (Low Frequencies)* che controlla le frequenze gravi: se le enfatizziamo conferiamo al suono una maggiore "profondità" mettendo in risalto la presenza della cassa (*kick drum*); viceversa, se attenuiamo le frequenze gravi, otterremo un suono più "sottile", "privo di pancia".

Come nella maggior parte dei mixer analogici è inoltre presente un tasto che consente di attenuare le frequenze al di sotto di una certa soglia senza agire sul controllo rotativo delle frequenze basse. Questo tasto è denominato HPF (*High Pass Filter*, in italiano *filtro passa-alto*). La *frequenza di taglio*, cioè la frequenza al di sotto della quale il filtro inizia ad agire, è sempre fissa e nel nostro caso è impostata a 70 Hz.

Provate adesso a fare degli esperimenti con l'EQ caricando un nuovo suono dal vostro computer trascinando una cartella contente suoni da voi scelti sull'apposito riquadro[9]. Agite sui vari controlli e quando trovate una equalizzazione che vi piace salvatela sul pannello *Presets* tenendo premuto il tasto *Shift* e cliccando su una posizione libera. Potrete richiamare il *preset* con un semplice clic del mouse. Per resettare i controlli EQ potete usare il comando *flat* che si trova in alto.

---

[9] Per caricare i suoni sull'applicazione metteteli tutti all'interno di una stessa cartella. Ricordatevi che i suoni devono essere necessariamente nel formato *.wav* o *.aif*.

Controlli di uscita

Dopo l'equalizzatore troviamo i **controlli di uscita del canale**, di solito due o più controlli per i canali di uscita ausiliari (*aux*) indipendenti dalla coppia di canali di uscita principali (*Main Out*, vedi sotto); parleremo degli aux più avanti. Se il mixer è dotato di processore di *effetti digitale*, è presente un controllo rotativo (**Effect/Fx**) per regolare la quantità di segnale da inviare all'effetto.

Soffermiamoci adesso sul regolatore **Panpot**, sigla che sta per *PANoramic POTentiometer* (potenziometro panoramico), indicato per brevità con **Pan**. Il Pan è un cursore rotativo che controlla, in maniera continua, la quantità di segnale inviata sui due canali di uscita principali (*Main Out*) determinando così il posizionamento del suono nel panorama stereo. Se il cursore del Pan è posizionato al centro avremo il suono su entrambi i diffusori; se lo ruotiamo a sinistra avremo il suono solo a sinistra, se lo ruotiamo tutto a destra proverrà solo da destra.

In genere sui mixer si trovano altri controlli di uscita, gli interruttori *solo*, *ON* e *mute*.

• L'interruttore **solo** permette di ascoltare su un'uscita dedicata (cuffie o monitor) il suono del canale sul quale è attivata questa funzione: tutti gli altri canali vengono pertanto esclusi. Spesso il tasto solo è sostituito dal tasto PFL, come in figura, funzione di cui parleremo in modo approfondito nell'*Unità 2*.
• L'interrutore **ON**, se attivato, "accende" il canale consentendo il passaggio del segnale.
• Altre volte, al posto del tasto ON, troviamo l'interruttore **mute** che funziona esattamente al contrario, cioè "spegne" il canale impedendo il passaggio del segnale.

Infine abbiamo il **Fader** del volume, un cursore lineare (a slitta) che permette di regolare la quantità di segnale da inviare verso le uscite.

Nel mixer i moduli appena descritti si trovano uno sotto l'altro formando ciò che si chiama **channel strip** (che potremmo tradurre come *striscia di canale*). La *channel strip* è il percorso che compie il segnale dal suo ingresso all'uscita. Spesso però il segnale può subire delle deviazioni dal suo percorso principale. Parleremo di questo nelle prossime appendici.

ATTIVITÀ E VERIFICHE

IN CLASSE - VERIFICHE INDIVIDUALI   ⌊8⌋

Mixer e collegamenti audio

1. Avvia l'applicazione *TM Lab*, seleziona *Catena elettroacustica* dal menu dell'*Unità 1* e prova a collegare correttamente i dispositivi audio.

2. Collega il lettore mp3 o il tuo smartphone al sistema di diffusione audio del laboratorio, scegli un brano da far ascoltare alla classe ed esegui le seguenti operazioni sul mixer:
    a. regola il volume in uscita agendo sugli appositi controlli;
    b. modifica il timbro agendo sugli appositi controlli;
    c. sposta il suono nello spazio agendo sull'apposito controllo.

Suggerimenti: nello svolgimento di questa prova cerca di realizzare una performance musicale: non agire a caso sui controlli, ma fatti guidare dal tuo orecchio e cerca di tracciare un "percorso" sonoro dall'inizio alla fine del brano. Per esempio, prova a far scomparire il suono, spostandolo contemporaneamente verso sinistra o verso destra e facendolo ricomparire gradualmente sul lato opposto.

---

3. Collega due lettori mp3 o due cellulari al mixer, avvia in ciascuno di essi la riproduzione di un brano e miscelali agendo sui controlli del mixer. Anche in questo caso cerca di realizzare una performance musicalmente espressiva intervenendo sui volumi, sul timbro e sulla spazializzazione del suono.

4. Effettua autonomamente i collegamenti audio tra i dispositivi della "laptop orchestra".

⧉ IN CLASSE - VERIFICHE DI GRUPPO

1. Organizzate una performance di gruppo con la *laptop* orchestra, anche con l'ausilio di una partitura di esecuzione, se lo ritenete opportuno.
    a. Gli esecutori ai computer dovranno agevolare il lavoro degli interpreti al mixer incaricati della regia del suono assecondando le loro indicazioni e scegliere opportunamente i suoni da riprodurre ascoltandosi reciprocamente.
    b. I registi del suono dovranno dividersi i compiti avendo cura di: dosare opportunamente i volumi, agire sui timbri e sulla disposizione dei suoni nello spazio stereofonico, dare le opportune indicazioni agli altri esecutori. Per il buon fine della performance, entrambi dovranno seguire il percorso programmato in partitura, oppure improvvisare lasciandosi guidare dall'ascolto e inventando soluzioni musicali originali.

A CASA - QUESTIONARI DI AUTOVERIFICA

1. Cos'è una *catena elettroacustica*? Fai un esempio.

2. Qual è la differenza tra diffusori *attivi* e diffusori *passivi*?

3. Cos'è un trasduttore elettroacustico?

4. Qual è la funzione del mixer?

5. Descrivi i seguenti controlli del mixer: *mute, gain, pan, fader, solo*

6. Descrivi i controlli della sezione EQ.

7. Qual è la differenza tra un segnale *mono* e un segnale *stereo*?

8. Qual è la differenza tra un segnale *dual-mono* e un segnale *mono*?

9. Quando si verifica l'ascolto *dual-mono*?

10. Acustica e psicoacustica: di cosa si occupano?

11. Cos'è il *periodo* di un'onda e come si misura?

12. Cos'è la *frequenza* di un'onda e come si misura?

13. Cosa sono gli *ultrasuoni* e gli *infrasuoni*?

14. Cos'è l'*altezza* di un suono e a quale parametro fisico è collegata?

UNITÀ 2
IL SUONO DA VICINO

Argomenti trattati

2.1 IL SUONO DA VICINO: IL MICROFONO

2.2 IL MICROFONO A CONDENSATORE

2.3 UNA CHITARRA "A PERCUSSIONE"

Appendici

1.A1 ACUSTICA E PSICOACUSTICA II

2.A2 IL SUONO ATTRAVERSO I CAVI

2.A3 MIC LEVEL, LINE LEVEL, INSTRUMENT LEVEL E D.I. BOX

2.A4 REGOLAZIONE DEI LIVELLI DEL SEGNALE NEL MIXER

PREREQUISITI PER IL CAPITOLO
• Contenuti dell'Unità 1

OBIETTIVI
Abilità
• Saper collegare un microfono al mixer
• Saper utilizzare l'alimentazione *phantom*
• Saper utilizzare la D.I. Box
Conoscenze
• Comprendere il funzionamento di un microfono
• Comprendere le differenze tra le diverse tipologie di microfono
• Comprendere la differenza tra i livelli d'ingresso del segnale
• Comprendere la differenza tra linee bilanciate e sbilanciate
• Comprendere il funzionamento della D.I. Box
• Comprendere la relazione tra ampiezza dell'onda sonora e percezione dell'intensità
• Comprendere l'interazione di fase tra le onde

CONTENUTI
• Microfono
• Gain e *phantom power*
• Connettori audio e tipologie di cavi
• Livelli d'ingresso, linee bilanciate e sbilanciate
• Ampiezza e intensità
• Fase dell'onda

TEMPI
Per un corso biennale di 30+30 settimane: circa 4 settimane (8 ore)

ATTIVITÀ
• Collegamento di varie tipologie di microfono (dinamico, condensatore, piezoelettrico) al mixer
• Regolazione di alcuni dei controlli principali del mixer (gain, attivazione alimentazione *phantom*)
• Esplorazione microfonica di oggetti e strumenti musicali
• Collegamento di uno strumento elettroacustico al mixer tramite D.I. Box

VERIFICHE
• Questionario di autoverifica
• Verifiche abilità pratiche
• Verifica generale delle competenze acquisite

SUSSIDI DIDATTICI DISPONIBILI ONLINE
• Glossario • Scheda risorse didattiche • Applicazioni ed esempi interattivi

MATERIALI NECESSARI
• Computer • Sistema di controllo e diffusione del suono (mixer + 2 casse audio)
• Microfoni • D.I. Box • Strumenti musicali acustici ed elettroacustici

2.1 IL SUONO DA VICINO: IL MICROFONO

Nell'unità precedente, realizzando la laptop orchestra, abbiamo creato un esempio di catena elettroacustica che svolgeva le funzioni di elaborazione e diffusione del suono. Il suono proveniente dai computer, infatti, era elaborato attraverso il mixer e riprodotto per mezzo delle casse. In questo tipo di catena non era dunque presente la fase di acquisizione del suono.
Sappiamo che per acquisire il suono abbiamo bisogno di un trasduttore che ci consenta di convertire le onde di pressione sonora in energia elettrica[1]; quello che ci occorre in questo caso è un microfono.

Colleghiamo il microfono

Innanzitutto, per poter utilizzare un microfono, abbiamo nuovamente bisogno di un mixer e di un sistema di diffusione. Questa volta però il suono non proverrà dai computer, bensì da quelle fonti sonore che decideremo di "catturare" con il nostro microfono.
Come sappiamo, sul mixer è presente un ingresso microfonico. Quello sarà l'ingresso a cui collegare il microfono tramite un cavo con connettori XLR.

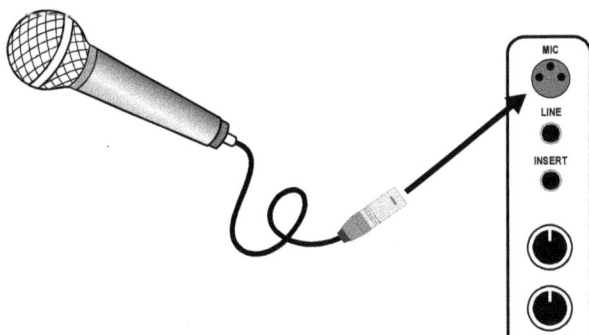

fig. 2.1: collegamento del microfono al mixer

Il microfono dinamico

Ma quale microfono scegliere? Ne esistono diversi tipi. Cominciamo utilizzando quello più comune: il microfono dinamico.

fig. 2.2: microfono dinamico *Shure SM58*

---

[1] Vedi *Appendice 1.A3.*

Adesso però abbiamo bisogno di scegliere una fonte sonora da catturare. Possiamo iniziare con la nostra voce.

Colleghiamo dunque il microfono e, mentre parliamo, agiamo sul controllo del gain per regolare il livello del segnale in ingresso stando attenti che non sia né troppo alto né troppo basso (seguendo le indicazioni riportate nell'*Appendice 2.A4 Regolazione dei livelli del segnale nel mixer*). Ascoltiamo il suono della nostra voce riprodotta dagli altoparlanti. Notiamo come la ripresa microfonica ci permette di ascoltare alcune componenti o particolarità del suono che normalmente non è possibile udire. Utilizzando il microfono, è come se puntassimo l'orecchio direttamente di fronte alla sorgente sonora. Il microfono è per l'udito ciò che la lente d'ingrandimento è per la vista: ci consente di scoprire particolari impercettibili comunemente nascosti al nostro udito.

Una cosa a cui fare attenzione!

Quando ascoltiamo dalle casse un qualsiasi suono ripreso da un microfono, bisogna sempre stare attenti alla posizione di quest'ultimo rispetto agli altoparlanti ed evitare sempre di posizionarlo con la capsula (la parte sensibile al suono) rivolta verso un altoparlante.

Se infatti questa condizione si verifica, ascolteremo un **feedback acustico** o **effetto Larsen** (dal nome del fisico che lo scoprì).

Feedback è un termine comune a diversi campi di applicazione e indica generalmente un processo di *retroazione* in cui l'informazione in uscita ritorna in ingresso, innescando un processo a catena.

Nello specifico l'**effetto Larsen** è un fenomeno che si verifica quando il suono proveniente dagli altoparlanti viene ripreso dal microfono, emesso nuovamente dagli altoparlanti e di nuovo ripreso dal microfono, dando vita ad un circuito o anello che amplifica all'infinito il segnale. Il *feedback* acustico si manifesta come una sorta di "fischio" persistente che può essere acuto o grave in base a diversi fattori. L'effetto Larsen, se innescato, va interrotto immediatamente poiché può danneggiare i nostri altoparlanti (oltre che il nostro udito!).

TM Lab - Unità 2 - Effetto Larsen

Ricordate quando nell'*Unità 1* abbiamo parlato dell'equalizzatore? Rivediamone il funzionamento.

L'equalizzatore è costituito da due o più filtri audio[2] che agiscono su porzioni diverse del suono. I filtri audio permettono di attenuare o esaltare bande di frequenza del suono[3]. Agendo sui controlli dell'EQ possiamo quindi modificare il contenuto del suono e di conseguenza il timbro.

---

[2] In un equalizzatore le tipologie di filtri e i parametri di regolazione degli stessi possono variare in base al modello e alle fasce di mercato (amatoriale, semi-professionale e professionale).

[3] Vedi *Appendici 1.A2* e *1.A3*.

Provate ora a sperimentare con l'equalizzatore del mixer puntando il microfono verso varie sorgenti sonore per esplorare il suono di oggetti comuni che
vi circondano. Effettuate la ripresa microfonica da diverse angolazioni e al
contempo provate a "suonare" gli oggetti che avete scelto percuotendoli o
strofinandoli in vari modi. Scoprirete come anche il suono di una penna che
struscia su un banco può rivelarsi decisamente affascinante se ripreso con
il microfono ed elaborato con i filtri del mixer. Anche il timbro della vostra
stessa voce può trasformarsi in qualcosa di molto diverso.

---

* il **microfono dinamico** è un trasduttore elettroacustico resistente ed
  economico che sopporta bene suoni di forte intensità[4], per esempio
  quelli prodotti dalla batteria. Per questa stessa ragione risulta meno
  sensibile a suoni di debole intensità.
* i **filtri audio** sono dispositivi elettronici che intervengono sulle componenti frequenziali del suono filtrandole.

2.2 IL MICROFONO A CONDENSATORE

La scelta del microfono dipende sia dal tipo di sorgente sonora da acquisire
sia dal tipo di risultato che si vuole ottenere.
Alcuni microfoni, ad esempio, sono più adatti alla ripresa di strumenti musicali
a corda, mentre altri sono più adatti alle percussioni o alle riprese d'ambiente.
Inoltre, la qualità e la resa della ripresa microfonica di una stessa sorgente
sonora variano in base alla tipologia di microfono utilizzata. Possiamo provare a capire quest'ultimo concetto sperimentando ancora una volta con la
nostra voce. Questa volta infatti, invece di un microfono dinamico, utilizzeremo un **microfono a condensatore**.

fig. 2.3: microfono a condensatore *Neumann U89i* a diaframma largo

---

4 Per approfondimenti riguardo il concetto di intensità vedi *Appendice 2.A1*

Il collegamento del microfono a condensatore al mixer non differisce da quello del microfono dinamico: si utilizza lo stesso tipo di cavo e lo stesso ingresso del mixer.

Il microfono a condensatore, per funzionare, necessita però di un'alimentazione elettrica aggiuntiva, chiamata **phantom** ("fantasma"). L'alimentazione *phantom* deve essere attivata sul mixer attraverso un pulsante specifico (individuabile grazie alla scritta *phantom* o "48V"). Fate attenzione! La *phantom* va sempre *accesa dopo* aver collegato il microfono e sempre *spenta prima* di scollegarlo. Collegare o scollegare un microfono mentre l'alimentazione *phantom* è attivata potrebbe danneggiare le nostre apparecchiature irreversibilmente.

Collegate dunque il vostro microfono a condensatore, accendete la *phantom* e fate qualche prova. Potrete notare sicuramente che la qualità della vostra voce differisce rispetto a quella ripresa con il microfono dinamico.

Provate ancora una volta a utilizzare diverse sorgenti sonore oltre alla vostra voce, sperimentando anche con l'equalizzatore. Noterete delle differenze di sonorità rispetto alle esperienze fatte con il microfono dinamico.

Queste differenze dipendono da più fattori, come ad esempio la **sensibilità** (maggiore nel microfono a condensatore) o la **risposta in frequenza**. Col tempo, conoscendo sempre meglio le caratteristiche specifiche di ogni microfono, sarete in grado di capire quale scegliere in base ai vostri "gusti" e alle vostre esigenze.

- Il **microfono a condensatore** è un trasduttore elettroacustico più delicato e costoso del dinamico ma ha una risposta in frequenza più lineare, cioè in grado di "catturare" in maniera più fedele la nostra sorgente sonora.

- La **phantom** è un'alimentazione elettrica aggiuntiva (pari a 48 Volt) necessaria affinché il circuito presente all'interno del microfono a condensatore funzioni. L'alimentazione viene definita *phantom* (fantasma), in quanto viaggia "inosservata" sul cavo microfonico senza causare alcun disturbo al segnale audio.

- La **sensibilità** di un microfono è la capacità del trasduttore di reagire all'intensità di un suono: più è alta la sensibilità di un microfono, maggiore sarà la capacità di catturare suoni di debole intensità. In termini tecnici, si tratta del rapporto tra la tensione elettrica prodotta in uscita dal microfono ed il livello di pressione sonora esercitato da un suono sulla capsula. Pertanto, maggiore è la sensibilità, maggiore sarà il livello del segnale in uscita dal microfono.

- La **risposta in frequenza** è la misurazione di ciò che restituisce un dispositivo o un sistema in risposta ad una stimolazione. Nel caso dell'altoparlante, ad esempio, è la misurazione dell'intensità delle frequenze che riesce a riprodurre. Essa viene misurata inviando all'altoparlante tutta la gamma delle frequenze udibili con ampiezza uguale e costante, calcolandone le variazioni apportate in uscita dall'apparecchiatura.

Suoni inauditi

Provate adesso a usare il microfono per riprendere strumenti musicali tradizionali, come la chitarra, il pianoforte o il violino. Scegliete il microfono e provate a suonare i vostri strumenti in modo non "convenzionale". Scoprirete, per esempio, che un pianoforte è ricchissimo di sonorità differenti da quella ottenuta pigiando i tasti. Collegate il vostro microfono (utilizzando sia quello dinamico sia quello a condensatore) ed esplorate tutti i suoni che il pianoforte è in grado di produrre. Come? Aprite ad esempio la cassa e pizzicate le corde, oppure provate a percuotere le stesse con dei battenti dalla punta morbida. Altri strumenti con cui è davvero divertente sperimentare sono le percussioni. Avete mai provato a suonare un piatto con l'archetto di un violino?
Questi sono solo degli esempi. Usate tutti gli strumenti che avete a disposizione cercando di ottenere nuove sonorità.

Durante le vostre esplorazioni sonore avrete sicuramente notato che nei casi in cui la sorgente forniva un segnale molto debole era necessario utilizzare un microfono a condensatore invece di un microfono dinamico. Questo perché il microfono a condensatore presenta una sensibilità maggiore rispetto a quella del microfono dinamico.

2.3 UNA CHITARRA "A PERCUSSIONE"

Il microfono dinamico e quello a condensatore non sono gli unici tipi di trasduttori di ingresso. Ne esiste un altro che probabilmente alcuni di voi avranno già utilizzato senza conoscerlo. Questo tipo di trasduttore si trova generalmente su strumenti come la chitarra acustica ed è chiamato **pick-up piezoelettrico**.

fig. 2.4: pick-up piezoelettrico

Il suo principio di funzionamento è abbastanza semplice. Il pick-up piezo-elettrico non fa altro che convertire le vibrazioni del materiale sul quale è applicato (nel caso della chitarra acustica, il legno) in segnale elettrico[5]. Questa caratteristica ci dà la possibilità di sperimentare nuove modalità di esecuzione. Possiamo ad esempio sfruttare le proprietà del microfono piezo-elettrico per percuotere il corpo di uno strumento e suonarlo come se fosse una percussione. Le vibrazioni prodotte dalla percussione saranno catturate dal *piezo*, amplificate e riprodotte tramite il sistema di diffusione.
Proviamo con una chitarra.
Prima di tutto, quello di cui abbiamo bisogno è una chitarra acustica "elettri-ficata", ossia provvista di pick-up piezoeletrico, la cui uscita (generalmente situata sul corpo della chitarra) presenta una connessione di tipo jack. Questa volta però è preferibile non collegare direttamente la chitarra all'ingresso jack del mixer (come abbiamo fatto per collegare il computer nell'unità preceden-te). Questo perché l'ingresso jack è predisposto per **segnali di linea** (*line*). I segnali di linea sono quelli generati dai computer, dalle tastiere, dai lettori CD o mp3. Questi segnali sono chiamati così perché sono segnali "finiti", cioè già "ottimizzati" e pronti per essere amplificati e diffusi tramite gli altoparlanti[6].
Ma allora, dove collegare la chitarra? La chitarra deve essere collegata all'in-gresso microfonico, che però è un ingresso a bassa **impedenza**, "adatto" a ricevere il segnale microfonico, che è appunto un segnale a bassa impeden-za. Il segnale generato dalla chitarra è invece ad alta impedenza; occorre quindi effettuare l'adattamento di questo parametro prima di collegare lo strumento al mixer. Per fare ciò usiamo una **D.I. Box**[7].

- Il **pick-up piezoelettrico** è un tipo di trasduttore solitamente usato per strumenti acustici a corde, come chitarre o archi, il quale converte le vibrazioni del legno sul quale è applicato, in elettricità.
- La **D.I. Box** (*Direct Injection Box*) è un dispositivo che converte un segnale *instrument* (quindi ad alta impedenza) o di linea in un segnale microfonico, quindi a bassa impedenza e bilanciato.
- L'**impedenza** è una caratteristica propria di qualsiasi metallo che con-duce elettricità. Rappresenta la forza di opposizione di un componente al passaggio di corrente elettrica ed è misurata in *Ohm* (dal nome del suo scopritore, Georg Simon Ohm).

---

[5] Il pick-up piezoelettrico della chitarra acustica non va confuso con il pick-up della chitarra elettrica; quest'ultimo è un pick-up *elettromagnetico* il quale non fa altro che convertire le variazioni di un campo magnetico prodotte dall'oscillazione della corda.

[6] Esistono due tipi di segnali di linea, con livelli diversi. Vedi l'*Appendice 2.A3*

[7] Le *D.I. Box* possono essere attive o passive. Quelle attive possono essere alimentate a batteria o tramite *phantom*. Vedi *Appendice 2.A3*

Colleghiamo dunque la chitarra all'ingresso della *D.I. Box* con un cavo con connettori jack TS[8] e l'uscita della *D.I. Box* all'ingresso del mixer con un cavo con connettori XLR.

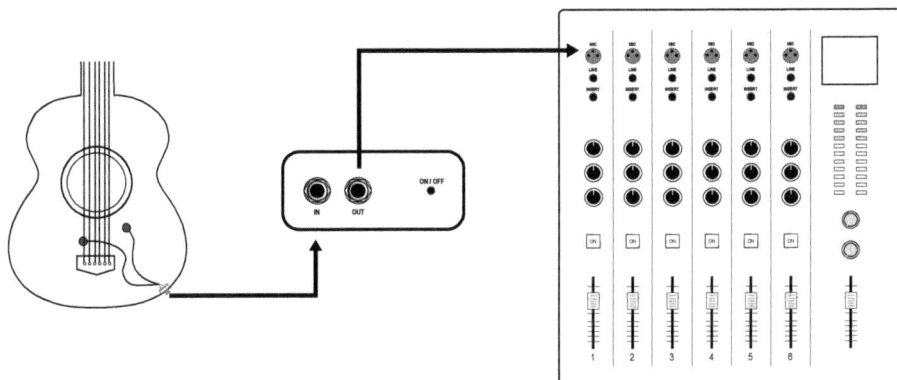

fig. 2.5: collegamento chitarra elettrica - *D.I. Box* - mixer

Ora siamo finalmente pronti a suonare.
Percuotiamo il corpo della chitarra con le mani, con le dita o con altri tipi di battenti ricercando le zone che producono le sonorità più interessanti.
A questo punto provate a realizzare una performance ritmica con altri strumenti tradizionali a vostra disposizione, inventando voi stessi nuovi modi di suonarli. Oltre a usare strumenti come la chitarra, il pianoforte, i piatti con l'archetto, potreste usare anche altri oggetti come banchi, sedie, porte, bottiglie di plastica vuote da accartocciare etc. Come nell'attività della laptop orchestra, potreste avere bisogno di scegliere un direttore che coordini la performance.
Riprendete ogni sorgente sonora con il microfono che ritenete più adatto e agite sull'equalizzatore per ricercare nuove sonorità. Come fatto per la laptop orchestra, dividetevi e scambiatevi i ruoli (esecutori, direttore e regista del suono al mixer).

---

8 Vedi *Appendice 2.A2*

Appendici

2.A1 ACUSTICA E PSICOACUSTICA II

Ampiezza e intensità

Nell'*Appendice 1.A1* abbiamo iniziato a esplorare il suono dal punto di vista fisico, parlando di periodo e frequenza di un'onda. Un altro importante parametro del suono è l'ampiezza dell'onda. Essa rappresenta lo spostamento delle particelle, al passaggio dell'onda, rispetto alla propria posizione di equilibrio. Pertanto, l'ampiezza oscilla tra valori positivi e negativi che corrispondono alle fasi di compressione e rarefazione del mezzo.

L'immagine sottostante (vedi fig. 2.6) raffigura la variazione dell'ampiezza dell'onda in funzione del tempo.

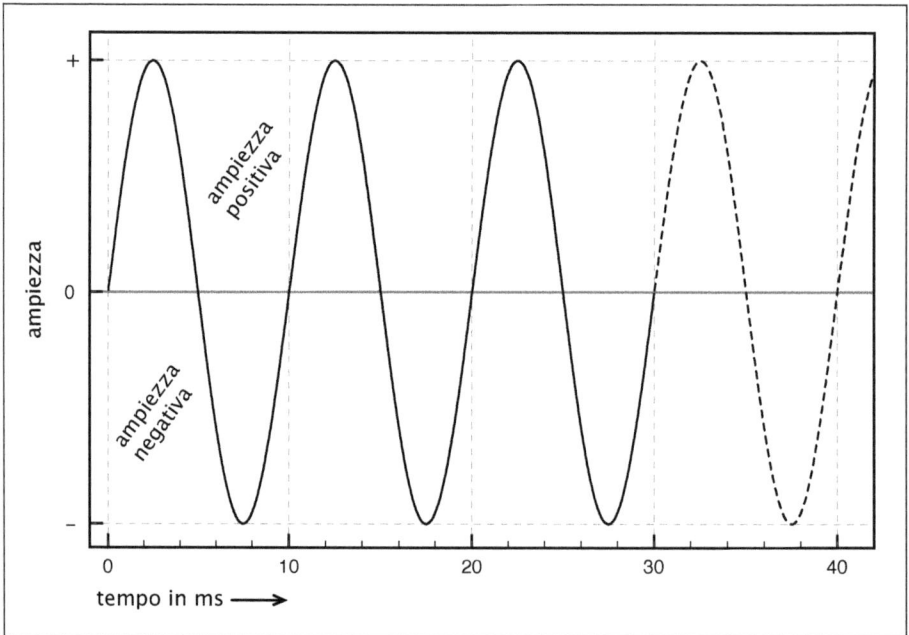

fig. 2.6: ampiezza in funzione del tempo

Ma su cosa influisce a livello percettivo l'ampiezza dell'onda? L'ampiezza influisce principalmente sull'intensità del suono da noi percepita. L'**intensità** è la qualità del suono che ci consente di distinguere un forte da un piano.

🖵 *TM Lab - Unità 2 - Ampiezza-Intensità*

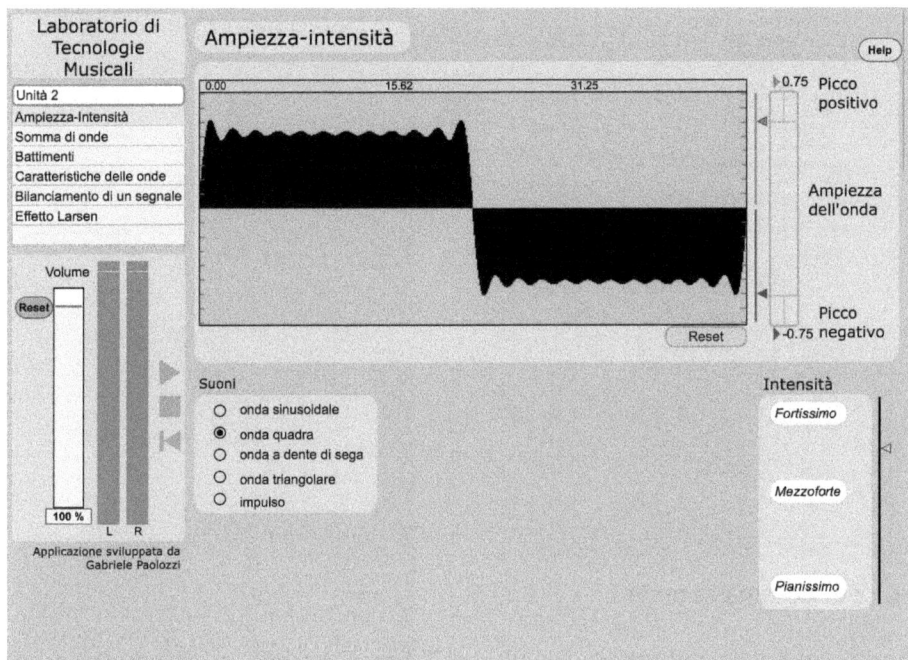

fig. 2.7: Ampiezza-Intensità

Aprite l'esempio interattivo *Ampiezza-Intensità* all'interno dell'applicazione *TM Lab* (*Unità 2*), avviate la riproduzione del suono, posizionatevi con il mouse sull'onda, fate clic e trascinate verso l'alto: noterete che si modifica l'ampiezza dell'onda e ciò produce un incremento dell'intensità del suono. Al contrario, se trascinate verso il basso, l'ampiezza dell'onda si riduce e l'intensità del suono diminuisce. Il tasto *reset* ripristina l'ampiezza al valore iniziale. Ricapitolando, così come la frequenza è il parametro che determina la sensazione di altezza del suono, cioè *acuto* o *grave*, allo stesso modo l'ampiezza è il parametro collegato alla sensazione di intensità del suono, cioè al *piano* e al *forte*.

Fase e controfase

La **fase** - il cui simbolo è la lettera greca φ (*phi*) - è un parametro che indica la posizione in cui si trova il ciclo dell'onda in un determinato istante. Riprenderemo il concetto di fase più avanti, poiché è di fondamentale importanza per spiegare cosa accade quando due o più onde interagiscono e interferiscono tra loro, come ad esempio nel metodo di trasferimento bilanciato e nelle tecniche di microfonaggio stereo.

TM Lab - Unità 2 - Somma di onde

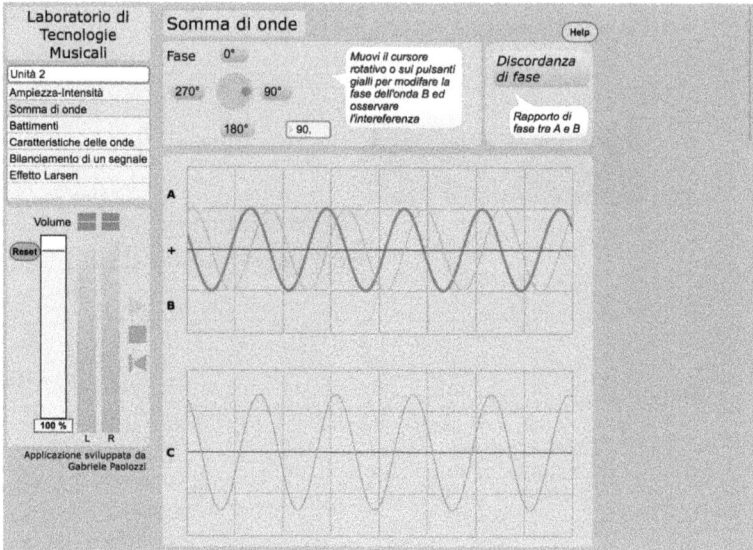

fig. 2.8: Somma di onde

Aprite l'esempio interattivo *Somma di onde* e avviate la riproduzione del suono. Nel riquadro in alto sono raffigurati i segnali A (linea continua, verde) e B (linea tratteggiata, rossa), nel riquadro in basso il risultato della somma dei due segnali (C). All'inizio i due segnali A e B sono perfettamente identici, hanno cioè stessa frequenza, stessa ampiezza e stessa fase. Nel riquadro in basso la somma dei due segnali A e B produce un segnale C che avrà la stessa frequenza di A e B, ma ampiezza doppia data dalla somma dei valori di ampiezza di A e B. Questo raddoppio produce a livello percettivo un innalzamento dell'intensità del suono.

In questo primo caso si dice che i segnali sono *in fase*.

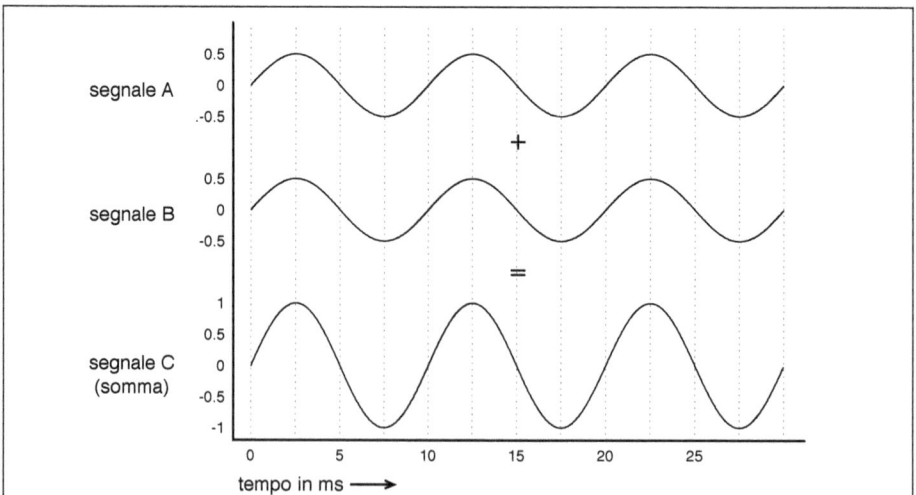

fig. 2.9: somma di onde in fase

Se fate clic sul tasto 180° la fase del segnale *B* viene spostata di 180°: adesso i due segnali hanno sempre stessa frequenza e stessa ampiezza, ma fasi opposte. Cosa vuol dire? Al picco d'ampiezza positivo del segnale *A* corrisponde un picco d'ampiezza negativo del segnale *B*. Sommandosi insieme, i due segnali si cancellano reciprocamente poiché i rispettivi valori di ampiezza hanno segni opposti. Il segnale *C* è rappresentato adesso da una linea piatta e non è più possibile udire alcun suono.

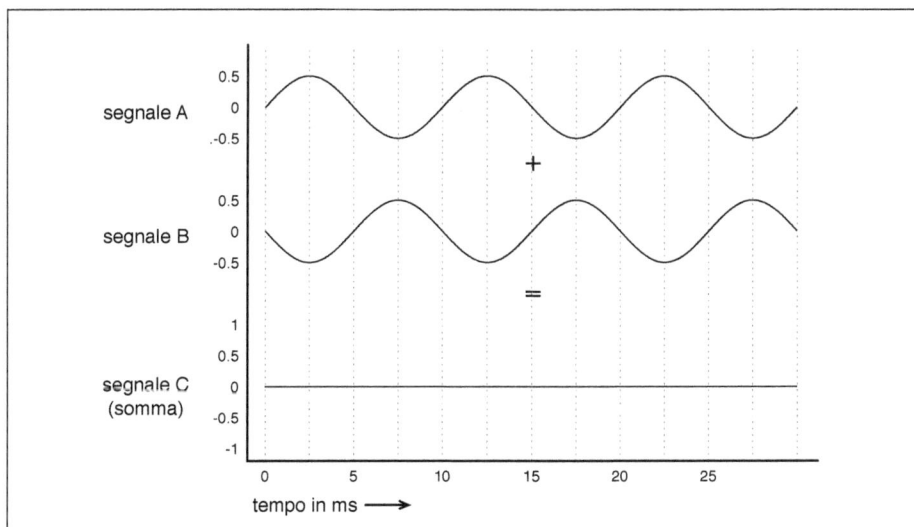

fig. 2.10: somma di onde in controfase

In questo secondo caso si dice che i segnali sono in *controfase* o in *opposizione di fase*.

Se agite poi sul controllo rotativo potete sperimentare tutte le situazioni intermedie spostando la fase del segnale *B* e osservare cosa accade sul segnale risultante *C*. In tutti questi casi diremo che i segnali sono in *discordanza di fase*.

Come attività di riepilogo, aprite l'esempio interattivo *Caratteristiche delle onde.*

TM Lab - Unità 2 - Caratteristiche delle onde

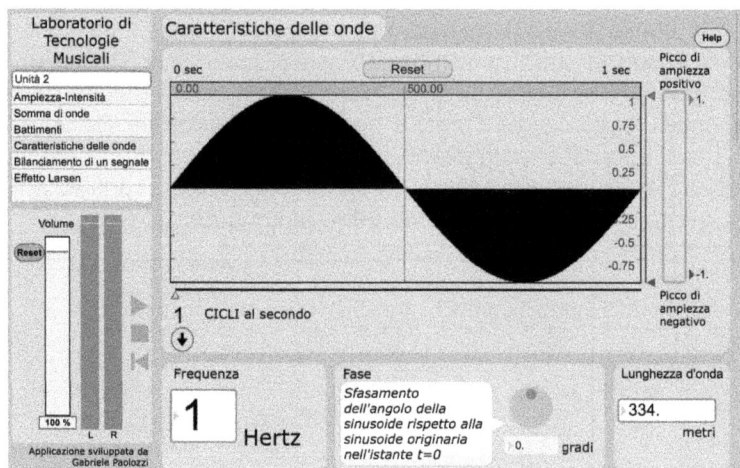

fig. 2.11: Caratteristiche delle onde

Qui potete modificare tutte le caratteristiche dell'onda fin qui descritte: provate a incrementare il numero di cicli e di conseguenza la frequenza spostando il cursore orizzontale che si trova sotto l'onda. L'ampiezza può essere modificata trascinando il mouse su e giù direttamente sull'onda. In ultimo, la fase può essere spostata trascinando il mouse a destra o a sinistra direttamente sull'onda.

I battimenti

Uno dei fenomeni più frequenti dovuti all'interferenza di onde è quello dei **battimenti**.
I battimenti sono delle oscillazioni di ampiezza prodotte dall'interferenza di due o più onde con frequenze molto vicine tra loro (la differenza di frequenza tra le onde non deve essere maggiore di 20 Hz). Il risultato della somma di queste onde consisterà in una singola onda la cui ampiezza sarà caratterizzata da una successione di pulsazioni regolari. L'effetto uditivo prodotto da questa interazione si traduce in una oscillazione dell'ampiezza che aumenta e diminuisce ritmicamente.
Per ascoltare subito l'effetto prodotto da questo fenomeno, avviate l'applicazione *TM Lab*, selezionate *Unità 2* dal menu a tendina e scegliete *Battimenti*.

⌨ *TM Lab - Unità 2 - Battimenti*

Il numero di pulsazioni al secondo è chiamato **frequenza di battimento** ed è pari alla differenza di frequenza tra le onde. Ad esempio, l'interferenza tra un'onda a 440 Hz e un'onda a 444 Hz produrrà una frequenza di battimento di 4 Hz. In pratica, quattro volte al secondo sarà possibile percepire una fluttuazione dell'ampiezza. Quale sarà invece la frequenza dell'onda risultante? L'interferenza tra le onde produrrà un suono con frequenza pari alla media aritmetica delle frequenze originarie. Nel caso dell'esempio precedente, l'onda risultante avrà una frequenza di 442 Hz.

Per capire meglio il fenomeno dei battimenti, osserviamo la figura seguente
(fig. 2.12):

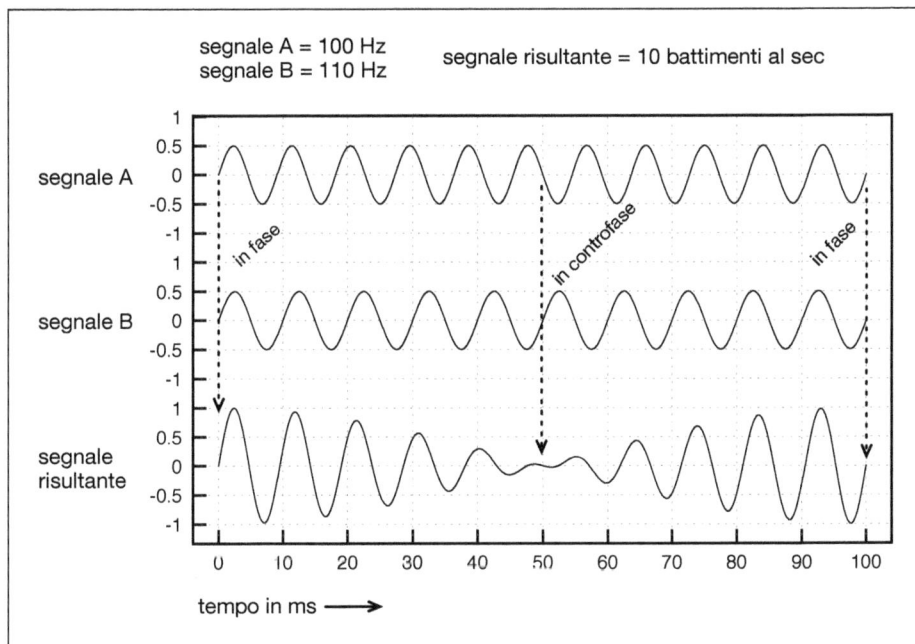

fig. 2.12: rappresentazione grafica del fenomeno dei battimenti

All'istante 0 e a 100 ms le due onde hanno ampiezza 0 e sono perfettamente in fase. In tutti gli altri istanti, le onde non sono mai in fase, generando
una successione di interferenze costruttive e distruttive. Questa oscillazione
dell'ampiezza si ripete ciclicamente 10 volte al secondo.
Come detto in precedenza, il fenomeno dei battimenti può avvenire anche
tra più di due onde. In questo caso l'effetto produrrà dei **battimenti multipli**.
Vediamo cosa accade nell'interferenza tra tre onde - che chiameremo A, B e
C - aventi rispettivamente frequenza di 220 Hz, 222 Hz e 224 Hz. Dobbiamo
eseguire lo stesso calcolo di prima, questa volta tra A e B, A e C, e B e C.
A e B produrranno dei battimenti a 2 Hz, A e C battimenti a 4 Hz e B e C
battimenti a 2 Hz. La frequenza dell'onda risultante sarà la media aritmetica
tra tutte e tre, cioè 222 Hz.

Il fenomeno dei battimenti è molto utile anche in applicazioni pratiche. I
chitarristi, ad esempio, usano i battimenti per accordare la chitarra. Fanno
vibrare le due corde che vogliono accordare producendo la stessa nota,
all'unisono. Se queste producono dei battimenti, significa che tra loro c'è
ancora una lieve differenza di frequenza. Nel momento in cui i battimenti
scompaiono, vuol dire che le corde stanno vibrando alla stessa frequenza e
sono quindi accordate.

2.A2 IL SUONO ATTRAVERSO I CAVI

Il microfono ha il compito di "catturare" il suono e di trasdurlo in **corrente elettrica**, cioè un flusso di elettroni che viaggia all'interno di un conduttore elettrico (nel nostro caso i cavi e i circuiti elettrici delle nostre apparecchiature). Un **conduttore elettrico** è un materiale (solitamente metallico) che permette il passaggio della corrente elettrica.

Il segnale elettrico che passa attraverso i cavi oscilla in maniera analoga all'onda sonora che esso rappresenta. Per questa ragione questo tipo di segnale elettrico viene detto **analogico**.

Le variazioni d'ampiezza dell'onda sonora vengono trasdotte in analoghe variazioni di tensione elettrica (misurata in Volt).

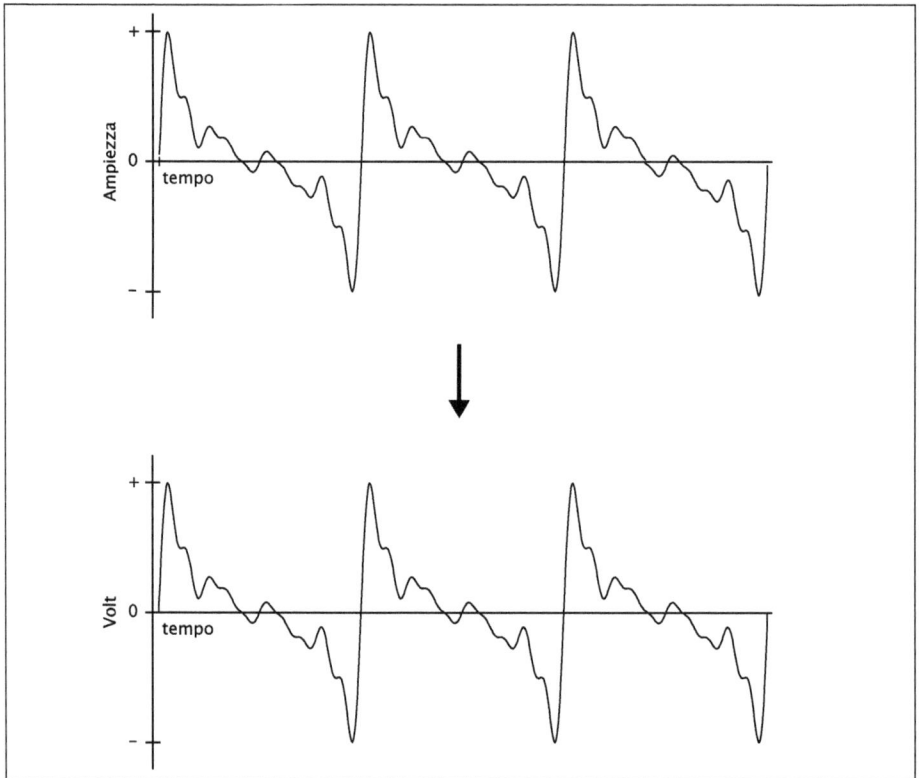

fig. 2.13: trasduzione del segnale

Linee bilanciate e sbilanciate

Le connessioni (o linee) audio analogiche possono essere distinte a seconda del numero di canali e del metodo di trasmissione, che può essere bilanciato o sbilanciato. Questi due fattori determinano il numero di *fili conduttori* all'interno del cavo e i relativi *poli* del connettore.

Nell'*Unità 1* abbiamo già parlato dei segnali *mono* e *stereo*. Vediamo attraverso quali linee possono viaggiare questi segnali.

Linea Mono Sbilanciata

È formata da due conduttori: un filo che trasporta il segnale e una calza metallica che avvolge il rivestimento isolante del filo conduttore svolgendo la funzione di schermo da eventuali disturbi esterni. Nel gergo tecnico questo secondo conduttore si dice collegato "a massa" (in inglese *ground*).

Nell'immagine 2.14 è raffigurato il connettore jack da ¼" (o 6,3 mm) che si trova ai capi di una linea sbilanciata. Questo connettore ha due poli a cui sono collegati i due conduttori del cavo: il conduttore che trasporta il segnale è collegato alla punta o **Tip**; la massa è collegata alla "manica" o **Sleeve**. Da qui deriva il nome di questo connettore, detto appunto **TS** (*Tip&Sleeve*), che comunemente è utilizzato per trasportare un segnale mono. Osservate come le due parti del connettore siano divise da una fascia isolante di colore nero.

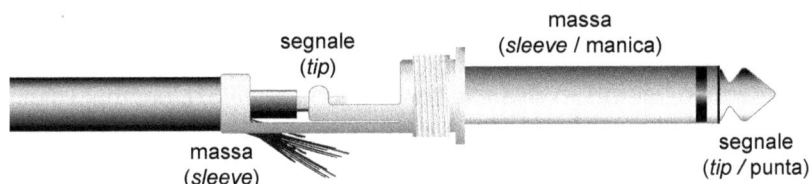

fig. 2.14: connessione sbilanciata su connettore di tipo jack da ¼" a due poli

Linea Mono Bilanciata

Rispetto alla linea sbilanciata, in cui avevamo solo due conduttori, uno per il segnale e uno per la massa, nella linea mono bilanciata abbiamo due conduttori per il segnale ed uno per la massa. Sul primo conduttore viaggia il segnale audio; sul secondo viaggia una copia dello stesso segnale invertita di fase; il terzo conduttore, la calza, è collegato a massa. Ogni conduttore ha un proprio rivestimento isolante.

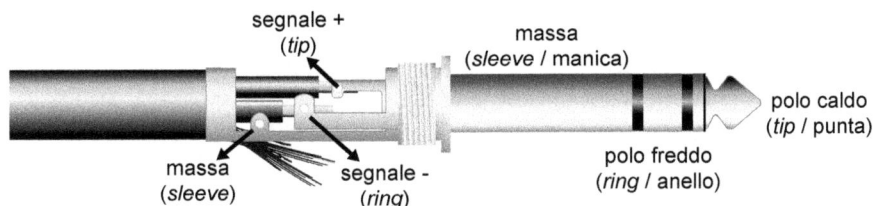

fig. 2.15: connessione bilanciata su connettore di tipo jack da ¼" a tre poli

A differenza del connettore jack TS in figura 2.14, quello raffigurato in figura 2.15 è diviso in tre parti: la "punta" detta anche polo "caldo" o **Tip**, "l'anello" detto anche polo "freddo" o **Ring** e la "manica" o **Sleeve**, pertanto la sigla di questo connettore sarà **TRS**. Il conduttore che trasporta il segnale originale viene collegato alla punta, quello che trasporta la copia del segnale invertita di fase all'anello e la massa alla manica.

Il **metodo di trasferimento bilanciato** è stato inventato per ridurre i disturbi che possono interferire con il segnale audio che viaggia sui cavi. Infatti, percorrendo grandi distanze, il segnale può raccogliere diversi rumori e interferenze che ne compromettono la qualità.

Ma come avviene il "bilanciamento" del segnale? Come vengono eliminati i disturbi sulla linea?

Ecco cosa succede nel metodo di trasferimento bilanciato: quando il segnale giunge a destinazione, per esempio al mixer, la copia del segnale che era stata invertita di fase viene riportata nuovamente in fase e sommata al segnale originale. I disturbi che vengono a prodursi sui conduttori del cavo, al contrario, viaggiano in fase, cioè corrompono allo stesso modo entrambi i segnali. Dunque, una volta arrivati al mixer, i segnali verranno rimessi in fase, lasciando in controfase i soli disturbi, che quindi si annulleranno. Questa somma, inoltre, ha come effetto secondario quello di restituirci un segnale con ampiezza doppia rispetto a quella dei segnali di partenza.

Per capire meglio il funzionamento del metodo di trasferimento bilanciato aprite l'esempio interattivo *Bilanciamento di un segnale*. L'esempio illustra le diverse fasi del processo di bilanciamento del segnale.

TM Lab - Unità 2 - Bilanciamento di un segnale

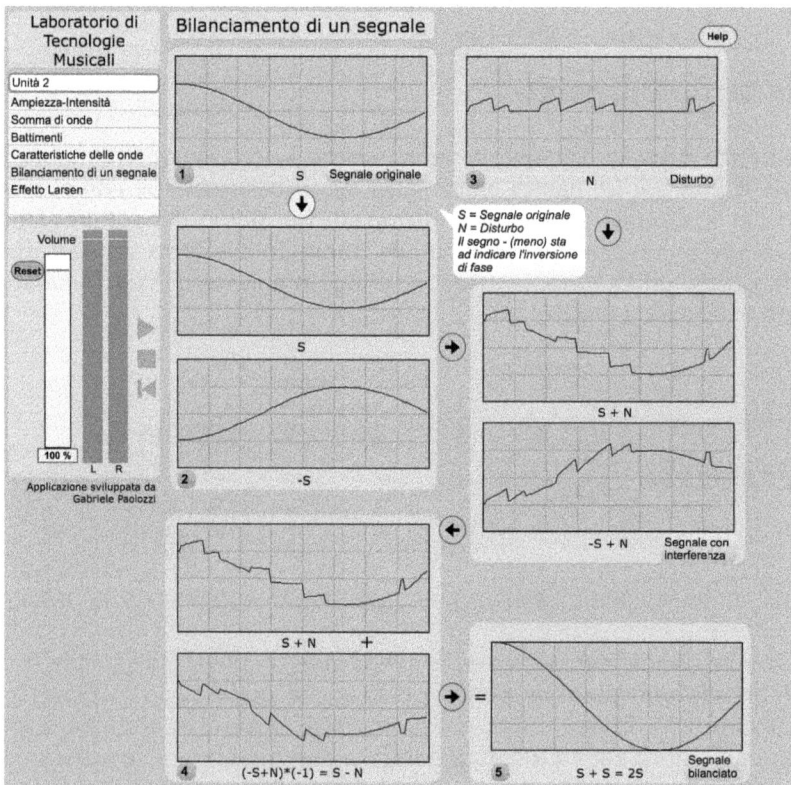

fig. 2.16: Bilanciamento di un segnale audio

1. all'inizio del processo (a sinistra) abbiamo il segnale originale (S) generato da un dispositivo elettronico (per esempio, un sintetizzatore);
2. il segnale originale (S) e la sua copia invertita di fase (-S) viaggiano
   all'interno del cavo su due conduttori distinti;
3. in alto abbiamo il disturbo (N) che compromette allo stesso modo i due
   segnali sommandosi ad essi (S+N) (-S+N);
4. all'altro capo della connessione (per esempio, al mixer), il secondo
   segnale (quello in basso) viene invertito di fase (-S+N)*(-1) = S-N;
5. la somma algebrica dei due segnali produce un raddoppio dell'ampiezza del segnale "buono" (S+S=2S) e l'eliminazione del disturbo (N-N=0).

Essendo in grado di ridurre i disturbi elettrici esterni, le linee bilanciate sono
lo standard professionale e vengono usate specialmente per collegare dispositivi distanti fra loro oltre 10 metri. Infatti, maggiore è la distanza che il cavo
percorre, maggiore è la probabilità di raccogliere interferenze elettriche. Lo
stesso tipo di cavo (2 fili + la calza) e il medesimo metodo di trasferimento
vengono usati anche per le connessioni microfoniche[9]: ciò che cambia è il
tipo di connettore, chiamato **XLR** (*eXtra Long Run*) o **cannon**[10].

fig. 2.17: connettore bilanciato di tipo XLR a tre poli

Nella figura qui sotto è illustrato lo schema di collegamento del cavo al connettore.

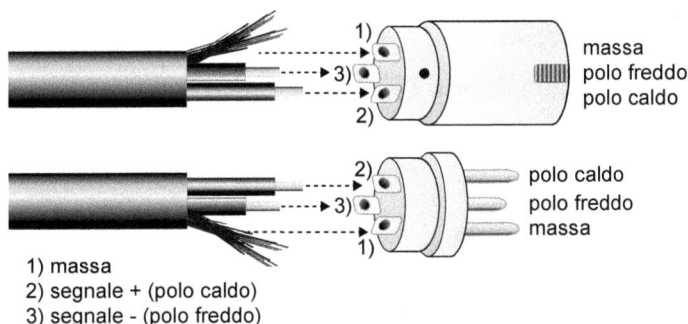

1) massa
2) segnale + (polo caldo)
3) segnale - (polo freddo)

fig. 2.18: schema del connettore bilanciato di tipo XLR a tre poli

---

[9] I connettori *cannon* sono utilizzati anche per le connessioni di linea bilanciate come ad
esempio nel collegamento delle uscite audio bilanciate del mixer.
[10] Il nome deriva dall'inventore del connettore James H. Cannon, fondatore della *Cannon Electric*.

Connessioni Stereo

Il cavo utilizzato per trasportare un segnale mono bilanciato può trasportare anche un segnale **stereo sbilanciato**. Come sappiamo, un segnale stereo è composto da due segnali diversi che viaggiano su due canali indipendenti, canale sinistro e canale destro. Questi due segnali possono essere trasportati da una connessione stereo sbilanciata sfruttando i due fili conduttori.
La connessione sarà così composta:

* Canale 1 (Left)
* Canale 2 (Right)
* Massa

Le connessioni stereo sbilanciate sono probabilmente le più comuni in quanto sono diventate lo standard utilizzato per cuffie e lettori mp3.

Ecco alcuni esempi di connessioni stereo sbilanciate.

fig. 2.19: connessione minijack TRS/minijack TRS

I cavi illustrati qui sotto sono detti cavi Y per il fatto di avere un solo connettore a 3 poli a un'estremità e due connettori distinti a 2 poli all'estremità opposta. In questa tipologia di cavi i due canali del segnale stereo vengono separati a un'estremità in due connettori distinti.

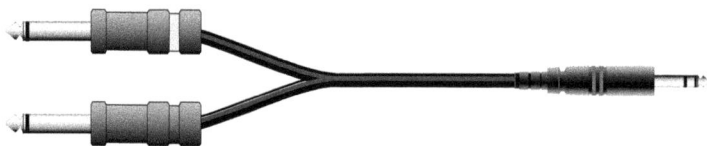

fig. 2.20: connessione minijack TRS/doppio jack TS

fig. 2.21: connessione jack TRS/doppio jack TS

fig. 2.22: connessione minijack TRS/doppio RCA

fig. 2.23: connessione doppio RCA/doppio RCA

Il cavo rappresentato in figura 2.23 è quello che comunemente usiamo per collegare le apparecchiature del nostro impianto Hi-Fi. Infatti, l'**RCA** (*Radio Corporation of America*) è il connettore generalmente usato in ambito *consumer*. Essendo un connettore a due poli, esso può trasportare solo un segnale mono. Per trasportare un segnale stereo è necessario usare un cavo "doppio" e una coppia di connettori RCA, di solito bianco e rosso, per ciascuna estremità.

Nella tabella qui sotto sono riassunti le diverse tipologie di connessione per numero di canali e metodo di trasferimento.

Canali	N° Poli	
	Sbilanciato	**Bilanciato**
Mono (1)	2	3
Stereo (2)	3	5*

tabella 1: connessioni audio

* La connessione *stereo bilanciata* su un unico collegamento è molto rara, di norma si usano 2 connessioni *mono bilanciate*.

2.A3 MIC LEVEL, LINE LEVEL, INSTRUMENT LEVEL E D.I. BOX

Come abbiamo visto precedentemente, il microfono è quel tipo di trasduttore in grado di trasformare un'onda acustica in un segnale elettrico. Quando il suono viene catturato dal microfono, la corrente elettrica che viene generata in uscita ha una tensione che si aggira fra 1.5 e 70 millivolts (a seconda del tipo di microfono).
Essendo questo valore d'ampiezza così basso, il segnale è pressoché inudibile e a rischio di interferenze; per questo motivo l'ampiezza del segnale microfonico viene innalzata mediante lo stadio di preamplificazione (detto **gain** o **guadagno**) presente sul mixer o sul dispositivo al quale il microfono è collegato.

Il preamplificatore innalza il valore della tensione del segnale microfonico (**mic level**) portandolo al livello del segnale di linea (**line level**).

Ci sono due standard di *line level*:
- *consumer* che si attesta a -10 **dBV** (corrispondenti a 0,31 V)
- *professional* che si attesta a +4 **dBu**[11] (corrispondenti a 1,23 V)
Essendo il segnale di linea più forte, esso può essere trasportato lungo distanze maggiori senza eccessivo deterioramento.

I connettori RCA sono utilizzati per un segnale con livello di linea di -10 dBV mentre i *jack* (TRS) e i *cannon* (XLR) possono essere utilizzati per entrambi gli standard.

- I **dB** sono utilizzati in diversi campi di applicazione ed è molto frequente incontrarli quando si parla di audio. I deciBel in sé non fanno riferimento a una grandezza fisica in particolare, ma possono essere associati a diverse grandezze fisiche il cui simbolo compare dopo la sigla dB (per esempio dBW se i dB sono riferiti ai Watt, dBV se riferiti ai Volt etc). I dB sono molto utilizzati per la loro praticità: per esempio, variazioni millesimali di una grandezza fisica possono essere rappresentate più semplicemente su una scala di valori in dB come variazioni unitarie, cioè di unità in unità (es . da 1 dB a 2 dB).
- I **dBV** misurano l'ampiezza del segnale nei sistemi analogici consumer. Il valore massimo di ampiezza possibile in questa scala è -10 dBV.
- I **dBu** misurano l'ampiezza del segnale nei sistemi analogici professional. Il valore massimo di ampiezza possibile in questa scala è +4 dBu.

---

11 Parleremo dei dB in maniera più approfondita nell'*Appendice 5.A1*.

L'**impedenza** determina la forza di opposizione del materiale conduttore al passaggio del segnale audio; di conseguenza è anche una caratteristica degli ingressi e delle uscite audio analogiche.

L'impedenza è misurata in *ohm* (Ω) e il suo simbolo è Z; quella in uscita dai microfoni di uso comune (a bassa impedenza), varia tra 50 Ω e i 250 Ω a seconda delle caratteristiche costruttive. Vi è poi la tipologia ad alta impedenza la quale varia tra i 20 kΩ e 50 kΩ, anche qui a seconda delle caratteristiche costruttive.

Per la conservazione del segnale originale è importante che l'uscita di un dispositivo abbia impedenza simile a quella dell'ingresso del dispositivo a cui esso è collegato. In altre parole, un'uscita ad alta impedenza andrebbe sempre collegata ad un ingresso ad alta impedenza. Stessa cosa dicasi per ingressi e uscite a bassa impedenza.

I segnali ad alta impedenza (Hi-Z) sono più soggetti alle interferenze e ai disturbi, pertanto è necessario trasformarli in segnali a bassa impedenza mediante l'utilizzo di una *D.I. Box*.

D.I. Box: a cosa serve e quando occorre.

Nel corso di questa unità abbiamo già parlato di impedenza definendola come la forza che il materiale conduttore oppone al passaggio di un segnale elettrico. I segnali prodotti da strumenti come la chitarra elettrica, il basso elettrico e la chitarra acustica elettrificata sono segnali ad alta impedenza e sbilanciati.

Questi segnali hanno bisogno di essere "adattati" perché maggiormente soggetti a interferenze esterne. Questa operazione viene appunto definita adattamento di impedenza e si effettua con la *D.I. Box* o *Direct Box* (*Direct Injection Box*). Questi dispositivi servono proprio per trasformare il segnale ad alta impedenza (Hi-Z) sbilanciato di uno strumento, ad esempio la chitarra elettrica, in segnale bilanciato e a bassa impedenza che può essere collegato direttamente al mixer.

Esistono due tipologie di D.I.:

- D.I. passiva, che non necessita di alimentazione elettrica;
- D.I. attiva, che necessita di alimentazione elettrica e pre-amplifica il segnale.

fig. 2.24: esempio di D.I Box attiva

Ricapitolando, la *D.I. Box* è un dispositivo che converte un segnale ad alta impedenza (ingresso) in uno a bassa impedenza (uscita). La D.I. Box è anche dotata di una seconda uscita, denominata *thru* (o *link*)[12], che trasporta il segnale d'ingresso non modificato, cioè con l'impedenza originale.
Oltre ad adattare l'impedenza, la *D.I. Box* ha anche la funzione di bilanciare il segnale rendendolo meno sensibile ai disturbi elettrici.

2.A4 REGOLAZIONE DEI LIVELLI DEL SEGNALE NEL MIXER

Sappiamo adesso che a seconda del tipo di sorgente che colleghiamo al mixer (microfono, chitarra elettrica, tastiera, computer etc.) avremo a che fare con segnali dalle caratteristiche molto diverse tra loro. Nell'unità precedente, parlando del mixer, abbiamo spiegato la funzione del gain. Questo controllo ci consente di regolare il livello del segnale in ingresso su ciascun canale del mixer, uniformando livelli molto diversi (mic, instrument, line). Se ad esempio stiamo acquisendo un segnale proveniente da un microfono, sappiamo già che dovremo alzare il gain per pre-amplificare questo segnale portandolo al livello di un segnale di linea. Se, al contrario, stiamo acquisendo i segnali provenienti da un computer (come nel caso della laptop orchestra dell'*Unità 1*), probabilmente non avremo bisogno di innalzare il livello del segnale.
Ma esiste un modo efficace per regolare il livello del segnale a seconda dei casi? Esiste un riferimento certo a cui possiamo attenerci per non pregiudicare la qualità del segnale? E, soprattutto, come facciamo a sapere se per sentire un suono più forte dobbiamo agire sul controllo del gain o sul fader? Gain e fader influiscono infatti sul volume complessivo del suono che passa attraverso il canale, solo che il primo controlla il segnale in ingresso (potremmo dire "a monte"), il secondo, in uscita ("a valle").

La soluzione a tutte queste domande risiede in una funzione di cui, generalmente, i mixer sono dotati: il **PFL**. Questa sigla sta per *Pre-Fader Listen*, che significa "ascolto prima del fader", e identifica un interruttore che troviamo su tutti i canali del mixer in prossimità del fader.

---

[12] L'uscita *thru* o *link* permette il collegamento simultaneo di uno strumento ad un dispositivo ad alta impedenza (es. amplificatore) e ad uno a bassa impedenza (es. mixer).

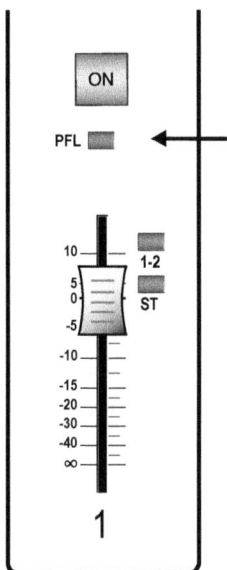

fig. 2.25: interruttore PFL

Selezionando il *PFL* è possibile regolare il livello del segnale "a monte" del fader, visualizzandolo sul *peak meter* del mixer. Il **peak meter** (in gergo denominato semplicemente **meter**) è un pannello formato da una serie di led luminosi (verdi, gialli e rossi) su una scala graduata che si trova sulla parte destra della maggior parte dei mixer.

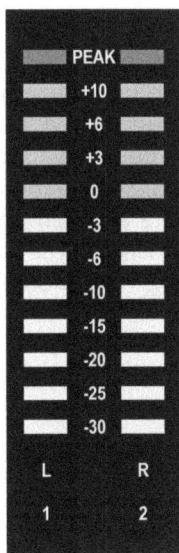

fig. 2.26: peak meter

Il *meter* è uno strumento di misurazione molto importante che ha una duplice funzione: quando l'interruttore *PFL* è disattivato, il meter misura il livello dei segnali delle due uscite principali (Main Out); quando si attiva la funzione *PFL* su un canale, il meter ci consente di leggere il livello del segnale in ingresso di quel canale[13]. Inoltre, attivando la funzione *PFL*, è come se selezionassimo la funzione *Solo*[14], che ci permette di ascoltare su un uscita dedicata (es. le cuffie) il suono che passa per quel canale.

Peak meter e VU meter

Esistono due principali tipologie di meter: i peak meter e i VU meter. Entrambi rappresentano il livello del segnale in VU (*Volume Unit*). La differenza sostanziale sono i tempi di risposta alle variazioni di livello del segnale.
Il peak meter ha un tempo di reazione velocissimo e di discesa lento. Questa caratteristica ci permette di misurare il livello di picco cioè il livello istantaneo massimo di ampiezza di un segnale; il VU meter invece, ha un tempo di reazione molto lento (circa 300 ms) e un tempo di discesa altrettanto lento; grazie a queste caratteristiche, il VU meter è adatto a rappresentare l'andamento medio delle variazioni di livello cioè quello che noi percepiamo come il volume di un segnale.

Ritornando al nostro meter, avrete notato che questo valore corrisponde all'ultimo led verde; esso coincide anche con il valore del segnale di linea (+4 dBu).

Ora che abbiamo tutti i riferimenti necessari, proviamo a regolare il livello di un segnale microfonico. Prendete un microfono e collegatelo a un canale del mixer. Se avete scelto un microfono a condensatore ricordatevi di attivare la *phantom*. Abbassate il fader del canale e i fader delle uscite principali (*Main out*), attivate la funzione PFL sul canale e iniziate a ruotare molto lentamente il controllo del gain mentre parlate al microfono, facendo attenzione che l'indicatore luminoso sul meter non diventi mai giallo (o peggio ancora rosso!). È importante quindi non superare mai la soglia dello 0 sul meter, tenendo il livello del segnale sul verde.

---

[13] In molti mixer di livello professionale il controllo del livello dei segnali in ingresso avviene tramite meter dedicati, uno per ciascun canale. Per questo motivo il pulsante PFL non è presente.
[14] Vd. *Unità 1*

Una cosa a cui fare attenzione!

Per fare una regolazione accurata del livello del segnale in ingresso, dobbiamo tener conto delle escursioni dinamiche della sorgente che stiamo
acquisendo. Regolate quindi il livello del segnale basandovi sui picchi di
intensità che ci saranno durante la performance. Piuttosto che il classico
e noioso "un due tre, prova prova", potreste chiedere a qualcuno in classe di cantare una canzone.

Con la funzione PFL attivata, di fatto il segnale viene prelevato prima del
fader. Provate a muovere quest'ultimo: noterete che il livello del segnale
visualizzato sul meter non viene affatto influenzato.

Oltre al meter, esiste un altro controllo luminoso che ci avverte quando ecce-
diamo con il guadagno: il **peak**.

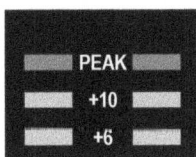

fig. 2.27: spia *peak*

La spia *peak* si accende ogni volta che il segnale arriva a fondo scala, anche
se la funzione PFL è disattivata.

Accanto agli strumenti di controllo visivi, la qualità del suono può essere
verificata anche all'ascolto collegando un paio di cuffie all'uscita *phones* del
mixer.

Una volta regolato il segnale in ingresso, potete disattivare il PFL, alzare
il fader del canale e i fader delle uscite principali per ascoltare il suono dai
diffusori acustici. Adesso il meter vi mostrerà il livello del segnale delle uscite
principali. Notate che muovendo i fader delle uscite *Main* cambia il livello del
segnale sul meter.

Una cosa a cui fare attenzione!

Quando lavoriamo con due o più canali in ingresso, dobbiamo sempre tener conto che questi verranno poi sommati in un unico segnale indirizzato verso i canali di uscita.

La somma dei singoli segnali in uscita dal mixer (quindi sul master) non deve mai superare sul meter il valore 0 sul meter. Il superamento di questa soglia viene indicato sul meter attraverso il colore giallo. Il colore rosso indica invece il punto in cui si raggiunge il massimo deterioramento del suono.

Per evitare il superamento di questa soglia, è necessario diminuire la quantità di segnale in uscita dai singoli canali, agendo sui rispettivi fader.

ATTIVITÀ E VERIFICHE

IN CLASSE - VERIFICHE INDIVIDUALI $\boxed{8}$

Mixer, microfono e collegamenti audio

1. Individua una sorgente sonora da riprendere, seleziona il microfono più
    adatto (dinamico o a condensatore), attiva l'alimentazione del microfono
    se necessario e regola opportunamente il segnale in ingresso. Prova poi
    a sperimentare con il suono modificando il timbro della sorgente attra-
    verso i controlli dell'EQ.

2. Riprendi una voce o uno strumento musicale ad arco o a fiato. Collega il
    microfono più adatto al mixer, collega le cuffie a quest'ultimo, compi tutte
    le operazioni per regolare opportunamente il segnale in ingresso senza
    che vada in distorsione e infine regola il volume in uscita.

3. Crea una catena elettroacustica in cui sia necessario l'utilizzo della *D.I.
    Box.*

IN CLASSE - VERIFICHE DI GRUPPO

1. In questa attività provate a realizzare una perfomance di gruppo basata sull'improvvisazione. Occorrono un regista del suono e 4 esecutori. Procedete come suggerito qui di seguito:

   a. A casa, andate a caccia di oggetti comuni che "suonati" producano timbri interessanti e portateli in classe. Esplorate il suono di questi oggetti "suonandoli" in vari modi, per esempio strofinandoli, deformandoli, percuotendoli, lasciandoli cadere etc.

Suggerimenti: non trascurate gli oggetti più banali! Anche un comune piatto di plastica, un pettine o un foglio di carta sono capaci di produrre suoni che possono risultare molto interessanti se ripresi da un microfono e riprodotti da un impianto di diffusione.

---

   b. In laboratorio, collegate 4 microfoni a condensatore al mixer, facendo attenzione alla disposizione degli stessi per evitare rientri indesiderati o *feedback*.

   c. Prima della performance, il regista del suono regola i livelli del segnale in ingresso in base alle sorgenti.

   d. Gli esecutori danno vita alla performance improvvisando con i loro strumenti mentre il regista si occupa della regolazione dei volumi, della spazializzazione e dell'elaborazione del timbro attraverso i controlli dell'EQ.

Suggerimenti per gli interpreti: durante questo tipo di improvvisazione è molto facile che si tenda a organizzare la performance su schemi ritmici (pattern), soprattutto se gli oggetti si prestano ad essere suonati come strumenti a percussione. Al contrario, provate ad eseguire diversi gesti musicali suonando i vostri oggetti in vari modi, evitando quindi figure ritmiche statiche e ripetitive.

A CASA - QUESTIONARI DI AUTOVERIFICA

1. Indica le caratteristiche principali di un microfono dinamico, quando viene usato e perché.

2. Indica le caratteristiche principali di un microfono a condensatore, quando viene usato e perché.

3. Cos'è un *pick-up* piezoelettrico e che tipo di trasduzione effettua?

4. Cos'è l'alimentazione *phantom* e quando si usa?

5. Cos'è l'effetto Larsen e come faccio a evitarlo?

6. Cosa sono i filtri audio e dove sono collocati sul mixer?

7. Spiega il metodo di trasferimento bilanciato.

8. Cos'è l'impedenza? Qual è la sua unità di misura?

9. Cos'è la *D.I. Box*, a cosa serve e quando si usa?

10. A cosa serve il *peak meter*?

11. A cosa serve la funzione *PFL*? Cosa viene visualizzato sul *peak meter* quando questa funzione è attivata?

12. Spiega perché e come regoliamo il livello del segnale in ingresso sul mixer.

13. Cosa segnala la spia *peak*? Cosa devo fare quando si accende?

14. Cos'è l'altezza di un suono e a quale parametro fisico è collegata?

15. Cosa sono i battimenti?

UNITÀ 3
UNO STUDIO FATTO IN CASA

Argomenti trattati

3.1 LA POSTAZIONE AUDIO DIGITALE

3.2 ASCOLTARE, ANALIZZARE, PRODURRE

Appendici

3.A1 IL COMPUTER

3.A2 SCHEDA AUDIO

3.A3 HARD DISK E CONNESSIONI

3.A4 I MONITOR DA STUDIO

PREREQUISITI PER IL CAPITOLO
• Contenuti delle Unità 1 e 2

OBIETTIVI
Abilità
• Essere in grado di progettare una postazione audio digitale
Conoscenze
• Conoscere le apparecchiature che compongono un *home recording studio*
• Setup del computer per la produzione audio
• Conoscenze di base dell'informatica

TEMPI
Per un corso biennale di 30+30 settimane: circa 2 settimane (4 ore)

ATTIVITÀ
• Creazione della postazione audio digitale, collegamento hardware e impostazioni software: scheda audio, computer, monitor, audio player
• Verifica del funzionamento della postazione

VERIFICHE
• Questionario di autoverifica
• Produzione di elaborati (analisi di brani musicali di generi diversi)
• Verifiche abilità pratiche
• Verifica generale delle competenze acquisite

SUSSIDI DIDATTICI DISPONIBILI ONLINE
• Glossario • Scheda risorse didattiche

MATERIALI NECESSARI
• Computer • Scheda audio • Sistema di diffusione

3.1 LA POSTAZIONE AUDIO DIGITALE

Nelle precedenti unità abbiamo imparato a realizzare una catena elettroacustica e a utilizzare i dispositivi fondamentali per la ripresa e la riproduzione del suono. Quel tipo di catena elettroacustica affidava esclusivamente al mixer il processo di elaborazione e aveva inoltre un limite: non dava la possibilità di "salvare" le nostre esecuzioni e i nostri esperimenti sul suono.
Il prossimo passo consiste nel realizzare una nuova catena elettroacustica in cui il processo di elaborazione, invece che al mixer, viene affidato totalmente al computer. L'uso del computer ci permette inoltre di implementare un nuovo processo: la registrazione.
Insomma, è giunto il momento di costruire una postazione audio digitale.

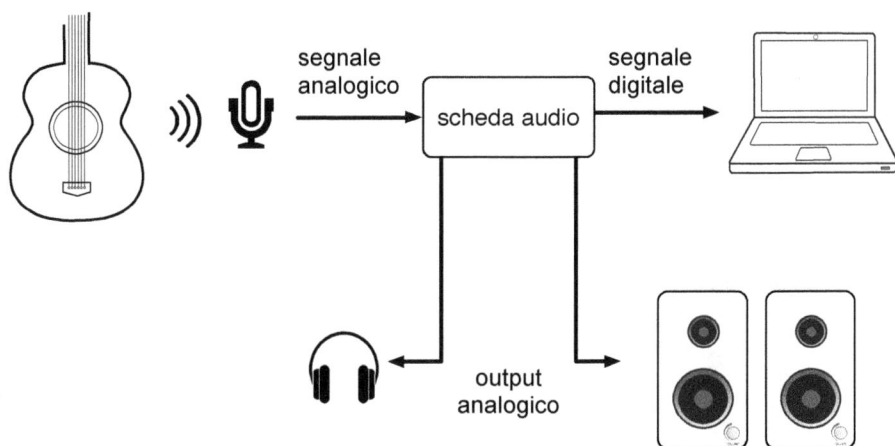

fig. 3.1: collegamento tra dispositivi della postazione audio digitale

Una postazione audio digitale, o *workstation*, è una postazione di lavoro per la produzione musicale il cui anello centrale è costituito dal computer. Anche se fondamentale, il solo computer non è però sufficiente. Per la realizzazione di una postazione audio digitale abbiamo bisogno infatti di altri dispositivi.
Come nelle precedenti esperienze, anche stavolta abbiamo bisogno di un sistema di diffusione; dovremmo però assicurarci di utilizzare un sistema di ascolto quanto più "fedele" possibile. Il sistema di ascolto che sarebbe bene utilizzare in questi casi è quello costituito da **monitor da studio**.
E ora cosa manca? Manca un dispositivo elettronico che permetta al computer di gestire i segnali audio in ingresso e in uscita: la **scheda audio.**

fig. 3.2: scheda audio

La scheda audio presenta diversi ingressi e uscite a cui collegare microfoni o strumenti musicali come tastiere, chitarre elettriche e un sistema di diffusione del suono, proprio come in un mixer. Il collegamento della scheda con questi dispositivi avviene tramite i cavi audio.

Sebbene i computer siano già dotati di una scheda audio integrata, quella di cui abbiamo bisogno per la nostra postazione è una scheda audio esterna, che generalmente può essere collegata al computer tramite connessione **USB** o **Firewire**[1].

| Firewire 800 | Firewire 400 | USB | Thunderbolt |

fig. 3.3: connessioni USB, Firewire e Thunderbolt

👁 | **Una cosa a cui fare attenzione!**

Per funzionare ogni scheda audio ha bisogno di un **driver** specifico. Senza il driver specifico il computer non è in grado di riconoscere la periferica hardware. Assicuratevi che i driver della scheda audio siano installati.

⚙ *Unità 3 - Risorse Didattiche U3 - Video Tutorial - Installazione driver*

---

[1] Le schede audio possono essere di tre tipi: *integrate* (nella scheda madre, come nei computer portatili), *esterne* (collegate via USB o Firewire) e *interne* (collegate via PCI).

- I **monitor da studio** sono diffusori acustici in grado di riprodurre il suono in alta fedeltà. Un monitor è solitamente composto da 2 o 3 altoparlanti, ognuno dedicato ad una banda di frequenze. I monitor possono essere attivi o passivi: nel primo caso sono dotati di un amplificatore interno, nel secondo necessitano di un amplificatore esterno.
- La **scheda audio** (*audio interface*) è il dispositivo utilizzato dal computer per gestire i segnali audio da e verso il computer.
- L'**USB** è un'interfaccia di comunicazione (cavi, connettori e protocollo di comunicazione) standard, sviluppata dalla collaborazione di Compaq, DEC, IBM, Intel, Microsoft, NEC e Nortel.
- Il **Firewire** è un'interfaccia di comunicazione (cavi, connettori e protocollo di comunicazione) standard, sviluppata da Apple. Ne esistono due versioni: Firewire 400 e Firewire 800 che trasmettono i dati a diverse velocità, rispettivamente a circa 400 Mbps (Megabit al secondo) e circa 800 Mbps.
- Il **driver** è l'insieme di informazioni che un sistema operativo utilizza per controllare un componente hardware. In alcuni casi è possibile che non occorra installare il driver in quanto è già presente nel sistema operativo.
- I componenti **hardware** sono le parti fisiche del computer.

Ora che sappiamo tutto quello che ci serve, costruiamo la nostra postazione digitale effettuando i collegamenti.

Una volta collegati in modo appropriato computer, scheda audio e sistema di diffusione, dobbiamo verificare che tutto funzioni. Dal *Pannello di controllo* (Windows) o dalle *Preferenze di sistema* (Mac) accertiamoci di aver selezionato la scheda audio esterna.

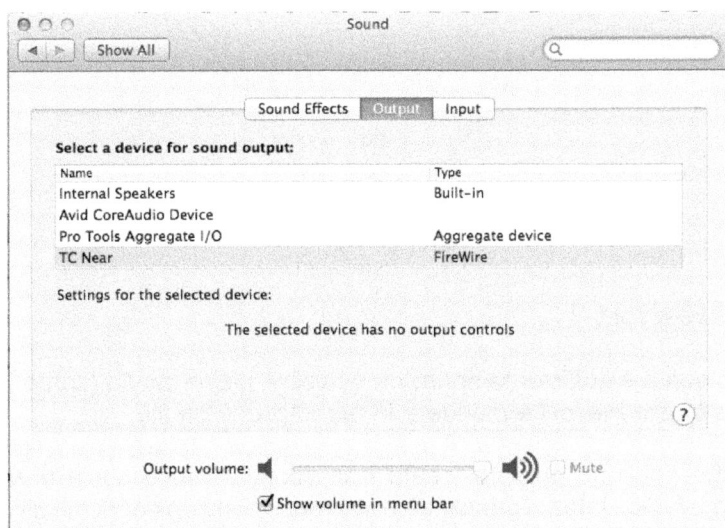

fig. 3.4a: schermata *Preferenze di Sistema* (Mac)

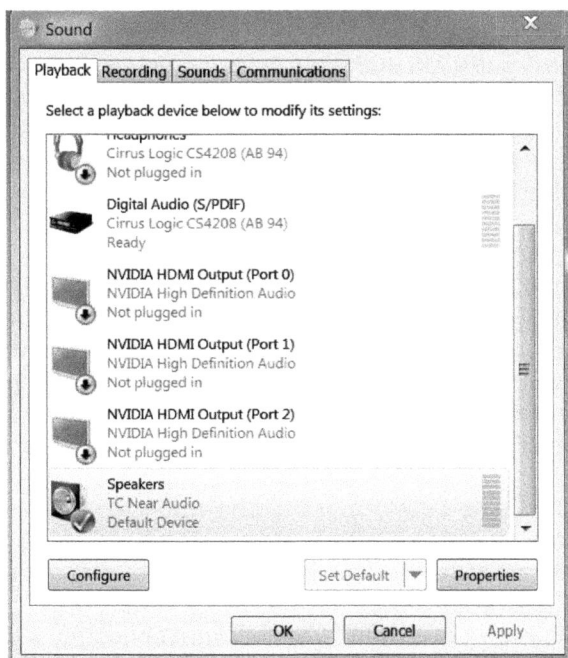

fig. 3.4b: schermata *Pannello di controllo* (Win)

Occorre poi posizionare i monitor in modo da ottenere un ascolto quanto più accurato possibile. La posizione di ascolto corretta in funzione dei monitor è definita **sweet spot**, e si ottiene come da figura.

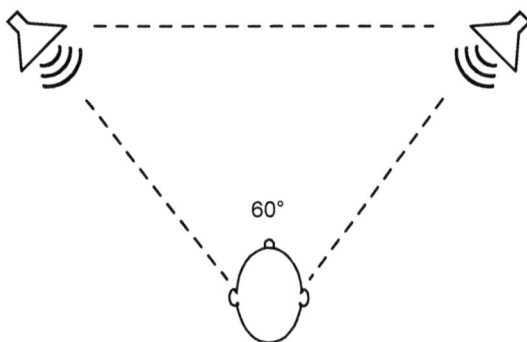

fig. 3.5: sweet spot

A questo punto è sufficiente aprire un qualsiasi player audio (come *iTunes* o *Windows Media Player*) e mandare in riproduzione un file.

Quello che abbiamo appena creato è la configurazione tipica di un *home recording studio*. Infatti, grazie allo sviluppo tecnologico degli ultimi anni, per creare musica di buona qualità non è necessario lavorare in costosi e attrezzatissimi studi professionali. Un computer, una scheda audio, un paio di monitor, un software specifico (che studieremo nella prossima unità) e qualche piccolo accorgimento di correzione acustica[2], sono già sufficienti a trasformare la vostra camera in un piccolo studio di produzione musicale.

3.2 ASCOLTARE, ANALIZZARE, PRODURRE

L'*home recording studio* è anche una buona soluzione per l'ascolto della propria musica preferita. Provate ad ascoltare su dei buoni monitor brani che conoscete molto bene: probabilmente scoprirete particolari dei quali era difficile accorgersi con auricolari o diffusori di bassa qualità.
Oltre alla vostra musica preferita, in queste pagine vi proporremo brani di generi musicali che probabilmente sono lontani dai vostri ascolti abituali. Questo perché ascoltare e analizzare tanta musica e di tanti generi diversi è il primo passo per diventare dei buoni musicisti e compositori, proprio come per scrivere un buon libro è necessario averne letti tanti. Dovremmo abituarci ad esplorare tutto l'universo musicale, non solo quello che ci è più familiare o quello che ci viene proposto in radio e TV. Per esempio potremmo cominciare avvicinandoci a musiche di altre culture e continenti o nuovi generi musicali, spesso poco conosciuti.
Per questo motivo vi proponiamo alcune attività di ascolto e analisi.

Scomporre per comporre

Ma cosa si intende per analisi? Il concetto di analisi viene applicato a moltissimi settori come la matematica, la chimica, la letteratura e, ovviamente, la musica. Il termine analisi deriva dal greco "ἀνάλυσις", e significa letteralmente scomporre. Un'analisi consiste dunque in una valutazione critica di un oggetto preso in esame, che avviene scomponendo tale oggetto nei suoi elementi costitutivi. Questo dà la possibilità di descrivere tali elementi e le loro relazioni con il tutto.
Il tipo di analisi dipende anche dai parametri che si è scelto di prendere in considerazione. Nel caso della musica questi parametri possono variare, specialmente in base al genere. Ad esempio, per un brano di musica pop, l'analisi potrebbe consistere nell'individuare le diverse sezioni che lo compongono (introduzione, strofa, ritornello etc.) o gli strumenti musicali utilizzati. Nel caso della musica classica potremmo scegliere di analizzare il brano in modo da individuarne gli elementi strutturali (tema, esposizione, sviluppo, ripresa e coda), così da stabilirne la forma (sonata, fuga, suite etc.). Potremmo anche analizzare gli accordi, la melodia, il ritmo e la suddivisione in frasi, periodi e così via. Insomma, il tipo di analisi dipende dal tipo di musica e dal tipo di elementi che vogliamo prendere in esame. Scomporre un brano nelle sue

---

[2] Con correzione acustica s'intende una serie di interventi atti a migliorare la risposta sonora di una stanza. In realtà, uno studio di registrazione professionale, oltre ad essere corretto acusticamente, è anche isolato dai suoni provenienti dall'esterno e allo stesso tempo non permette ai suoni prodotti all'interno di uscire verso l'esterno.

parti costitutive ci aiuta a capire e assimilare le tecniche e i meccanismi compositivi, così da poter applicare questi concetti alle nostre composizioni.

Nella scheda *Risorse Didattiche U3* trovate un elenco di brani consigliati.

▦ Unità 3 - Risorse Didattiche U3 - Ascolti consigliati

I brani che vi proponiamo sono di generi musicali diversi: alcuni sono brani di musica pop/rock, altri provengono da culture musicali extraeuropee, altri ancora sono brani che appartengono a generi musicali nati con l'avvento e lo sviluppo di nuove tecnologie, come la **musica elettroacustica** o la **soundscape composition**.

> - La **musica elettroacustica** è un genere di musica nato alla fine degli anni '40 del '900, quando le tecnologie della registrazione e diffusione del suono, insieme a quelle per la generazione elettrica dei segnali audio, iniziarono a essere utilizzate per comporre musica.
> - La **soundscape composition** è un genere di musica sviluppatosi in Canada attorno al 1970, che utilizza i suoni del paesaggio (in inglese *soundscape*) sonoro riorganizzandoli in maniera creativa.

Per ogni brano vi chiediamo di individuare la strumentazione utilizzata e di formulare un'ipotesi di struttura formale.
Facciamo un esempio:

- procuratevi carta e penna;
- aprite la scheda *Risorse Didattiche U3*, andate alla voce *Ascolti consigliati* e scegliete uno dei brani proposti facendo clic sul link;
- ascoltate attentamente il brano[3].

Dopo un primo ascolto, mandate nuovamente in riproduzione il brano e provate a riflettere sui seguenti punti, annotando tutto con carta e penna:

Avete riconosciuto qualche strumento musicale? Se sì, quale?
In quante sezioni o parti si divide il brano? Ci sono sezioni che si ripetono?
Riconoscete nella struttura del brano un'organizzazione del tipo strofa-ritornello?

Una volta riascoltato il brano provate a rappresentarne con uno schema l'organizzazione delle varie sezioni. Terminato questo lavoro avrete un'idea più chiara della struttura del brano.

---

[3] Nel caso di link a video cercate di non guardare le immagini ma concentratevi esclusivamente sulla musica.

	A	C	B	A	A1	B	C1	B	B
intro	strofa	bridge	rit.	strofa	bridge	rit.	middle 8	rit.	rit.

Tabella a: esempio di schematizzazione della struttura del brano *I'm With You* di Avril Lavigne[4].

Come nell'esempio proposto qui sopra, denominate le sezioni con delle lettere (es. sezione A, B, C o A1, B1 o C1 nel caso di ripetizioni con variazioni).

Un piccolo approfondimento
Nella musica pop esistono delle sezioni ricorrenti:
- l'**intro** è tutto quello che precede l'inizio del cantato;
- le **strofe** (*verse*) sono le sezioni di una canzone che hanno stessa melodia ma testo differente;
- il **ritornello** (*chorus*) è la parte più importante della canzone, quella emozionalmente più densa, in cui, solitamente, sono presenti anche le parole che danno il titolo al brano; il testo e la musica del ritornello si ripetono quasi sempre senza variazioni lungo tutta la canzone;
- il **ponte** o **bridge** è una sezione che ha il compito di fare da collegamento fra strofa e ritornello; esiste un particolare tipo di *bridge* detto **middle 8** (per via della tipica durata di 8 misure) che si trova di solito a ¾ della canzone e funge sia da variazione sia da "lancio" per eventuali cambi di tonalità o assoli;
- alla fine possiamo trovare una **coda** o **outro** con cui si conclude il brano.

A seconda del brano analizzato, non sempre sarà possibile associare alle sezioni termini come *strofa* e *ritornello*. Potete sempre utilizzare un codice inventato da voi, purché sia coerente, chiaro ed evidenzi correttamente la suddivisione formale.

In alcuni dei brani proposti, oltre agli strumenti musicali veri e propri sono presenti suoni naturali o di oggetti (come nei brani elettroacustici o di *soundscape composition*). In questo caso, potete provare ad annotare anche tutti i suoni che riuscite a riconoscere, provando a specificarne la provenienza (es. suono di acqua, suoni della foresta, automobili etc.).

Provate ad applicare lo stesso procedimento analitico suggerito qui sopra ad altri brani proposti nella scheda.

Con l'esercizio e col tempo noterete come l'analisi cambierà il vostro modo di ascoltare la musica. Noterete inoltre come il tipo di analisi dovrà essere adattata di volta in volta al tipo di brano analizzato.

---

[4] È possibile ascoltare il brano cliccando sul relativo link nella scheda *Risorse Didattiche U3*.

Appendici

3.A1 IL COMPUTER

La sempre crescente potenza dei **computer** (spesso abbreviato **PC**), unita alla diffusione e al conseguente abbassamento del prezzo delle tecnologie digitali, permette a chi sia in possesso di una di queste macchine di svolgere sofisticate operazioni di registrazione ed editing del suono che fino a qualche decina di anni fa erano possibili solo in costosi studi di registrazione.

Attualmente un computer, sia esso un **desktop** (fisso) o un **laptop** (portatile), è dotato dell'**hardware** (cioè delle parti fisiche quali l'unità centrale, lo schermo, il mouse etc.) e del **software** (cioè i programmi) necessari a dar vita ad un prodotto sonoro/musicale finito e di livello professionale.

Se si pensa al fatto che i primi computer che furono costruiti occupavano intere stanze ed erano molto meno potenti (ma ben più costosi!) di un nostro portatile, ci rendiamo conto immediatamente dell'avanzamento tecnologico di cui possiamo beneficiare noi oggi. I computer portatili sono sempre più leggeri, più potenti e meno ingombranti; inoltre, accanto ai portatili, negli ultimi anni sono nati *smartphone* e *tablet*, strumenti multimediali con i quali è possibile anche fare musica. Agli albori della tecnologia informatica, i computer erano in grado effettuare calcoli e di restituire i risultati, di solito stampati su carta, dopo ore, se non addirittura giorni, di elaborazione. Per fare un esempio, l'ENIAC, uno dei primi computer della storia, occupava una superficie di 180 metri quadrati (come un grande appartamento) e pesava 30 tonnellate (quanto un camion). Esso assorbiva così tanta energia elettrica che la prima volta che fu messo in funzione causò un black-out nell'intero quartiere dove era ubicato[5]!

Lo sviluppo dei software ha consentito di "virtualizzare" strumenti musicali e dispositivi audio un tempo disponibili solo negli studi di registrazione. Il nostro computer può così racchiudere al suo interno un'orchestra intera e tutti gli altri strumenti per fare musica. Prima di affrontare lo studio di questi programmi, dobbiamo conoscere qualcosa in più sul computer e sul suo funzionamento.

Come è fatto un computer ?

Un computer è una macchina molto complessa costituita da numerosi componenti elettronici (la parte *hardware* cioè "fisica") e da un sistema operativo tramite il quale possiamo avere accesso ai nostri programmi preferiti (la parte *software*).

Eppure alla base del funzionamento di questa straordinaria macchina vi è un principio molto semplice. Il modello secondo il quale il computer e altre apparecchiature digitali sono costruiti è detto **Macchina di Von Neumann**.

---

[5] Per approfondimenti sul computer e sull'ENIAC clicca sui link relativi all'interno della *Risorse didattiche U3*.

L'architettura di un computer, ma anche di un **campionatore** (strumento musicale di cui parleremo più avanti), è organizzata secondo questo modello ideato dal matematico John Von Neumann.

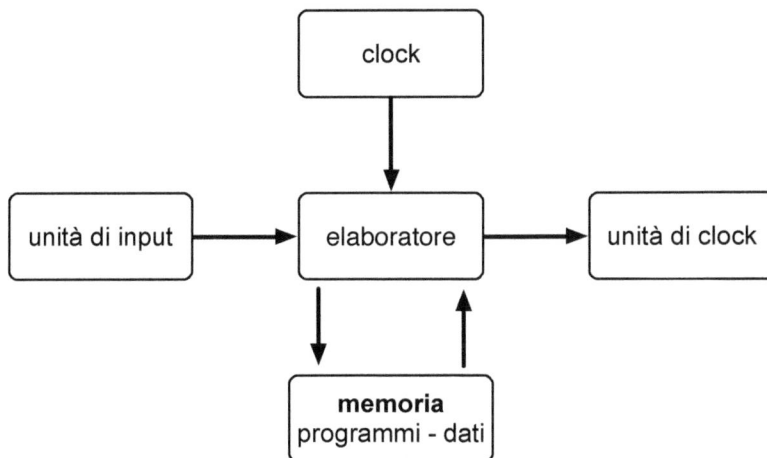

```
                    ┌─────────────┐
                    │    clock    │
                    └──────┬──────┘
                           │
                           ▼
┌──────────────┐    ┌─────────────┐    ┌──────────────┐
│ unità di input├──►│ elaboratore ├──►│ unità di clock│
└──────────────┘    └──┬───────▲──┘    └──────────────┘
                       │       │
                       ▼       │
                    ┌─────────────┐
                    │  memoria    │
                    │programmi - dati│
                    └─────────────┘
```

fig. 3.6: macchina di Von Neumann – schema a blocchi

In fig. 3.6 possiamo osservare come funziona il modello di Von Neumann alla base della struttura delle macchine quali computer e campionatori. Da una parte troviamo le **unità di input** (cioè di entrata/immissione) ovvero tutti gli strumenti che ci aiutano ad immettere i dati e i comandi all'interno della nostra macchina. Nel computer ad esempio abbiamo il mouse, la tastiera, il joystick, la tavoletta grafica, lo scanner e per estensione possiamo includere in questa categoria anche la webcam e il microfono.
Tutti questi dispositivi, detti comunemente **periferiche**, ci permettono di inserire parole, suoni e immagini, in un sola parola, **dati**, all'interno del nostro computer.
Dal lato opposto dello schema troviamo le **unità di output** (cioè di uscita) che ci consentono di ricevere i dati inseriti ed elaborati dal computer e di controllarne l'esattezza. Alcuni esempi sono lo schermo, la stampante, gli altoparlanti.
Una volta che i dati, siano essi testo, suoni o immagini, sono stati immessi all'interno del nostro computer, questi vengono analizzati dall'unità di elaborazione interna (la **CPU**), il cosiddetto processore. Il **processore** è un po' il cervello del nostro computer, è lui che effettua tutte le operazioni sui dati che gli forniamo secondo le istruzioni che gli fornisce il programma (software).
Per elaborare i nostri dati, il processore si serve dell'ausilio di alcune memorie. I principali tipi di memoria che possiamo trovare all'interno delle nostre macchine sono la RAM (detta *memoria volatile*) e le *memorie di massa* quali gli **hard disk** (che in inglese vuol dire "disco rigido") o i dischi esterni, le chiavette USB e le schede flash usate anche nelle fotocamere.

La **RAM** è la memoria di cui si serve il processore per scrivere i dati provvisoriamente durante i processi di calcolo. Le memorie di massa come gli hard disk invece sono memorie in cui i nostri dati - come le foto, i video, le canzoni e i documenti di testo - sono scritti in maniera permanente. Questi dati sono detti **file** (che in inglese significa "documento") e, come ogni altro dato che salviamo sul nostro computer, vengono conservati all'interno del nostro *hard disk* fino a che non siamo noi utenti a cancellarli (a meno che il disco non si danneggi malauguratamente!).

Quando diciamo al computer di riprodurre una canzone o mostrarci una fotografia il processore leggerà il file scritto sul nostro *hard disk* e lo indirizzerà all'apposita *unità di output* (schermo o casse, a seconda del file). Tutte le parti fisiche presenti all'interno del computer (il processore, la RAM, l'hard disk) sono montate sopra un circuito detto **scheda madre** (*motherboard* o *mainboard*) che si occupa di mettere in collegamento i componenti fisici tra loro.

I dispositivi descritti fino ad adesso fanno parte di quello che prima abbiamo definito *hardware*. Ma per svolgere dei compiti il nostro computer ha bisogno anche del *software*, ovvero dei **programmi**. Esistono programmi per scrivere testi, programmi per ascoltare la musica, programmi per modificare le immagini. I programmi sono un insieme di istruzioni che dicono al processore come svolgere una data operazione. Il software più importante di tutti è il **sistema operativo** (come ad esempio *Windows*, *Mac Os* o *Linux*) che è il programma a cui si appoggiano tutti gli altri programmi che vogliamo utilizzare.

Il linguaggio del computer

Nella nostra vita sentiamo spesso nominare la parola "digitale". Ma cosa vuol dire esattamente? Ha a che fare con le impronte digitali?

Non direttamente. La parola "digitale" riferita all'elettronica vuol dire semplicemente "numerico", "computerizzato". Il termine infatti deriva dalla parola inglese *digit* che vuol dire "cifra", "numero" e che deriva a sua volta dal latino *digitus* (cioè "dito", poiché è con le dita che ci siamo da sempre aiutati per contare). Il nostro computer è infatti in grado di capire solamente i numeri... e neanche tutti!

Le uniche cifre che il computer può recepire ed interpretare sono le cifre **0** ed **1**!

Questo è dovuto al fatto che il computer è capace solo di riconoscere quando un impulso elettrico è presente (1) o quando è assente (0) dato che i circuiti che hanno solo due stati, "acceso" e "spento", sono molto più stabili e affidabili di ipotetici circuiti con 10 stati!

Il sistema che noi utilizziamo per contare è detto decimale perché utilizza 10 cifre che vanno dallo 0 al 9. Arrivati a 9 aggiungiamo un'altra cifra davanti ricominciamo il conteggio 10, 11, 12... arrivati al punto in cui tutte e due le posizioni hanno raggiunto la cifra più alta, cioè 99, aggiungiamo una terza cifra o posizione e andiamo oltre 100, 101, 102...

Ma, nei sistemi digitali avendo a disposizione solamente due cifre, 0 e 1, la rappresentazione dei numeri sarà la seguente:

SISTEMA DECIMALE	SISTEMA BINARIO
0	00
1	01
2	10
3	11
4	100
5	101
6	110
7	111
8	1000
9	1001
10	1010
100	1100100

tabella b: corrispondenza sistema decimale/sistema binario

Questo sistema viene chiamato **sistema binario** perché utilizza solo due cifre, 0 e 1. Come si vede dalla tabella, ogni volta che una cifra è passata da 0 a 1, ha raggiunto cioè la cifra più alta, se si vuole passare al numero successivo si dovrà cambiare lo stato della cifra alla sua sinistra in 1 e far ritornare a 0 la precedente. Quando tutte le cifre hanno raggiunto l'1 allora si aggiunge una nuova cifra, una nuova posizione (ad esempio nel passaggio dal 7 all'8).
Anche se questo sistema può sembrare complicato per noi, per un computer è assolutamente chiaro e facile. La più piccola quantità di informazione in grado di rappresentare lo stato binario 0/1 è detta **bit** (*binary unit*) ed è costituito da una sola cifra; un gruppo di 4 cifre è chiamato **nibble** mentre un gruppo di 8 cifre è chiamato **byte**. Dal byte derivano tutte le altre unità di misura utilizzate:

- 1 kB (*kilobyte*)   equivale a 1000 byte[6]

- 1 MB (*Megabyte*)   equivale a 1.000.000 (1 milione) di byte

- 1 GB (*Gigabyte*)   equivale a 1.000.000.000 (1 miliardo) di byte

- 1 TB (*Terabyte*)   equivale a 1.000.000.000.000 (1000 miliardi)

---

[6] In realtà si intende quasi sempre 1024 byte (cioè 2 elevato alla 10, non 10 elevato alla 3), anche se il dibattito è aperto.

Se il vostro computer ha una memoria RAM di 2 GB, significa che può gestire dati contenenti fino a (2 × 1.000.000.000 × 8), ossia 16.000.000.000 di *bit* o di impulsi elettrici. Se il vostro computer dispone di un hard disk di 1 TB, significa che può contenere dati corrispondenti a (1 × 1.000.000.000.000 × 8), ossia 8.000.000.000.000 di *bit* o di impulsi elettrici.

Ogni informazione, sia essa un suono o un'immagine, immessa in un computer è tradotta in digitale, vale a dire tramutata in *bit* cioè rappresentata numericamente secondo il sistema binario appena descritto.

Ma perché dobbiamo per forza "parlare in digitale" ad un computer?

La risposta è molto semplice: perché la memoria di cui un computer dispone per immagazzinare dati e la quantità di dati che un computer può elaborare al secondo non sono affatto infinite, bensì finite! Tramite i numeri, utilizzando una quantità prestabilita di cifre, possiamo rappresentare ciò che è infinito in maniera finita con una buona approssimazione. Un'immagine, un suono, un video salvati sulla memoria digitale non saranno mai la copia esatta dell'originale, bensì una riproduzione più o meno dettagliata dello stesso. Maggiore è il numero di bit che utilizziamo per codificare un'informazione in un file, maggiore sarà la qualità dell'informazione e più vicina sarà la copia digitale all'originale. Per capire quest'ultima affermazione facciamo riferimento al mondo delle immagini.

Immaginiamo di voler rappresentare un cerchio unendo i trattini di una pagina di un quaderno a quadretti. Utilizzando solo 4 trattini, il minimo per ottenere una figura chiusa, otterremo un quadrato. È evidente che abbiamo risparmiato spazio a scapito della qualità di rappresentazione. Man mano che sfruttiamo un numero di quadretti superiore possiamo avvicinarci con maggiore definizione a un qualcosa che assomigli ad un cerchio utilizzando sempre più spazio disponibile.

Se immaginiamo la memoria disponibile su un computer come la pagina di quel quaderno a quadretti possiamo avere da subito un'idea chiara di come, a parità di contenuto, la qualità del *file* digitale è direttamente proporzionale alla quantità di memoria in *bit* che esso andrà ad occupare. In poche parole, maggiore sarà la qualità dell'informazione contenuta nel file, maggiore sarà la memoria occupata, viceversa, minore sarà la qualità dell'informazione contenuta nel file e minore sarà lo spazio che esso occupa in memoria. Per queste ragioni sono stati sviluppati diversi sistemi di compressione dei dati il cui scopo è quello di tentare di trovare il giusto compromesso tra spazio occupato e qualità dell'informazione, quindi di risparmiare spazio cercando di preservare la qualità. Ne parleremo nelle prossime pagine.

3.A2 SCHEDA AUDIO

La scheda audio (*audio interface*) è il dispositivo utilizzato dai nostri computer per acquisire (registrare), elaborare e riprodurre suoni. Tutti i computer
sono forniti di una scheda audio integrata (built-in). Le schede integrate nei
computer ci consentono di ascoltare i CD e i file audio, ma sono meno adatte
all'uso professionale. La qualità di una scheda audio è data dai suoi componenti, in particolare dai *convertitori* (AD/DA) e dai *pre-amplificatori*, di cui
parleremo nelle prossime pagine.

Abbiamo detto che la scheda audio presenta diversi ingressi e uscite e, proprio come un mixer, consente di collegare strumenti musicali quali tastiere,
chitarre elettriche o microfoni per acquisire i suoni e di inviare i segnali in
uscita ad altri dispositivi o al sistema di ascolto.

Un modello base di scheda audio esterna, come quello in figura 3.7, generalmente ha due ingressi (input) e due uscite (output) analogiche. Modelli di
fascia superiore possono avere ulteriori ingressi e uscite audio nonché essere
dotati di porte MIDI di cui parleremo nelle prossime unità. La maggior parte
delle schede esterne si collega al computer tramite una porta *USB* o *FireWire*.

fig. 3.7: scheda audio USB - vista fronte e retro

Sul pannello frontale della scheda in figura troviamo:

- due ingressi analogici **combo** ai quali possiamo collegare 3 tipi di connettori diversi: XLR, TRS e TS. Ciò ci consente di usare lo stesso ingresso
  per collegare un microfono o una tastiera o, ancora, una chitarra o un
  basso elettrico;
- due potenziometri *gain*, uno per ciascun canale, per regolare il segnale
  in ingresso;
- l'interruttore per attivare l'alimentazione *phantom* (*48V*) per i microfoni a
  condensatore;

- lo *switch line/instr* per adattare l'ingresso al tipo di segnale che si intende acquisire e quindi al tipo di strumento[7];
- l'uscita cuffie il cui volume è controllato dall'apposito controllo;
- il controllo che regola il volume delle uscite principali.

Sul pannello posteriore troviamo:

- due uscite analogiche bilanciate *line outputs*[8];
- il connettore USB per il collegamento della periferica al computer.

Come per gli Hard Disk esterni, di cui parleremo subito dopo, l'*USB* è, insieme al *FireWire*, lo standard di comunicazione più diffuso per il collegamento di periferiche esterne al computer.

Le schede audio esterne (*USB - FireWire*) di norma non richiedono un alimentatore esterno ma si alimentano direttamente attraverso la connessione al computer.

3.A3 HARD DISK E CONNESSIONI

Quando si progetta una workstation audio è consigliabile dotarsi anche di un hard disk aggiuntivo dedicato solo all'audio. Ecco perché: un hard disk di sistema si occuperà di gestire i dati che riguardano il sistema operativo e tutte le applicazioni che stiamo utilizzando, mentre il secondo hard disk sarà dedicato esclusivamente alla lettura e alla scrittura dei file audio. Questo accorgimento permetterà di evitare errori e alleggerirà tutta la catena produttiva.
Se lavoriamo su un computer desktop possiamo utilizzare un hard disk interno supplementare, oppure un'unità esterna che vada bene sia per i sistemi desktop sia per i laptop con connessione *FireWire, USB o Thunderbolt* (vedi figura 3.3).

Un aspetto importante è la velocità di rotazione dall'hard disk; per l'audio è sempre consigliabile un hard disk a *7200 RPM*[9]. Il tipo di hard disk di cui abbiamo parlato fino a qui è composto da dischi (o piatti) magnetici che sono scritti e letti da due testine (una per ogni lato).
Oggi sono disponibili anche **dischi a stato solido** (*SSD - Solid State Disk*). Una **memoria SSD** non contiene parti meccaniche in movimento come il disco e la testina, ma è costituita da un insieme di *chip*. Questo tipo di hard disk offre diversi vantaggi quali prestazioni migliori in scrittura e lettura, silenziosità e minor consumo di energia, aspetto quest'ultimo molto importante per ottimizzare la durata delle batterie dei nostri portatili.

---

[7] Vedi *Appendice 2.A3* dell'*Unità 2*.

[8] Solitamente le uscite principali delle schede audio sono bilanciate e richiedono connettori TRS. È comunque buona norma consultare sempre il manuale del prodotto.

[9] *Revolutions per minute*, ovvero "giri al minuto".

fig. 3.8: alcuni tipi di memorie di massa

3.A4 I MONITOR DA STUDIO

L'ultimo anello della catena elettroacustica è costituito dai *monitor da studio*. A differenza dei comuni altoparlanti per pc o delle radio portatili, i monitor da studio garantiscono un ascolto fedele del suono.

Come accennato nell'*Unità 1*, i monitor possono essere **attivi** (dotati di amplificatore interno) o **passivi** (dotati di amplificatore esterno). Possiamo dividere i monitor da studio in tre diverse tipologie, in base alla loro collocazione e alla loro potenza:

- **near-field** (ascolto a breve distanza): sono monitor di piccole dimensioni e bassa potenza. I monitor *near-field* devono essere posizionati vicino all'ascoltatore. Essi sono molto usati negli ambienti di piccole dimensioni e negli home studio, ma anche in molti studi professionali.

- **mid-field** (ascolto a media distanza): sono monitor leggermente più grandi e potenti rispetto ai *near-field*.

- **far-field** (ascolto distanziato): sono monitor di grandi dimensioni e potenza elevata e devono essere posizionati a una distanza ancora maggiore dal punto di ascolto (*sweet spot*). Solitamente questo tipo di monitor fa parte della progettazione della regia, in quanto è integrato all'interno delle mura della stessa.

Una quarta possibilità di monitoraggio è l'ascolto attraverso le cuffie (**headphones**). Le cuffie ci permettono un ascolto accurato, privo del disturbo derivante da suoni esterni o dall'influenza dell'acustica dell'ambiente in cui stiamo lavorando. L'uso delle cuffie è molto utile per evidenziare dettagli che potrebbero sfuggire all'ascolto in un ambiente non trattato acusticamente o per avere un riferimento diverso in fase di missaggio. L'utilizzo di cuffie non può comunque sostituire l'ascolto fatto con i monitor ma va considerato come un ascolto integrativo.

ATTIVITÀ E VERIFICHE

🔳 IN CLASSE - VERIFICHE INDIVIDUALI

1. Prova ad effettuare da capo tutti i collegamenti della tua postazione audio digitale. Collega il computer alla scheda audio, i diffusori acustici alle uscite audio della scheda, le cuffie all'uscita cuffia. Prova a mandare in riproduzione un file audio sul computer, assicurati che le casse siano accese, regola il livello del segnale in uscita e verifica se riesci a sentire il suono. Ricordati di selezionare la scheda audio esterna dalle impostazioni del tuo computer (vedi par. 3.1).

2. Scegli un brano a tuo piacere (musica pop, rock), ascoltalo e prova a individuarne la struttura rappresentando con uno schema l'organizzazione delle varie sezioni. Attribuisci un nome o una sigla a ciascuna sezione del brano.

IN CLASSE - VERIFICHE DI GRUPPO

1. In classe, scegliete un brano di musica elettroacustica (potete utilizzare uno dei brani elencati nella scheda *Risorse Didattiche U3*). Munitevi ora di carta e penna e mandate in riproduzione il brano per 20 secondi per due volte. Durante i due ascolti provate a fare una lista di tutti gli "oggetti sonori" che riuscite a distinguere. Adesso procedete ad un terzo ascolto. Alla fine del terzo ascolto provate ad aggiungere una descrizione agli oggetti sonori da voi catalogati. Adesso mettete a confronto le vostre analisi per trovare analogie e differenze.

Suggerimenti: nella catalogazione degli eventi sonori, per esempio, potreste voler specificare se un suono è acuto o grave, descriverne la dinamica (pianissimo, piano, forte, fortissimo etc) o assegnargli uno o più aggettivi che ne richiamino alcune caratteristiche (es. legnoso, metallico, rugoso). Sentitevi liberi e non preoccupatevi di utilizzare vocaboli che potrebbero risultare un po' strani in relazione al suono.

A CASA - QUESTIONARI DI AUTOVERIFICA

1. Cosa si intende per *hardware* e *software*?

2. Descrivi almeno due componenti *hardware* del computer.

3. Cos'è il sistema binario?

4. Descrivi brevemente la scheda audio esterna illustrata in questa unità didattica (ingressi, uscite, controlli, connessione al computer).

UNITÀ 4
DAW E IMPOSTAZIONI DI BASE DI UN PROGETTO

Argomenti trattati

4.1 FINALMENTE PRONTI!

4.2 PRIMI PASSI CON LA DAW

4.3 CONTROLLIAMO

Appendici

4.A1 ACUSTICA E PSICOACUSTICA III

4.A2 SAMPLE RATE, BIT DEPTH E SRC

4.A3 TIPOLOGIE DI TRACCE

4.A4 FORMATI DEI FILE E RELATIVE ESTENSIONI

PREREQUISITI PER IL CAPITOLO
• Contenuti delle Unità da 1 a 3

OBIETTIVI
Abilità
• Saper impostare un progetto audio sulla DAW
• Saper importare un file audio e controllarne la riproduzione
Conoscenze
• Conoscere gli elementi principali di una DAW
• Comprendere la relazione fra forma d'onda, spettro, inviluppo e percezione del timbro
• Comprendere i concetti di *sample rate* e *bit depth*
• Comprendere la differenza tra le diverse tipologie di tracce
• Comprendere la differenza tra i vari formati di file

TEMPI
Per un corso biennale di 30+30 settimane: circa 3 settimane (6 ore)

ATTIVITÀ
• Creare ed impostare un progetto in una DAW
• Importare un file audio
• Utilizzare i controlli sulla traccia e sulla *transport bar*
• Laboratori
• Esempi interattivi
• Attività da svolgere in classe (di gruppo e individuali)
• Attività di ascolto e analisi
• Attività integrativa
• Produzione di elaborati (di gruppo e individuali)

VERIFICHE
• Questionario di autoverifica
• Produzione di elaborati (progetti audio)
• Verifiche abilità pratiche
• Verifica generale delle competenze acquisite

SUSSIDI DIDATTICI DISPONIBILI ONLINE
• Glossario • Scheda risorse didattiche • Applicazioni ed esempi interattivi

MATERIALI NECESSARI
• Computer • Scheda audio • Sistema di diffusione • DAW

4.1 FINALMENTE PRONTI!

Nell'unità precedente abbiamo fatto la conoscenza di tutti i componenti hardware necessari alla realizzazione di un *home recording studio*. Ciò nonostante non eravamo ancora pronti a creare musica con il nostro computer, perché mancava un elemento essenziale: la **DAW**[1] (*Digital Audio Workstation*).

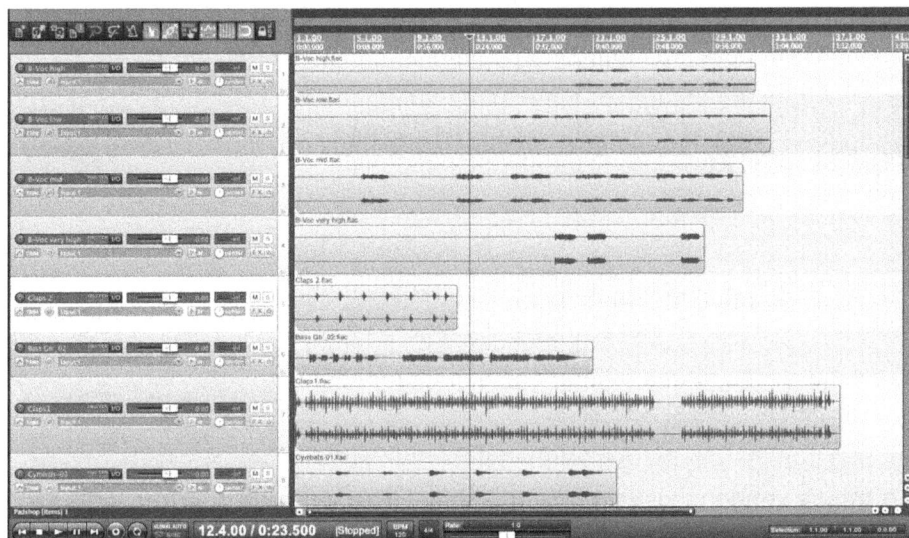

fig. 4.1: *Reaper*

Una DAW è un software che permette di registrare, modificare e riprodurre suoni. Sebbene differenti dal punto di vista grafico, le DAW condividono alcuni elementi e funzioni di base che passeremo in rassegna in questa e nelle prossime unità.
Le parti più importanti di una DAW sono due: la vista *Edit* e la vista *Mixer*.

Gli elementi di una DAW

Vista edit (edit view)
La **vista edit** ci permette di visualizzare le *tracce* e la disposizione nel tempo degli eventi sonori.

Gli elementi che di solito accomunano la vista *edit* delle varie DAW sono: l'area di lavoro che ospita le tracce (*tracks*), la *transport bar* con i suoi comandi,

---

[1] Consultate il file *Scheda Software* presente sul sito con l'elenco delle DAW più diffuse. Alcune di esse sono distribuite gratuitamente oppure in versione demo per un tempo limitato. Per maggiori informazioni consultate il sito del produttore che trovate indicato sulla scheda.

la *timeline*, la *griglia* (*grid*). Tra le funzioni di base citiamo gli strumenti per l'editing (*editing tools*) di cui parleremo diffusamente nell'*Unità 5*.

La **timeline** (figura 4.2) fornisce il riferimento temporale per la collocazione degli eventi sonori (di solito chiamati *clip*, *region*, *media* o *parti*) all'interno del progetto. Essa possiede diverse unità di misura del tempo che illustreremo nel dettaglio nell'unità successiva.

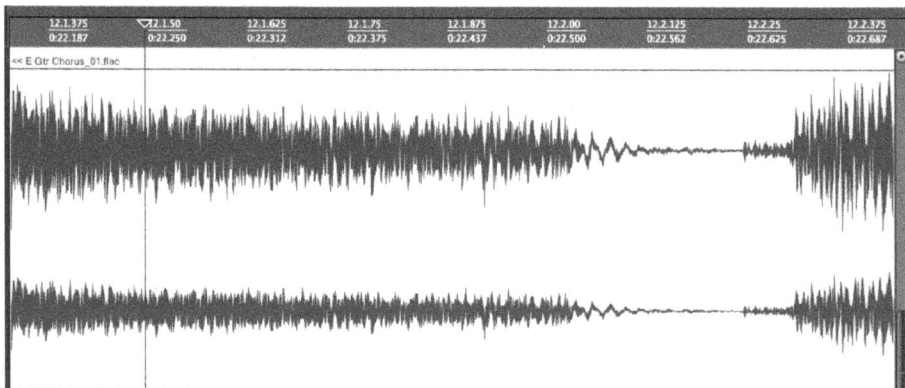

fig. 4.2: timeline di *Reaper*

Le **tracce** vengono visualizzate una sotto l'altra nell'area di lavoro della vista *edit*. Ogni traccia può contenere una o più clip. Come potete osservare in fig. 4.3, a sinistra di ciascuna traccia troviamo un pannello che contiene i principali controlli della traccia: *solo*, *mute*, *record enable*.

fig. 4.3: traccia in *Reaper*

- La **forma d'onda** è la rappresentazione grafica dell'ampiezza del suono in funzione del tempo. Il tempo è raffigurato sull'asse orizzontale, mentre su quello verticale sono rappresentate le variazioni di ampiezza del suono.
- La **timeline** fornisce il riferimento temporale per la disposizione degli eventi all'interno del progetto. Essa rappresenta la scansione del tempo in senso orizzontale da sinistra verso destra.
- Le **tracce** sono dei contenitori di dati audio, video, MIDI o di automazioni. Esse si dispongono verticalmente nell'area di lavoro. Il montaggio audio/video si basa proprio sulla disposizione delle clip nelle due dimensioni: quella orizzontale del tempo (scandita dalla *timeline*) e quella verticale delle tracce.
- Le **clip** (**parti** o **media**) sono gli eventi che compongono il progetto. Esse sono rappresentate graficamente da rettangoli che possono essere disposti liberamente lungo la *timeline* all'interno di una traccia che fa da contenitore.
- il tasto **record enable**, presente su tutte le tracce, consente di "armare una traccia" cioè di predisporla alla registrazione. Quando una traccia è "armata", un volta avviata la registrazione dalla *transport bar*, sarà in grado di registrare il segnale in ingresso.

Un altro elemento molto importante della vista *edit* è la **griglia**. Essa consiste in una serie di linee verticali che aiutano l'utente a disporre gli eventi sonori lungo la *timeline*. L'unità di misura e la risoluzione della griglia sono personalizzabili dall'utente.

La **Transport Bar** racchiude i comandi per la riproduzione o la registrazione degli eventi. Le icone di questi comandi sono simili in tutte le workstation e sono le stesse che troviamo sui tasti dei vecchi registratori a nastro.

fig. 4.4: transport bar

I comandi principali della *Transport Bar* sono:

- **Play** - avvia la riproduzione del contenuto della sessione o la registrazione (se il tasto *Rec* è attivo)
- **Stop** - arresta la riproduzione o la registrazione
- **Pause** - mette in pausa la riproduzione (non è presente in tutte le DAW)
- **Rewind** - porta indietro il cursore di riproduzione
- **Fast-forward** - porta in avanti il cursore di riproduzione
- **Go to the start** - sposta il cursore di riproduzione all'inizio della sessione
- **Go to the end** - sposta il cursore di riproduzione alla fine della sessione
- **Record** - di solito rappresentato con un pallino rosso, attiva la registrazione sulle tracce armate
- **BPM** - (*Beats per minute*) controlla la velocità metronomica

- **Loop** (**repeat** o **ciclo**) - attiva la riproduzione ciclica del contenuto di una selezione
- **Counter** - mostra la posizione del cursore di riproduzione e/o la durata di una selezione.

La Transport Bar è visibile di solito come elemento inglobato nella vista edit o come finestra a sé stante (finestra flottante).

Unità 4 - Risorse Didattiche U4 - Video Tutorial - Transport Bar

Vista mixer (Mix view)
La **vista mixer**, a differenza di quella *edit*, ci consente di visualizzare le tracce una accanto all'altra sotto forma di *channel strip*, come se fossero canali di un mixer analogico.

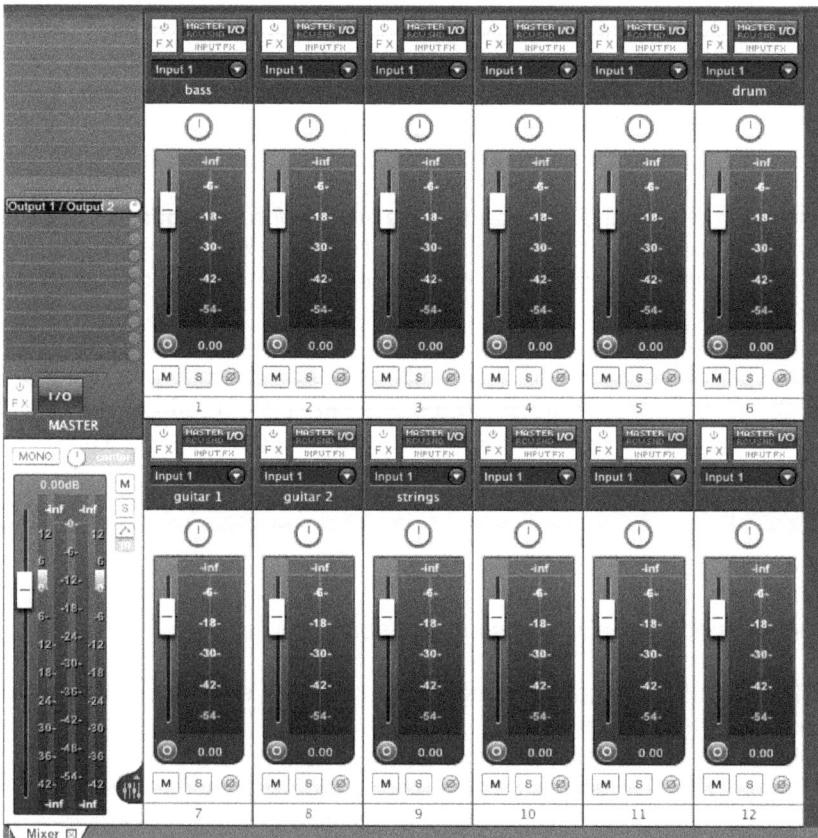

fig. 4.5: *Mix View* in *Reaper*

I controlli *solo*, *mute*, *rec* etc. che troviamo sulle tracce nella vista edit sono presenti anche sui canali nella vista mixer. I cursori "a slitta" li conosciamo già, si chiamano fader e, come nel mixer, servono a controllare il volume di ciascun canale.

Tracce vs Canali

Spesso i termini "traccia" e "canale" vengono usati indistintamente come sinonimi quando si parla di uno dei tanti flussi audio che compongono un missaggio sonoro; è bene invece avere chiara in mente la distinzione tra il concetto di traccia e quello di canale.

Come ricorderete dall'*Unità 1*, quando parliamo di *canale* ci riferiamo a qualcosa di simile ad un tubo dove il segnale transita temporaneamente. I canali della televisione si chiamano così per la stessa ragione: il segnale televisivo giunge fino alla televisione e viene separato in vari canali di ricezione, ma una volta ricevuto non viene registrato all'interno della tv.
Un mixer, al pari di un televisore, è costituito da più canali. Come un televisore è in grado di ricevere più segnali contemporaneamente su diversi canali ma, a differenza di quest'ultimo, è in grado di ritrasmetterli tutti insieme anche da più di un'uscita contemporaneamente (per esempio le due uscite *Main Out*), miscelandoli fra loro e bilanciandone il dosaggio.

Traccia è invece qualcosa che ha la possibilità di essere incisa, registrata, di cui appunto il nostro registratore "tiene traccia" fino a quando non decidiamo di cancellarla noi.
Un registratore o un sequencer è dotato di un certo numero di tracce che possono essere incise indipendentemente.

La confusione tra questi due concetti nasce proprio all'interno della DAW dove il mixer e il registratore multitraccia sono integrati all'interno di uno stesso software il quale fa corrispondere automaticamente una traccia del registratore/sequencer ad un canale del mixer.
Basta infatti cambiare visualizzazione dalla vista *mix* alla vista *edit/arrange* perché la nostra traccia corrisponda ad un particolare canale; questa cosa ci induce a pensare che traccia e canale siano sostanzialmente la stessa cosa, ma, come abbiamo visto, non lo sono.

4.2 PRIMI PASSI CON LA DAW

Con l'aggiunta della DAW la nostra postazione è finalmente pronta.
Il primo passo consiste nel creare un nuovo progetto audio:

1. apriamo il nostro software e creiamo un nuovo progetto (o sessione);
2. impostiamo il *sample rate* (frequenza di campionamento) a 44.100 Hz;
3. assegnamo al *bit depth* (risoluzione in bit) il valore di 24 bit;
4. scegliamo il formato *wave* (.wav) come formato predefinito dei file che utilizzeremo all'interno del progetto[2].

Il passo successivo è quello di importare un file audio all'interno della DAW.
Ci sono diversi modi di importare un file audio. Uno dei più comuni consiste nel creare prima una *traccia* per poi inserirvi il file. Come vedremo meglio più avanti, in una DAW esistono tipi di tracce differenti (audio, MIDI, video etc.).
Quelle che ospitano i file audio si chiamano appunto *tracce audio*.
Vediamo come crearne una:

1. scegliamo da uno dei menu del nostro software il comando "inserisci/aggiungi/crea nuova traccia" (la dicitura dipende dalla DAW che stiamo utilizzando); il software ci chiederà di specificare la tipologia e la quantità di tracce da inserire;
2. scegliamo i seguenti parametri: 1 - traccia - audio - stereo.

Il file da importare dovrà avere lo stesso numero di canali della traccia (in questo caso stereo e non mono) e la stessa frequenza di campionamento che abbiamo impostato creando il progetto (nel nostro caso 44.100 Hz)[3].
Importiamo dunque nella traccia appena creata il file *drum.wav* che potete trovare nella cartella *Progetto audio U4*.

▦ *Unità 4 - Audio U4 - Progetto audio U4 - drum.wav*

Esistono due modi per importare un file in una traccia:

• attraverso il menu della DAW
• attraverso il *drag and drop*

Nel primo caso basterà selezionare la traccia audio e importarvi il file dall'apposita voce del menu della DAW. In molti software questa operazione viene eseguita cliccando su "importa/inserisci file audio".

---

[2] Il formato *wave* rappresenta uno standard nel campo dell'audio digitale.

[3] Nel caso in cui disponessimo invece di un file audio con frequenza di campionamento diversa rispetto a quella del progetto, il software dovrà operare (spesso automaticamente) una conversione di *sample rate* del file (**SRC** che sta per **Sample Rate Conversion**). Vedi *Appendice 4.A2*.

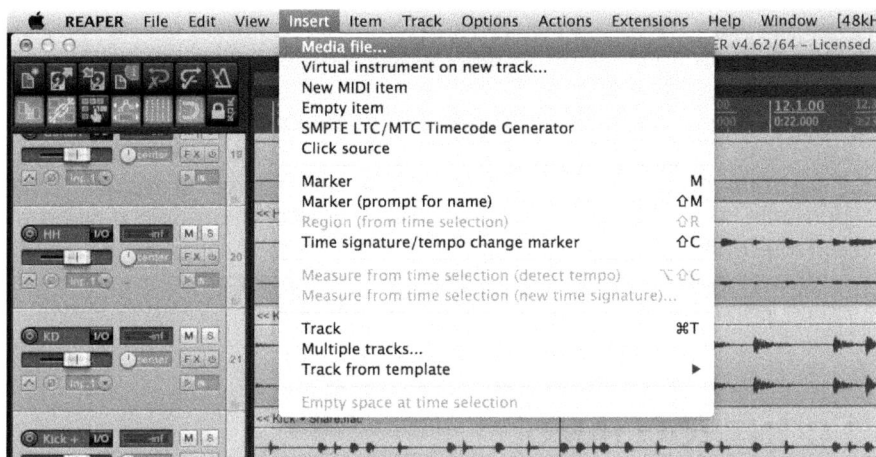

fig. 4.6: importazione file audio dal menù

Il **drag and drop** invece è una funzione basilare comune a tutti i sistemi operativi, e nel caso di una DAW consiste nel trascinare manualmente un file all'interno di una traccia.

Creare una traccia audio e importare un file audio sono due operazioni che possono essere svolte simultaneamente. In molte DAW infatti è possibile importare direttamente un file (audio, midi) all'interno dell'area di lavoro della vista *edit* saltando il primo passaggio, cioè senza aver prima predisposto la traccia: il programma creerà automaticamente il "contenitore" adatto al tipo di file che stiamo importando (audio stereo, audio mono, MIDI etc.).
Una volta importato il file mandiamolo in riproduzione[4] e agiamo sulla *transport bar* per prendere confidenza con i suoi controlli principali (*play, stop, pause, rewind, fast forward, go to the end*). Tralasciamo per ora le funzioni *record, BPM* e *loop* che - insieme ad altre - verranno affrontate nelle prossime unità.

Unità 4 - Risorse Didattiche U4 - Video Tutorial - Creazione di un progetto
Unità 4 - Risorse Didattiche U4 - Video Tutorial - Creazione di una traccia
Unità 4 - Risorse Didattiche U4 - Video Tutorial - Inserimento di un file audio
Unità 4 - Risorse Didattiche U4 - Video Tutorial - Il drag and drop nelle DAW

---

[4] Come nell'unità precedente dobbiamo però assicurarci di selezionare la periferica audio da utilizzare (la nostra scheda audio) tra le preferenze del software.

- **sample rate (SR)**, o **frequenza di campionamento**, è il numero di volte al secondo in cui un segnale analogico viene campionato. L'unità di misura del SR è l'Hz.
- Il **bit depth**, o **risoluzione in bit**, è la quantità di bit utilizzata in ogni campione. Maggiore è il numero di bit, maggiore è la risoluzione audio.
- Il **formato audio** è uno standard - cioè un insieme di regole - che permette al nostro computer o a un altro dispositivo audio digitale di scrivere e successivamente leggere il file audio.
- Le **tracce audio** permettono di registrare, importare e riprodurre file audio come *loop* o brani musicali da utilizzare all'interno del nostro progetto.

4.3 CONTROLLIAMO

Una volta compreso il funzionamento della *Transport bar* vediamo quali sono i principali controlli presenti sulla traccia in tutte le DAW, con leggere differenze nella veste grafica o nel posizionamento.

Essi sono:
- **volume**
- **pan**
- **solo**
- **mute**

I controlli appena elencati li abbiamo già incontrati quando abbiamo parlato del mixer e funzionano esattamente allo stesso modo.

Proviamo ad esempio a modificare i valori di *volume* e *pan* della traccia precedentemente creata che contiene il file *drum.wav* o a metterla in *mute*. Per comprendere il funzionamento del controllo *solo*, invece, dobbiamo disporre di almeno due tracce. Aggiungiamo al nostro progetto altre tre tracce audio e importiamo i file denominati *bass.wav, guitar1.wav, guitar2.wav*.

Unità 4 - Audio U4 - Progetto audio U4 - bass.wav; guitar1.wav; guitar2.wav

Suggerimenti

È buona norma quando si lavora con più tracce etichettare ciascuna traccia in modo chiaro e inequivocabile assegnando un nome che ne descriva il contenuto così da poterla individuare velocemente. Il nome può essere assegnato facendo doppio clic sul campo **nome traccia**. Alcuni software consentono di aggiungere anche un'icona (per esempio l'immagine di una chitarra o di un pianoforte) o di cambiare il colore della traccia per facilitarne ulteriormente la riconoscibilità.

Mandiamo in riproduzione e attiviamo il comando *solo* di una delle tracce. Come noterete questa operazione ci consente di ascoltare soltanto la traccia in solo mentre le altre vengono spente.

Altri controlli sulla traccia come *record, input/output, insert* e *send*[5] saranno spiegati nelle unità successive.

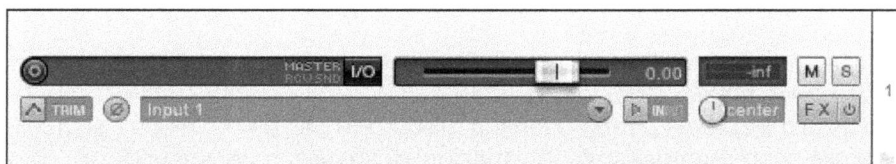

fig. 4.7: controlli sulla traccia nella vista edit di *Reaper*

Provate adesso a esplorare creativamente le diverse funzioni della DAW che abbiamo appena illustrato. Attivate la vista mix, dovreste visualizzare 4 canali che corrispondono alle 4 tracce del progetto e il canale Master. Modificate il *pan* e il *volume* dei canali agendo sugli appositi controlli per creare il vostro mix personale.

> • Il **Master** è il canale in cui confluiscono e si sommano i flussi dei segnali audio di tutte le tracce; esso controlla il volume generale del segnale inviato alle uscite principali.

Come attività supplementare vi suggeriamo di provare a creare un nuovo progetto della durata di un minuto con almeno quattro tracce audio, utilizzando suoni o loop provenienti da una libreria sonora di vostra scelta.

Unità 4 - Risorse Didattiche U4 - Video Tutorial - Controlli di base sulla DAW: volume, pan, solo, mute.

---

[5] Tutti questi controlli sono sempre visibili nella vista *Mixer*, mentre spesso sono parzialmente presenti nella vista *Edit*. In quest'ultima, i controlli *input/output, insert* e *send* possono essere visualizzati o meno (a seconda delle opzioni di visualizzazione del software utilizzato), a differenza di nome traccia, *volume, pan, solo* e *record* che sono sempre presenti.

Appendici

4.A1 ACUSTICA E PSICOACUSTICA III

Forma d'onda, timbro e spettro

Definiamo la **forma d'onda** come la rappresentazione grafica dell'ampiezza del suono in funzione del tempo.
Sull'asse orizzontale è rappresentato lo scorrere del tempo, mentre su quello verticale sono rappresentate le variazioni di ampiezza del suono.

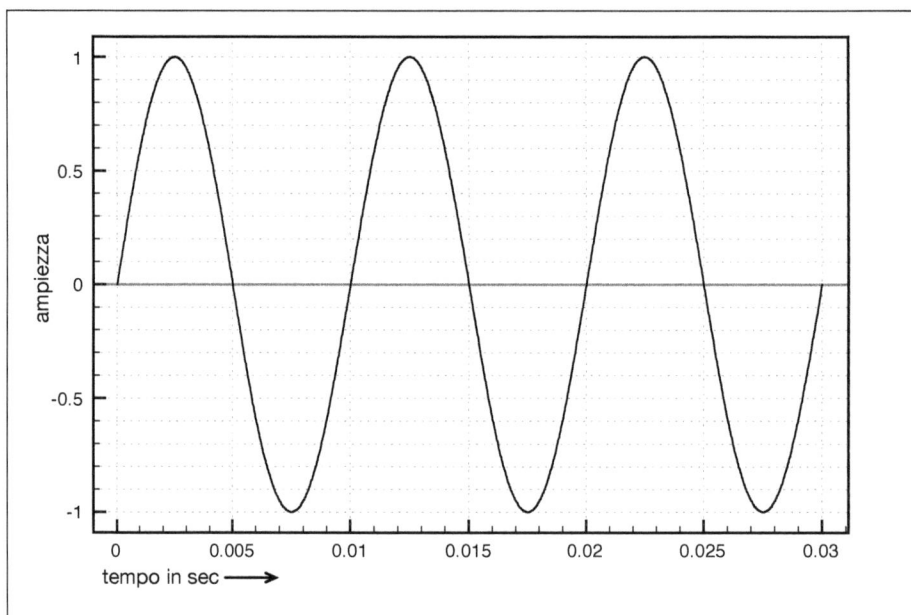

fig. 4.8: forma d'onda sinusoidale

La forma d'onda più semplice è la sinusoide, formata da una sola frequenza. Dall'*Appendice 1.A2* dell'*Unità 1* sappiamo però che tutti i suoni presenti in natura sono suoni complessi, cioè scindibili in più sinusoidi aventi ognuna una propria ampiezza, frequenza e fase. Il modo in cui interagiscono tra loro le diverse sinusoidi determina differenti forme d'onda e di conseguenza timbri diversi. Potete sperimentare questo fenomeno utilizzando l'esempio interattivo *Suoni complessi* tra le *app* relative a questa unità. Fate clic sul tasto "Disegna" e attribuite un valore d'ampiezza alle singole componenti del suono: noterete che ciò influisce sia sulla forma d'onda sia sul timbro del suono che viene generato. Come già accennato nell'*Unità 1*, il timbro è quella caratteristica che, a parità di altezza e intensità, ci fa distinguere il suono di uno strumento da quello di un altro.
Dall'esperienza appena fatta, potete comprendere che, a livello percettivo, forma d'onda e timbro sono strettamente correlati.

TM Lab - Unità 4 - Suoni complessi

Nel riquadro "Suoni periodici" trovate alcuni *preset* che si riferiscono alle **forme d'onda classiche**: l'**onda a dente di sega**, l'**onda quadra**, l'**onda triangolare**, l'**impulso** e la **sinusoide**, che già conosciamo.

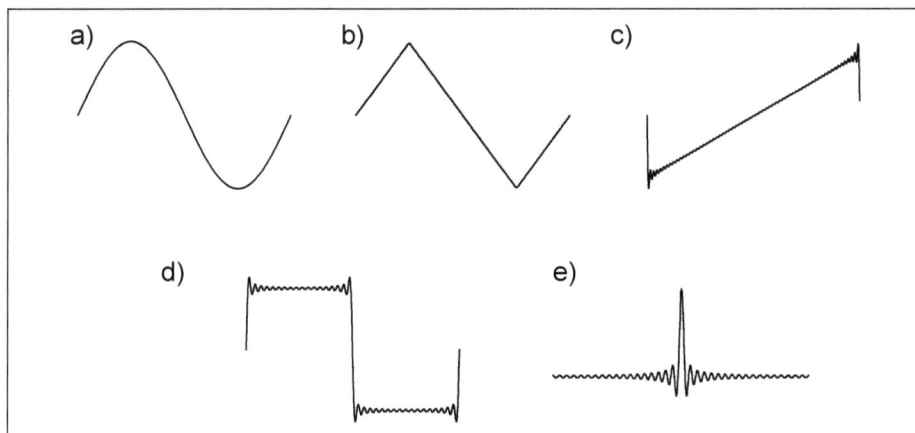

fig 4.9: forme d'onda classiche
a. Sinusoide, b. Onda triangolare, c. Onda a dente di sega, d. Onda quadra, e. Impulso

Ognuna di queste ha un timbro caratteristico: per esempio, l'onda a dente di sega è molto "aspra", l'onda triangolare ha un timbro "nasale" che ricorda molto il clarinetto. Sentirete spesso parlare di queste forme d'onda perché sono molto utilizzate nei sintetizzatori. Cliccando su *Disegna*, noterete che ad ognuno dei *preset* corrisponde una diversa "ricetta" di sinusoidi: basta cambiare di poco la "dose" di un ingrediente del suono per modificare forma d'onda e timbro.

Le forme d'onda classiche sono onde artificiali. In realtà, le forme d'onda dei suoni presenti in natura sono assai più complesse e ad esse corrispondono timbri molto più ricchi e variegati.

Facendo un'analogia con la percezione visiva, il timbro è un po' il "colore" del suono. Quando diciamo che un suono è "nasale", "metallico", "scuro" o "chiaro", stiamo facendo riferimento al timbro. È grazie ad esso se siamo in grado di riconoscere un clarinetto da un violino, o la voce di un amico rispetto a quella di un altro.

Oltre alla forma d'onda, esistono altri modi di visualizzare graficamente il suono. La forma d'onda mostra le variazioni dell'ampiezza del suono nel tempo, ma non ci consente di osservarne il contenuto frequenziale, cioè lo **spettro** del suono. Per visualizzare lo spettro di un suono abbiamo bisogno dell'**analizzatore di spettro**.

L'analizzatore di spettro, infatti, ci permette di osservare i valori di ampiezza (lungo l'asse verticale) delle singole frequenze, distribuite lungo l'asse orizzontale, dai 20 Hz ai 20 kHz, che costituiscono quel dato suono (vedi fig. 4.10).

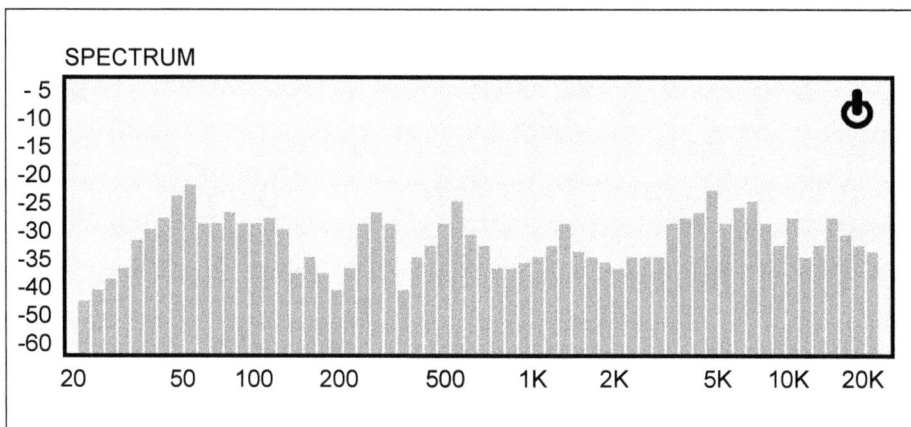

fig. 4.10: visualizzazione dello spettro di un suono tramite l'analizzatore di spettro

L'inviluppo

Il suono ha bisogno di un determinato intervallo di tempo per passare dal silenzio alla massima ampiezza e viceversa.
L'inviluppo ci dice come avviene questo processo, cioè rappresenta in che modo varia l'ampiezza del suono dal momento in cui esso è generato fino al momento in cui si estingue. Questo andamento è caratterizzato da quattro fasi, chiamate **transitori**. I quattro transitori[6] sono:

- Attacco/Attack
- Decadimento/Decay
- Costanza/Sustain
- Estinzione/Release

Con l'aiuto della fig. 4.11 cerchiamo ora di descrivere cosa avviene in ogni singola fase dell'inviluppo.

---

[6] Accanto ai termini in italiano, sono stati riportati i corrispettivi in inglese, poiché molto più comuni in ambito musicale.

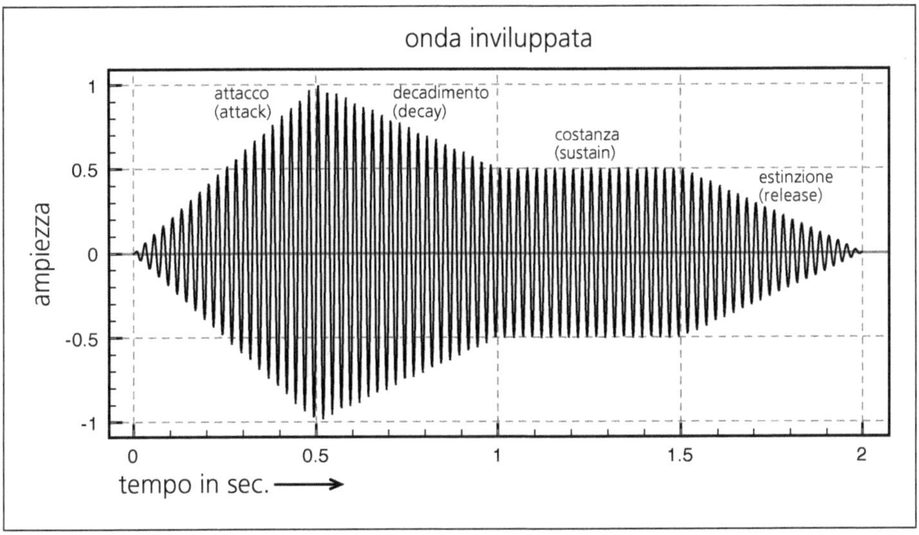

fig. 4.11: i quattro transitori dell'inviluppo

- **Attacco/Attack** – L'ampiezza del suono passa da 0 al valore massimo
- **Decadimento/Decay** – L'ampiezza diminuisce dal valore massimo fino ad un certo livello (ad esempio fino al valore di *sustain*)
- **Costanza/Sustain** – L'ampiezza si mantiene più o meno costante
- **Estinzione/Release** – L'ampiezza diminuisce da un certo valore allo 0

Nell'immagine seguente possiamo osservare gli inviluppi di alcuni strumenti.

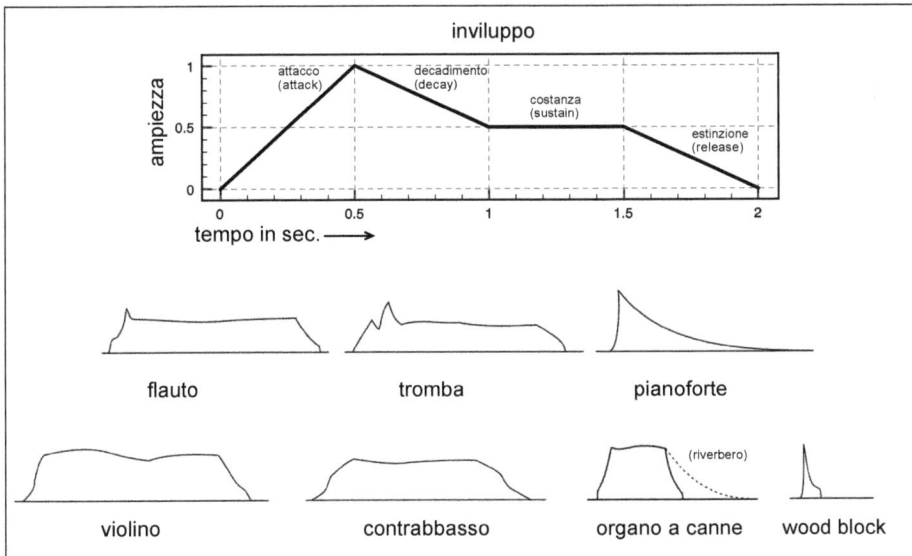

fig. 4.12: inviluppo di flauto, tromba, pianoforte, violino, contrabbasso, organo e woodblock

Come possiamo notare, i quattro transitori non sono presenti negli inviluppi di tutti gli strumenti.

Il pianoforte e il tamburo rullante non hanno né *decadimento* né *costanza*, in quanto l'esecutore non ha modo di sostenere e controllare il suono. La tromba – come tutti gli strumenti a bocchino – è caratterizzata da un "doppio attacco". Nel contrabbasso, a differenza del violino, in generale attacco e rilascio sono più lenti a causa del maggior spessore delle corde. Nell'organo, infine, *attacco* ed *estinzione* sono molto rapidi.

Le quattro fasi dell'inviluppo però non sono mai così precise. Sono una schematizzazione utile a semplificare l'evoluzione dinamica del suono. Nella fase di *costanza*, ad esempio, la dinamica non è mai perfettamente la stessa e subisce delle piccolissime variazioni, dovute anche a pratiche esecutive particolari (come il vibrato) o a caratteristiche costruttive degli strumenti.

Inoltre, nel corso dei transitori, oltre all'ampiezza varia anche la frequenza, seppur in misura quasi impercettibile. Soprattutto durante la fase di attacco, la frequenza subisce delle piccole variazioni prima di stabilizzarsi

📖 *TM Lab - Unità 4 - Inviluppo*

Insieme alla forma d'onda, l'inviluppo è un altro elemento essenziale nella caratterizzazione del timbro di un suono.

Sia l'inviluppo sia la forma d'onda sono una rappresentazione grafica delle variazioni di ampiezza del suono, ma si differenziano per il livello di dettaglio con cui ci permettono di osservare queste variazioni. Nella forma d'onda, infatti, sono visualizzate le variazioni di ampiezza di ogni singolo ciclo dell'onda.

L'inviluppo invece rappresenta la linea che congiunge tutti i picchi positivi della forma d'onda, restituendoci una raffigurazione dell'ampiezza con un livello di dettaglio minore.

4.A2 SAMPLE RATE, BIT DEPTH E SRC

Quando trattiamo l'audio digitale, è importantissimo impostare sempre due parametri: frequenza di campionamento (*Sample Rate*) e risoluzione in bit (*Bit Depth*). Questi due parametri sono necessari per definire la qualità sonora del materiale audio su cui lavoriamo. Su una DAW i valori di questi parametri devono essere impostati all'inizio di ogni progetto. La scelta della frequenza di campionamento dipende dal tipo di prodotto che si intende realizzare. Ci sono degli standard che definiscono questi valori. Ad esempio, lo standard utilizzato per i CD-Audio prevede una frequenza di campionamento di 44.100 Hz e una risoluzione di 16 bit. Se utilizzassimo valori di *bit depth* e frequenza differenti, i nostri lettori CD non sarebbero in grado di riprodurre il contenuto del CD.

Nella tabella 1 sono indicati i valori delle frequenze di campionamento utilizzate nei vari campi di applicazione. Quali sono i valori corretti da utilizzare nei nostri progetti?

Dipende da diversi fattori, tra cui: l'hardware di cui disponiamo, la finalità del progetto e il supporto di destinazione.

Come vedremo più avanti, usare frequenze di campionamento molto elevate garantisce una migliore qualità audio, ma richiede una maggiore potenza di calcolo e più spazio su disco per l'archiviazione dei dati.

Frequenza di Campionamento	Possibili applicazioni
44.100 Hz	Standard utilizzato per la creazione di CD-Audio commerciali.
48.000 Hz	Standard utilizzato per il video digitale professionale.
88.200 Hz	*Sample rate* usato per le produzioni musicali professionali (multiplo di 44.1 kHz); facilmente convertibile in 44.1 kHz per la creazione di CD-Audio commerciali.
96.000 Hz	*Sample rate* usato per le produzioni audio/video (multiplo di 48 kHz). Usato anche per DVD-Audio, Blu-ray e HD-DVD.
176.400 Hz	*Sample rate* usato per le produzioni musicali professionali (multiplo di 44.1 kHz); facilmente convertibile in 44.1 kHz per la creazione di CD-Audio commerciali.
192.000 Hz	*Sample rate* usato per le produzioni audio/video (multiplo di 48 kHz); facilmente convertibile in 48 kHz. Usato anche per DVD-Audio, Blu-ray e HD-DVD.

Tabella 1: frequenza di campionamento (*Sample Rate*)

Se lavoriamo su progetti strettamente musicali, che hanno come destinazione il CD-Audio o formati compressi come MP3 da usare su un *iPod*, imposteremo la frequenza di campionamento a 44.100 Hz oppure suoi multipli interi; se invece l'audio è destinato a una produzione multimediale (per esempio un video) imposteremo il *sample rate* a 48.000 Hz[7] oppure suoi multipli interi.

L'altro parametro fondamentale nell'audio digitale è il *Bit Depth*, ovvero la quantità d'informazioni in bit presente in ogni campione, quantità che può variare dai 16 bit fino ai 64 bit in virgola mobile (*float*). È importante lavorare ai nostri progetti utilizzando il massimo della risoluzione possibile, pertanto sceglieremo sempre il valore massimo di *bit depth* che il nostro *hardware* ci consente di usare.

---

[7] In fase di lavorazione si possono usare anche valori di *sample rate* più alti, di solito multipli del *sample rate* utilizzato dal supporto di destinazione.

Va bene anche lavorare a 16 bit se consideriamo che la maggior parte della musica che ascoltiamo oggi è stata prodotta a 16 bit di risoluzione; se ne abbiamo la possibilità, è meglio utilizzare la risoluzione massima che la nostra scheda audio ci consente, in genere 24 bit. Ricordiamoci che, indipendentemente dai valori con cui operiamo in fase di produzione nei nostri progetti, il *sample rate* e il *bit depth* di un file audio destinato ad un CD-Audio devono essere obbligatoriamente 44.100 Hz e 16 bit. In fase di esportazione del prodotto finale, potremmo aver bisogno di effettuare una conversione della frequenza di campionamento, la **Sample Rate Conversion** (abbr. SRC). La SRC è il processo che ci permette di convertire la frequenza di campionamento di un file da un valore ad un altro (es. da 88.200 a 44.100 Hz, da 44.100 a 48.000 Hz etc.). Questa operazione è necessaria anche quando il progetto a cui stiamo lavorando è impostato su una frequenza di campionamento diversa rispetto a quella del file audio che intendiamo importare. Di norma, è lo stesso software DAW al momento dell'importazione a effettuare la conversione della frequenza di campionamento del nostro file. Oltre alla frequenza di campionamento, in alcuni casi potrebbe essere necessario adattare anche il *Bit Depth* al tipo di supporto. Parleremo di questa operazione quando parleremo della finalizzazione dei progetti audio.

4.A3 TIPOLOGIE DI TRACCE

Nella vista *edit* di una DAW troviamo diverse tipologie di tracce che si differenziano in base al contenuto che possono ospitare.

- Le **tracce audio** permettono di registrare, importare e riprodurre file audio come *loop* o brani musicali da utilizzare all'interno del nostro progetto.

- Le **tracce MIDI** permettono di registrare, importare e riprodurre dati MIDI. Questo tipo di traccia non contiene alcun segnale audio, bensì informazioni relative ad una esecuzione musicale da inviare ad uno strumento (*hardware* o *software*).

- Le **tracce Instrument** (strumento) sono tipi particolari di tracce MIDI assegnate in modo predefinito a un *virtual instrument*, cioè a uno strumento *software* che simula uno strumento musicale (una chitarra, un pianoforte, un sintetizzatore etc.). Le tracce *instrument* permettono il controllo sia dei parametri MIDI sia di quelli audio.

- Le **tracce video** permettono di importare e riprodurre filmati. È anche possibile acquisire filmati da periferiche *hardware* esterne (fotocamere, videocamere etc). Quasi tutte le *DAW* sono in grado di gestire anche i video, tuttavia il numero di tracce video utilizzabili e le possibilità di editing video sono molto limitate rispetto a quelle dei software specifici dedicati al montaggio video.

4.A4 FORMATI DEI FILE E RELATIVE ESTENSIONI

Adesso scopriamo come vengono salvati i suoni all'interno dei nostri computer e degli altri dispositivi digitali. Proprio come avviene per le immagini e i testi, anche i suoni vengono salvati all'interno dei file. Nel momento in cui ci accingiamo a registrare un suono, il software su cui stiamo lavorando ci chiederà in che formato vogliamo salvare il nostro file audio. Il formato di un file è l'insieme di regole che permette al nostro computer di scrivere e successivamente leggere il file. Essendo il formato uno standard, esso sarà riconosciuto anche da altri software che saranno a loro volta in grado di leggere quel formato. Il formato scelto determina la quantità e la qualità di informazioni del nostro suono che vengono salvate all'interno del file; esso è individuabile tramite l'estensione, una sorta di "targa" posta in coda al nome che abbiamo dato al file, dopo un punto.
Esistono vari formati di file audio. Questi convenzionalmente si dividono fra formati lineari e formati compressi[8].
I **formati lineari** conservano tutte le informazioni del campionamento mentre quelli compressi occupano molto meno spazio in memoria ma hanno una qualità sonora inferiore.
Tra i formati lineari più diffusi troviamo:

* *Microsoft Wave* (estensione del file: .wav)
* *Audio Interchange File Format* (estensione del file: .aif)

Un file audio stereo registrato a 44.100 Hz e 16 bit e salvato in uno di questi formati occuperà circa 10 MB per minuto. Il calcolo è presto fatto: ogni campione del nostro file stereo è codificato con due byte (16 bit = 2 byte), quindi: 44.100 * 2 byte/sec. * 2 canali * 60 sec. = 10.584.000 byte/minuto, cioè circa 10 MB.

---

8 Attenzione, cambiando manualmente l'estensione di un file questo non cambia formato, tutt'altro, potrebbe diventare illeggibile dal sistema! Per evitare che l'utente cambi inavvertitamente l'estensione di un file (ad esempio nel tentativo di rinominarlo) i sistemi operativi la nascondono automaticamente. Esiste però la possibilità di visualizzarla.

Frequenza di campionamento	Risoluzione	Spazio occupato al minuto (Mono)	Spazio occupato al minuto (Stereo)
44.1 kHz	16 bit	5 MB	10 MB
44.1 kHz	24 bit	7.5 MB	15 MB
48 kHz	16 bit	5.5 MB	11 MB
48 kHz	24 bit	8.2 MB	16.4 MB
88.2 kHz	16 bit	10 MB	20 MB
88.2 kHz	24 bit	15 MB	30 MB
96 kHz	16 bit	11 MB	22 MB
96 kHz	24 bit	16.5 MB	33 MB
176.4 kHz	16 bit	20 MB	40 MB
176.4 kHz	24 bit	30 MB	60 MB
192 kHz	16 bit	22 MB	44 MB
192 kHz	24 bit	33 MB	66 MB

Tabella 2: dimensione dei file in relazione al *Sample Rate* e *Bit Depth*

I **formati compressi** invece tengono conto di alcuni limiti della nostra percezione per ridurre la quantità di informazioni e risparmiare così spazio in memoria.

I formati compressi si dividono a loro volta in formati **lossy** cioè che prevedono una perdita irreversibile dei dati e formati **lossless** dove la qualità precedente alla compressione dei dati può essere ripristinata.

Tra i formati compressi *lossy* più diffusi troviamo il famosissimo **MPEG1 Layer 3** meglio conosciuto come **MP3** dal nome dell'estensione del file: .mp3.

La qualità del file MP3 è legata al parametro del **bitrate** (frequenza di dati al secondo). Più alto sarà il valore del *bitrate*, maggiore sarà la qualità del file. Un valore standard per il *bitrate* è 128 kbps (kilobit per secondo), valore che consente di occupare circa 1 Megabyte di spazio per ogni minuto di durata del suono (circa dieci volte di meno di un file audio lineare!).

L'MP3 permette inoltre di essere compresso usando sia il metodo **CBR** (a *bitrate* costante) sia quello **VBR** (a *bitrate* variabile). Quest'ultimo metodo di compressione dei dati consente di risparmiare ulteriore spazio in memoria poiché sfrutta il massimo del *bitrate* solo quando il file audio lo richiede (ad esempio in presenza di suoni caratterizzati da alte frequenze o passaggi con molta escursione dinamica). La possibilità di occupare poco spazio preservando una qualità audio accettabile ha decretato il successo e la diffusione del formato MP3. Date le dimensioni relativamente piccole di questo formato di file, un gran numero di MP3 può essere salvato all'interno dei lettori musicali dotati di memorie, al punto che il termine MP3 talvolta è entrato nel gergo comune per indicare lo stesso lettore portatile. Altro vantaggio offerto dalle ridotte dimensioni dei file compressi in questo formato è la facilità di scambio attraverso la rete. La diffusione della musica attraverso internet ha rivoluzionato totalmente il mercato discografico, decretando la crisi del supporto compact-disc.

Altri formati compressi del tipo *lossy* (con perdita di qualità) sono:

- *Windows Media Audio* (estensione del file: .wma)
- *Advanced Audio Coding* o *AAC* (estensione del file: .aac, .m4a, .m4p, mp4)
- *Ogg Vorbis* (estensione del file: .ogg)

Tra i formati compressi in versione *lossless* (senza perdita di qualità) troviamo:

- *Free Lossless Audio Codec* o *FLAC* (estensione del file: .flac)
- *Windows Media Audio Lossless* (estensione del file: .wma) di cui esiste, come abbiamo visto, anche una versione *lossy*.
- *Apple Lossless* (estensione del file: .m4a, da non confondere con la versione *lossy*)

La compressione *lossless* consente di risparmiare circa il 50% di spazio senza perdita sostanziale di qualità audio.

La conversione da un formato audio a un altro è un'esigenza che si presenta frequentemente, per esempio quando dobbiamo trasferire brani dal nostro computer sul lettore mp3 o sullo smartphone, oppure quando desideriamo importare un CD audio nel computer. La conversione può essere effettuata con uno dei software di riproduzione musicale normalmente presenti sui nostri computer, come *Windows Media Player* e *iTunes*, anche se non tutti i formati sono supportati da queste applicazioni. Nella scheda *Risorse didattiche* di questa unità trovate un elenco di software gratuiti per la conversione audio con i relativi link per scaricarli.

ATTIVITÀ E VERIFICHE

⑧ IN CLASSE - VERIFICHE INDIVIDUALI

1. Creazione di un progetto e controllo della riproduzione.
    a. Crea un nuovo progetto audio sulla DAW, imposta la frequenza di campionamento e la risoluzione in bit.
    b. Crea 3 tracce audio e importa in ciascuna di esse un file audio (puoi attingere anche dalla cartella *Audio* di questa Unità).
    c. Riproduci le tracce, prima selezionandole una ad una (funzioni *Solo* e *Mute*), poi tutte insieme.
    d. Posiziona le quattro tracce in quattro punti diversi dello spazio stereofonico attraverso il controllo del *Pan*.

2. Converti un file WAVE in un file MP3 con *bitrate 128 kbps* e confronta le dimensioni dei file.

IN CLASSE - VERIFICHE DI GRUPPO

1. Un volontario del gruppo avvia l'esempio interattivo *Suoni complessi*. A questo punto manda in riproduzione il suono di una forma d'onda a sua scelta tra quelle presenti all'interno del menù dell'applicazione. Ogni altro membro del gruppo, munito di carta e penna, deve provare a riconoscere ed annotare il tipo di forma d'onda appena riprodotto. Una volta finito verificate la vostra risposta. Alternatevi tutti alla riproduzione delle forme d'onda e all'ascolto/analisi.

2. Un volontario del gruppo avvia l'esempio interattivo *Inviluppo* e attiva la modalità *free*. A questo punto disegna un inviluppo e manda in riproduzione il suono cliccando sulla tastiera in alto. Ogni altro membro del gruppo, munito di carta e penna, deve provare a disegnare l'inviluppo appena generato. Una volta finito verificate il disegno del vostro inviluppo con quello originale. Alternatevi tutti alla creazione degli inviluppi e all'ascolto/analisi.

A CASA - QUESTIONARI DI AUTOVERIFICA

1. Cos'è una DAW?

2. Cos'è la *transport bar*?

3. Cos'è il *sample rate*?

4. Cos'è la *sample rate conversion*?

5. In alcuni casi è necessario effettuare la *sample rate conversion*. Quando?

6. Cos'è il *bit depth*?

7. Quali sono le differenze tra formati lineari e formati compressi?

8. Quali sono le differenze tra formati compressi *lossy* e *lossless*?

9. Quali sono le ragioni del successo del formato mp3?

10. Cos'è l'inviluppo del suono?

11. Descrivi le 4 fasi che compongono l'inviluppo del suono.

UNITÀ 5
MASH-UP!

Argomenti trattati

5.1 MASH-UP!

5.2 TAGLIA E "CUCI"

5.3 ULTIMI RITOCCHI

Appendici

5.A1 ACUSTICA E PSICOACUSTICA IV

5.A2 TIMELINE E GRIGLIA

5.A3 STRUMENTI DI BASE PER L'EDITING E IL MONTAGGIO

5.A4 FADE IN, FADE OUT E CROSSFADE

5.A5 EDITING VELOCE

PREREQUISITI PER IL CAPITOLO
• Contenuti delle Unità da 1 a 4

OBIETTIVI
Abilità
• Essere in grado di utilizzare gli strumenti di *editing* di base sulla DAW
• Sapere impostare la scansione metronomica e la suddivisione ritmica all'interno di un progetto
• Saper impostare la visualizzazione di *timeline* e griglia su *bars and beats*
• Saper utilizzare la funzione di *snap*
• Saper applicare *fade in* e *fade out* alle clip audio
• Sapere realizzare un breve *mash-up*
• Sapere effettuare un *mixdown*
Conoscenze
• Conoscere le principali operazioni di *editing*
• Comprendere il rapporto tra ampiezza e dB SPL
• Conoscere le diverse modalità di visualizzazione di *timeline* e griglia
• Conoscere i diversi tipi di *fade* e i relativi principi di utilizzo

TEMPI
Per un corso biennale di 30+30 settimane: circa 4 settimane (8 ore)

ATTIVITÀ
• Creazione di un *mash-up*

VERIFICHE
• Questionario di autoverifica
• Produzione di elaborati (progetti audio)
• Verifiche abilità pratiche
• Verifica generale delle competenze acquisite

SUSSIDI DIDATTICI DISPONIBILI ONLINE
• Glossario • Scheda risorse didattiche

MATERIALI NECESSARI
• Computer • Scheda audio • Sistema di diffusione • DAW

5.1 MASH-UP!

Che cos'è un *mash-up*? Il **mash-up** è una tecnica di "miscelazione" di due o più brani musicali. Si utilizzano delle parti di brani differenti e si "mischiano" tra loro per creare un nuovo brano ibrido. Potete ascoltarne alcuni esempi cliccando sui link che trovate all'interno della *scheda Risorse Didattiche U5*.

Unità 5 - Risorse Didattiche U5 - Mash-up - Ascolti consigliati   📶

Esistono differenti approcci al *mash-up*. Il più complesso consiste nella sovrapposizione di parti separate di brani famosi (per esempio il cantato di uno e la parte strumentale di un altro)[1]. Le parti separate sono difficili da trovare (a volte se ne trovano su internet perché messe a disposizione dagli stessi artisti) o da ricavare (è possibile ma richiede una grande competenza). Per questo motivo, nella seguente unità, affronteremo altri approcci al mash-up, forse meno complessi ma ugualmente divertenti. In particolar modo, utilizzeremo come materiale di partenza brani esclusivamente strumentali, evitando per il momento di lavorare anche con il cantato.
Per farvi un'idea di ciò che potreste ottenere lavorando con i brani proposti in questa unità, potete ascoltare di volta in volta gli esempi di *mash-up* da noi realizzati utilizzando i suddetti brani. Potete trovare questi esempi nella cartella *Esempi di mash-up*.

Unità 5 - Audio U5 - Esempi di mash-up   ▦

Inoltre, per il primo progetto di questa unità, denominato *Mash-up 1*, troverete anche una cartella con l'intero progetto multitraccia realizzato con il software *Reaper*.

A livello compositivo realizzare un *mash-up* può rivelarsi un'ottima occasione per imparare a (ri)organizzare gli eventi sonori in modo creativo e a gestire una forma musicale. A livello tecnico ci dà invece la possibilità di iniziare a conoscere gli strumenti di **editing** forniti dalla DAW e acquisire dimestichezza con essi.
Gli strumenti di *editing* sono spesso presenti sulla **toolbar** del software e permettono di intervenire sui file audio svolgendo le seguenti operazioni di base:

* copiare
* spostare
* tagliare
* incollare
* cancellare
* mettere in mute[2]

---

[1] Per un *mash-up* non è necessario utilizzare esclusivamente le tracce separate. I *dj*, ad esempio, molto spesso creano i propri *mash-up* con i brani completi.

[2] All'interno della DAW è possibile mettere in *mute* non solo un intero canale, ma anche una singola clip della traccia.

fig. 5.1: esempio generico di *Edit Tools* su *Cubase*

Questi strumenti dunque sono assolutamente necessari per lavorare alla produzione di un mash-up[3].

Cominciamo

Il primo passo consiste nella scelta dei brani. Per realizzare il vostro primo esperimento, vi proponiamo di utilizzare i brani "reggae_78bpm.wav" e "classica_78bpm.wav".

▦ *Unità 5 - Audio U5 - Mash-up-1*

I brani sono di due generi differenti, ma condividono alcune caratteristiche: hanno stessa scansione metronomica (bpm) e suddivisione ritmica, nonché una struttura armonica simile. Per lavorare con file audio con stesso bpm, è consigliabile impostare il progetto in modo tale da facilitare le operazioni di *editing* (a meno che non si voglia lavorare liberamente sul tempo).
Per prima cosa dunque svolgiamo le seguenti operazioni:
1. impostiamo il tempo del progetto al medesimo valore indicato per le tracce. In questo caso 78 bpm;
2. impostiamo la suddivisione ritmica relativa a quella dei brani. In questo caso 4/4;
3. impostiamo la visualizzazione della *timeline* su *bars&beats*;
4. impostiamo la visualizzazione della griglia secondo la suddivisione che preferiamo (battuta, quarti, ottavi, sedicesimi etc.)[4];
5. impostiamo la funzione **snap**, che consente di muovere i file audio "a scatti", ovvero secondo la suddivisione metrica scelta per la griglia;
6. importiamo i brani in due tracce differenti e ascoltiamoli separatamente.

⊙ Una cosa a cui fare attenzione!

Perché utilizzare la griglia e impostare il valore dei bpm in base a quello dei brani? Perché in questo modo possiamo "sincronizzare" la scansione ritmica del brano con la griglia. La griglia dunque ci permetterà di effettuare selezioni e tagli perfettamente a tempo in base alla suddivisione metrica che abbiamo scelto di visualizzare.

---

[3] Gli strumenti per l'*editing* avanzato verranno affrontati più avanti.

[4] Le denominazioni e le modalità di impostazione di *counter*, *timeline* e griglia possono variare in base alla DAW ma il funzionamento è pressoché identico.

Dopo un primo ascolto, sarà possibile farsi un'idea della struttura dei brani. A questo punto, per ogni brano, individuiamo le sezioni che lo compongono (come imparato nell'*Unità 3*).
Una volta individuate queste sezioni possiamo passare all'*editing* vero e proprio.

- l'**editing** di un file audio consiste in una serie di operazioni attraverso le quali è possibile modificare lo stesso file per mezzo di strumenti specifici;
- la **toolbar** è una barra contenente gli strumenti maggiormente utilizzati in una DAW (strumenti di editing, zoom, etc);
- i **bpm** (acronimo di "battiti per minuto" o "beats per minute" in inglese) sono un'unità di misura utilizzata per l'indicazione metronomica in musica, ma anche per la misura della frequenza cardiaca. Per esempio, 60 bpm equivalgono a 60 pulsazioni al minuto, ovvero una pulsazione al secondo;
- il **counter** permette di visualizzare, a livello temporale, in quale punto della *timeline* si trova il cursore di riproduzione. Il tipo di visualizzazione dipende dalle impostazioni scelte (secondi, battute, etc.);
- lo **snap** (o *grid* o *snap to grid*) è una funzione (attivabile e disattivabile) comune a tutte le DAW. Lo *snap* permette di muovere gli eventi audio a "scatti", ovvero secondo intervalli stabiliti in base alla suddivisione metrica impostata per la griglia. Se impostassimo la griglia in ottavi, per esempio, muovendo gli eventi audio, questi si agganceranno alla griglia sempre in corrispondenza degli ottavi.

5.2 "TAGLIA E CUCI"

Ora viene il bello. Possiamo creare un brano completamente nuovo invertendo, copiando, ripetendo o sovrapponendo le diverse sezioni.
Ma è necessario separare queste parti rendendole indipendenti. Come fare? Tagliandole.
Per prima cosa selezioniamo il file audio, posizioniamo il cursore sul punto da tagliare, e cerchiamo la voce "separa" o *split* nel menù di *editing* del software[5]. Se dovessimo aver bisogno di maggior precisione al momento di separare le clip, potremmo usare lo strumento **zoom**.

---

5 Anche qui le denominazioni variano in base al software utilizzato. Ne abbiamo riportate solo alcune. L'operazione di taglio dei file audio si può effettuare anche con gli *shortcut* (abbreviazioni da tastiera) - differenti per ogni DAW - o con l'apposito strumento "forbici", laddove sia presente, selezionabile dalla *toolbar*.

Lo zoom, il cui simbolo è una lente d'ingrandimento, permette di ingrandire, lungo l'asse orizzontale, la visualizzazione di un determinato punto selezionato di una clip.

fig. 5.2: lo strumento zoom sulla *toolbar* di *Cubase*

Una volta effettuata l'operazione di *split* su tutte le sezioni scelte, siamo pronti a copiare, spostare e ricombinare le parti così ottenute (definite regioni o **clip**).

Per spostare una *clip*, non dobbiamo far altro che selezionarla e trascinarla dove vogliamo. Per copiare una *clip*, dobbiamo selezionarla e cercare la voce "copia", oppure utilizzare lo **shortcut** universale "cmd+c" (mac) o "ctrl+c" (win).

Per incollare una *clip* precedentemente copiata, posizioniamo il cursore sul punto in cui vogliamo che venga incollata, e cerchiamo la voce "incolla" o usiamo lo *shortcut* "cmd+v" (mac) o "ctrl+v" (win).

Se necessario possiamo anche cancellare o mettere in *mute* una sezione o *clip* tramite le apposite voci dal menù di *editing* o attraverso gli *shortcut*.

Annulla e ripristina

Durante il lavoro vi capiterà sicuramente di fare qualche errore, tagliando un file nel posto sbagliato o cancellando una *clip* che non andava cancellata. Come risolvere? È sempre possibile tornare sui propri passi e annullare delle operazioni fatte in precedenza con il comando "annulla" o "undo".

Allo stesso modo, è possibile ripristinare un'operazione di annullamento con il comando "ripristina" o "redo".[6] Col passare del tempo, vi accorgerete che "*undo*" e "*redo*" saranno i due dei comandi che utilizzerete più frequentemente. Per questo motivo, è consigliabile imparare gli *shortcut* relativi:

"undo" - cmd+z (mac) o ctrl+z (win)
"redo" - cmd+⇧+z (mac) o ctrl+⇧+z (win)

Unità 5 - Risorse Didattiche U5 - Video Tutorial - Editing

---

[6] È possibile eseguire le operazione di *undo* e *redo* solo un numero limitato di volte (che varia da DAW a DAW). Le operazioni di annullamento e ripristino sono memorizzate in ordine cronologico in una lista chiamata *Undo History*, e richiamate sempre secondo quest'ordine.

Una cosa a cui fare attenzione!   ⊙

Quando si lavora ad un progetto musicale è buona norma salvare la
nostra sessione il più frequentemente possibile, per evitare che, in caso
di improvvisa chiusura del software, tutto il lavoro svolto fino a quel
momento vada perso. Molti software danno la possibilità di effettuare
un salvataggio automatico ad un intervallo di tempo stabilito (es. ogni
minuto, ogni 5 minuti etc.).

È anche possibile salvare la sessione con nomi differenti, per avere più versioni dello stesso progetto a diverse fasi di lavorazione. In questo caso, dal
menù *File* scegliere l'apposita voce (generalmente "*Save as*" o "Salva come").

Montaggio

Con le parti ottenute, non resta altro da fare che creare il nostro *mash-up*.
Potete lavorare su una traccia soltanto - semplicemente ricombinando e ripo-
sizionando le *clip* dei due brani, creando una sorta di "collage" - oppure lavorare contemporaneamente su due tracce, sovrapponendo le sezioni dei due
differenti brani. Provate entrambe le possibilità e sperimentate più che potete.
Nulla è vietato, e non c'è limite alla creatività. Ad esempio, invece delle
"macro clip" relative alle sezioni principali dei brani (strofa, ritornello etc.),
potreste provare a utilizzare delle "mini clip", sezionando il brano liberamente.

• gli **shortcut** sono comandi da tastiera che ci permettono di svolgere   ☰
  velocemente delle operazioni, evitando molteplici passaggi con il
  mouse. Possono variare in base al software utilizzato.

5.3 ULTIMI RITOCCHI

Finito il lavoro di *editing* e montaggio, dovremo necessariamente apportare
delle correzioni.
Infatti, durante un primo ascolto del vostro lavoro, avrete probabilmente
notato dei fastidiosi scoppiettii o "click" in corrispondenza dei tagli e delle
giunzioni tra le parti. Come mai? Il motivo dipende dal fatto che il suono non
può passare dal silenzio alla massima ampiezza (e viceversa) in maniera
istantanea, e questo brusco passaggio è proprio ciò che abbiamo creato con
i tagli. Per ovviare a questo spiacevole inconveniente, è necessario rendere
il passaggio graduale, modificando leggermente l'ampiezza dell'onda sonora
nella fase iniziale e finale della *clip* con la creazione di assolvenze e dissol-
venze: i *fade in* e i *fade out*[7].

---

[7] Per approfondimenti sui *fade in* e i *fade out* consulta l'*Appendice 5.A4*

In tutti i punti in cui avete effettuato dei tagli, dovrete quindi applicare dei *fade in* e *fade out* per evitare i click. La scelta della lunghezza dei *fade* è assolutamente personale. In genere, se l'intenzione è semplicemente quella di evitare i click, si applicano *fade in* e *fade out* brevissimi (di pochi millisecondi). Tutte la DAW danno la possibilità di applicare i *fade* manualmente, ma i metodi variano da software a software. Uno dei metodi più comuni è quello di selezionare la parte della *clip* su cui vogliamo applicare il *fade* e scegliere dal menù il comando specifico[8].

Ma i *fade in* ed i *fade out* possono anche essere applicati in modo creativo. Potreste ad esempio voler modificare l'intro o la fine di un brano, applicando dei *fade* piuttosto lunghi, in modo che il suono faccia il suo ingresso e scompaia gradualmente.

Finito di correggere questi piccoli "errori", non manca che regolare i volumi delle tracce (ovviamente se ne avete utilizzata più di una).

Una cosa a cui fare attenzione!

Al fine di evitare distorsioni causate da volumi troppo elevati, è necessario controllare sempre il volume delle singole tracce e della traccia master (nella *Mix View*), osservando i relativi *meter*. Dobbiamo assicurarci che il segnale sui *meter* non diventi mai rosso, o "clippi", come si dice in gergo. Un *meter* che clippa significa automaticamente distorsione. Un segnale che distorce è un segnale che ha toccato la soglia di 0 **dBFS**[9]. Per cui, quando si lavora ad un progetto con più file audio, è assolutamente necessario stare attenti ai volumi delle singole tracce. In generale, per lavorare in tranquillità, è consigliabile che il valore sul *meter* della traccia master non superi il valore di - 6 dBFS.

Per approfondimenti sui *meter* e sui dB consultare l'*Appendice 2.A4*.

Mixdown

Il nostro *mash-up* è praticamente pronto, ma come fare ad ascoltarlo al di fuori della nostra DAW? Dobbiamo effettuare un **mixdown**[10]. Il *mixdown* è il procedimento grazie al quale il contenuto di un progetto multitraccia può essere riversato in un unico file[11] destinato alla riproduzione e alla diffusione. Per effettuare un *mixdown* è necessario:

- selezionare la parte di progetto che desideriamo riversare
- selezionare dal menù la voce specifica

---

8 Per i metodi di applicazione dei *fade* consultare il manuale operativo del software utilizzato.
9 I dBFS saranno affrontati nell'*Appendice 6.A5*
10 In alcuni software si può trovare sotto la voce di "Esporta", "Bounce" o "Render".
11 Il file creato può essere mono, stereo o multicanale in base alle esigenze. L'estensione può essere .aif, .wav o .mp3.

- scegliere la frequenza di campionamento e il *bit depth* con cui vogliamo effettuare il *mixdown*

Per selezionare una zona della *edit window* - per esportare o semplicemente riprodurre un progetto o parte di esso - basta posizionarsi con il mouse sopra la *timeline* (righello con i secondi o battute), e trascinare il cursore dall'inizio alla fine della parte interessata.[12]

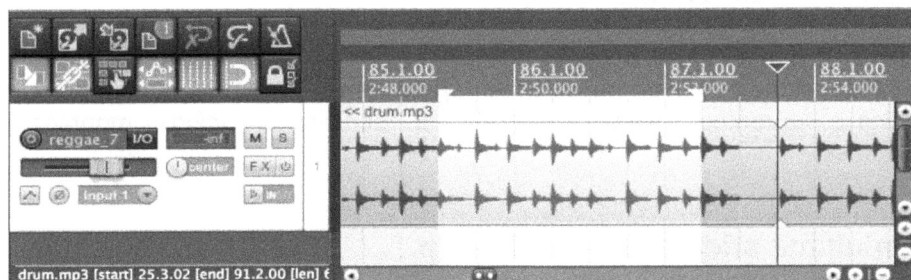

fig. 5.3: selezione di una parte del progetto nella *edit window* di *Reaper*

Per quanto riguarda frequenza di campionamento e *bit depth*, scegliete 44.100 Hz e 16 bit, ovvero lo standard dei cd audio.
Ora che il nostro *mash-up* è finalmente finito ed esportato, possiamo portarlo con noi e riascoltarlo ovunque vogliamo.

Unità 5 - Risorse Didattiche U5 - Video Tutorial - Mixdown

Una cosa a cui fare attenzione!

Capita spesso di dover portare con noi il nostro progetto per potervi lavorare su un'altra postazione audio digitale. Qualora si presentasse tale necessità, dovremo fare attenzione a portare con noi non solo il file progetto (es. *.rpp* in *Reaper*, *.ptx* in *Pro Tools* o *.cpr* in *Cubase*) ma anche tutti i file e le altre sottocartelle relative ad esso. Questi file e queste sottocartelle sono presenti all'interno della cartella in cui avete salvato il progetto. È importante soprattutto che in questa cartella generale siano presenti i file audio che avete utilizzato per il progetto. Senza di essi, aprendo il file progetto su di un altro computer, il software non sarà in grado di ricostruire correttamente la sessione in quanto incapace di rintracciare i file. Per essere sicuri che i file audio che utilizzate siano sempre presenti nella cartella del progetto, al momento dell'importazione si consiglia di copiarli nella cartella di lavoro. Questa è un'opzione che la maggior parte dei software presenta automaticamente al momento dell'importazione. Consigliamo inoltre di salvare sempre il progetto in una cartella dedicata per facilitarne l'individuazione e lo spostamento su postazioni diverse.

---

[12] Per i metodi di selezione fare riferimento al manuale del software utilizzato.

Tanti generi, tanti mash-up

Nel mash-up appena realizzato, abbiamo lavorato con un brano reggae e un brano di musica classica. Ovviamente questi non sono gli unici generi con cui realizzare dei *mash-up*. Nella cartella *Mash-up 2* potete trovare due brani appartenenti ad altri due generi musicali.

Unità 5 - Audio U5 - Mash-up 2

Come in precedenza, accanto al titolo dei brani, sono evidenziati i *bpm*. Quindi, anche in questo nuovo *mash-up*, avrete la possibilità di lavorare sul ritmo e sul tempo, mettendo in pratica le tecniche di *editing* e montaggio apprese.

Un'ultima sfida. Oltre il mash-up.

Ora vi proponiamo, come ultima prova, di superare i limiti imposti dalla scansione ritmica e dalla struttura armonica. Nei progetti precedenti, infatti, abbiamo utilizzato brani con identica scansione metronomica e struttura armonica simile. Proviamo a fare un passo oltre il "solito" *mash-up*, cercando, questa volta, di utilizzare brani che non condividono scansione ritmica, suddivisione metronomica né tanto meno progressione armonica.
Per questo progetto converrà dunque impostare la visualizzazione della *timeline* in secondi piuttosto che battute, per essere liberi di comporre, editare e montare gli eventi sonori senza farci condizionare dal metro e dal tempo.
Sarà inoltre opportuno disattivare la funzione di *snap*, per muoversi sulla griglia senza vincoli.
Potete trovare i brani da utilizzare all'interno della cartella *Oltre il mash-up*.

Unità 5 - Audio U5 - Oltre il mash-up

In questo lavoro la libertà creativa è massima, perché la varietà del materiale sonoro da utilizzare è ampia: si va da pezzi strumentali di musica extraeuropea a brani di *soundscape*.
Realizzate una composizione di almeno 30 secondi, e applicate le conoscenze di editing e montaggio acquisite per produrre un sound davvero insolito!

Appendici

5.A1 ACUSTICA E PSICOACUSTICA IV

Ampiezza e deciBel. Un approfondimento.

Ci è ormai chiaro che le molecole d'aria, una volta sollecitate da un corpo vibrante, cominciano a spostarsi dalla propria posizione di equilibrio provocando variazioni di pressione. La variazione della pressione rispetto alla posizione di equilibrio è ciò che in fisica definiamo ampiezza dell'onda.
L'**ampiezza istantanea** è il valore della pressione rilevato in un qualsiasi punto dell'onda, mentre l'**ampiezza di picco** equivale alla variazione di pressione massima rispetto alla posizione di equilibrio.

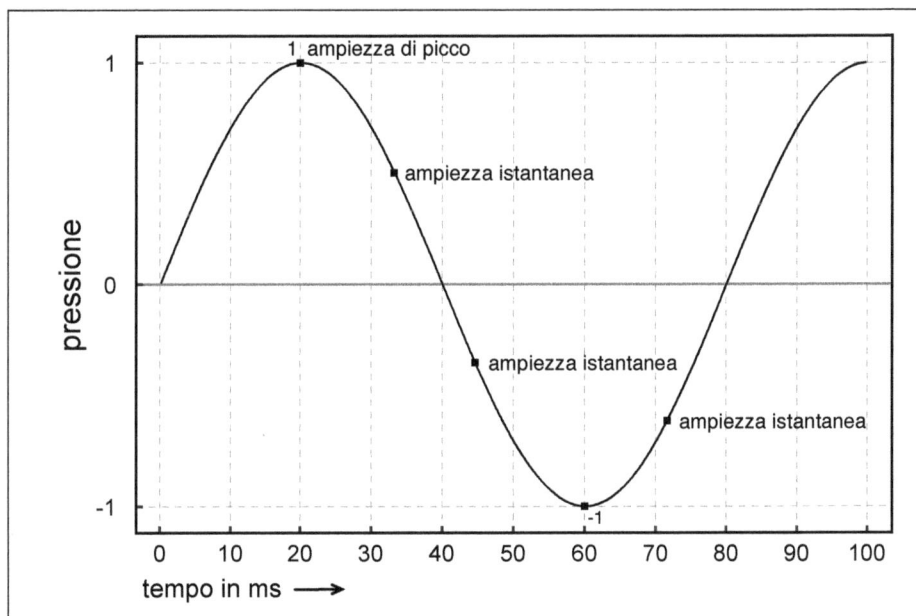

fig. 5.4: ampiezza istantanea e ampiezza di picco su una sinusoide

Maggiore sarà il valore delle variazioni di pressione, maggiore sarà l'ampiezza dell'onda.
Come visto nell'*Unità 2*, a livello percettivo l'ampiezza influisce sull'intensità del suono[13]. Quando in gergo diciamo "abbassare o alzare il volume", ci stiamo riferendo all'intensità, cioè al parametro percettivo che permette di distinguere un suono forte da uno debole.

---

[13] Anche se direttamente correlata ad essa, l'intensità non dipende esclusivamente dall'ampiezza.
La forma d'onda e la frequenza sono altri due elementi che influiscono sull'intensità del suono.

Infatti, quando "alziamo il volume" dello stereo, non facciamo altro che aumentare il valore delle variazioni di pressione nell'aria attraverso gli altoparlanti, e di conseguenza l'ampiezza delle onde sonore. Questo incremento dell'ampiezza dell'onda dà al nostro orecchio una sensazione di maggiore intensità.

aumento del valore delle variazioni di pressione nell'aria
↓
aumento dell'ampiezza dell'onda
↓
aumento dell'intensità

Se si osservano le differenze tra le varie pressioni espresse in Pascal[14] si nota come la scala sia troppo ampia e, ad esempio, gli incrementi di pressione fra due suoni che producono un volume l'uno il doppio dell'altro non sono omogenei lungo tutta la scala; ad esempio, a valori più bassi, la sensazione di raddoppio del volume è prodotta con un aumento nell'ordine di pochi Pascal (all'incirca 0.400 Pa) mentre, man mano che si sale, il valore di pressione necessario ad avere una sensazione di volume doppia sale e può arrivare anche a 1000 o 2000 Pa!

Proprio per ovviare a questo problema, è stata creata la scala dei deciBel che risulta, come vedremo tra poco, assai più maneggevole rispetto a quella in Pascal.

Come abbiamo già visto nell'*Unità 2*, i deciBel vengono impiegati per rappresentare diverse grandezze fisiche. Quelli che utilizziamo per misurare la variazione del livello di pressione sonora, cioè dell'ampiezza, sono i **dB SPL**. SPL sta per *Sound Pressure Level*, che tradotto dall'inglese significa appunto livello di pressione sonora.
Il suono più debole percepibile dall'uomo determina quella che viene definita **soglia di udibilità**, cioè il valore di pressione sonora oltre il quale cominciamo ad udire un suono. Si è scelto quindi di creare un metodo di misurazione basato sul rapporto tra due valori: il valore di pressione sonora di un suono realmente misurato e quello della soglia di udibilità, dando vita alla scala dei dB SPL.

---

[14] Il Pascal (Pa) è una delle unità di misura della pressione, poco utilizzata nel campo audio musicale.

SUONO	dB SPL	Pascal (Pa)
Lancio di un missile (a 50 m)	180	20000
Rottura del timpano	160	2000
Soglia del dolore	130	63.2
Concerto Rock Band	120	20
Martello pneumatico	90	0.632
Traffico cittadino	80	0.2
Conversazione normale a 1 mt	60	0.02
Fruscio di foglie	30	0.000632
Insetto vicino all'orecchio	10	0.0000632
Soglia di udibilità	0	0.00002

tabella 5.1: livelli di pressione sonora in Decibel SPL

Osservando la tabella possiamo notare quanto abbiamo detto prima circa la difformità delle variazioni d'ampiezza a seconda della gamma di valori nel quale il nostro suono si trova.

Ad esempio tra il traffico cittadino e il suono di un martello pneumatico ci sono solamente 0,432 pascal di differenza mentre tra il suono del martello pneumatico e il volume prodotto da una rock band ci sono più di 19 pascal. Ecco che entrano in gioco i dB. Misurando queste variazioni di pressione con i deciBel, abbiamo a disposizione una scala più semplice da leggere con incrementi più uniformi fra loro. Per esempio, un raddoppio dell'ampiezza corrisponde sempre a un aumento di 6 dB. Un suono con un livello di pressione sonora di 36 dB avrà un'ampiezza doppia di un suono a 30 dB. Il livello attorno ai 130 dB rappresenta la **soglia del dolore**, cioè il livello oltre il quale l'orecchio umano comincia a subire seri danni. Attorno ai 160 dB avviene la rottura del timpano.

5.A2 TIMELINE E GRIGLIA

Unità di misura della Timeline

Come visto nell'*Unità 4*, la *Timeline* è la linea temporale all'interno della quale sono organizzati gli eventi sonori. Essa è visibile sotto forma di righello nella parte superiore della vista *Edit*. La *Timeline* possiede diverse unità di misura: *Bars & Beats*, *Minutes & Seconds*, *Timecode*, *Samples* e *Feet+Frame*. A seconda del tipo di progetto al quale stiamo lavorando sceglieremo l'unità di misura più adatta.

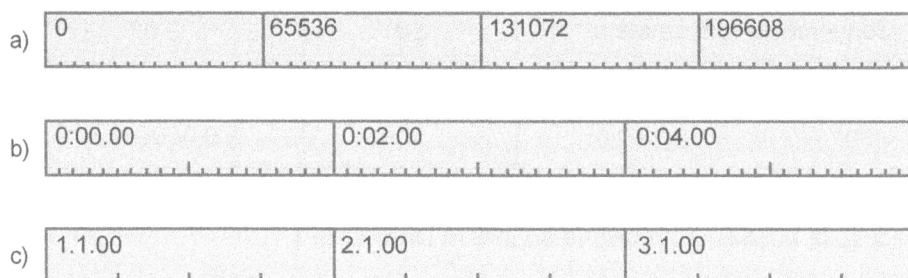

a)

0	65536	131072	196608

b)

0:00.00	0:02.00	0:04.00

c)

1.1.00	2.1.00	3.1.00

fig. 5.5: timeline con differenti unità di misura: a) samples; b) minutes:seconds; c) bars:beats

Bars & Beats: questa modalità di misurazione del tempo è molto familiare ai musicisti. In pratica, il tempo viene scandito dalla tradizionale suddivisione in battute o misure (*bars* o *measures*), composte da un certo numero di pulsazioni o tempi (*beats*). Il valore è espresso dall'indicazione metrica (*time signature*), per esempio il 4/4. Utilizzare questo tipo di scala temporale per organizzare il materiale musicale, ci permette di "ancorare" facilmente gli eventi alle misure, ai tempi o alle suddivisioni. Questo tipo di divisione del tempo è "relativa", cioè strettamente collegato al tempo metronomico (*beats per minute* o *bpm*).

Minutes & Seconds: al contrario della precedente, questa scala temporale è assoluta, cioè non dipende dal tempo metronomico. Come si può intuire, l'unità di misura è rappresentata in minuti, secondi e millesimi.

Timecode: anche questa è una scala temporale assoluta, ed è usata quando occorre sincronizzare immagini e audio, per esempio durante il montaggio di un videoclip o di un film. Il *timecode* si basa sulla frequenza delle immagini (*frame rate*), cioè il numero d'immagini (*fotogrammi* o *frame*) per secondo. Esistono diversi formati di *timecode*: in Europa il formato è il PAL, che conta 25 *frame* al secondo; negli Stati Uniti il formato è NTSC, che consta di 29,97 *frame* per secondo. Nel *timecode* la rappresentazione del tempo è ore:minuti:secondi:*frame*. Per esempio 01:02:03:10 indica un tempo di un'ora, due minuti, tre secondi e dieci *frame*.

Samples: anche questa è una scala temporale assoluta, e si basa sulla frequenza di campionamento (*sample rate*). Facciamo un esempio pratico: se il nostro progetto è impostato su una frequenza di campionamento di 44100 Hz, saranno presenti 44100 campioni per secondo. Possiamo verificare ciò posizionando il cursore esattamente al campione 44100: se cambiate la scala temporale da *samples* a *minutes & seconds*, il valore della posizione del cursore sarà 1 sec.

Griglia

La griglia è strettamente collegata alla *Timeline*: essa consiste in una suddivisione (rappresentata con delle linee verticali) dello spazio di lavoro che ospita le tracce nella vista *Edit*.

fig. 5.6: visualizzazione della griglia

La griglia ci consente di agganciare, selezionare, separare o disporre con assoluta precisione gli eventi sonori all'interno del nostro progetto. Su tutte le DAW la visualizzazione della griglia può essere attivata o disattivata a piacimento, così come la funzione *snap to grid*, grazie alla quale lo spostamento degli eventi o *clip* è vincolato alla griglia. Lo *snap to grid* funziona come una "calamita" che attira gli eventi agganciandoli alla suddivisione scelta.
Per esempio, se impostiamo la griglia su *1 bar* (una misura) e attiviamo la funzione *snap to grid*, le *clip* potranno spostarsi soltanto da una battuta all'altra, e mai in una posizione intermedia. Altri valori di suddivisione della griglia sono: ½, ¼, ⅛ e così via.

Se impostiamo il tempo metronomico a *120 bpm* e impostiamo la suddivisione della griglia su ¼, avremo una linea verticale ogni mezzo secondo che corrisponde alla durata di una semiminima.

5.A3 STRUMENTI DI BASE PER L'EDITING E IL MONTAGGIO

Tutte le DAW mettono a disposizione svariati strumenti di *editing* e montaggio. Questi strumenti permettono di eseguire diverse operazioni come copiare, tagliare, incollare e spostare eventi audio e video.

Oltre che attraverso il menù, gli strumenti di *editing* e montaggio possono essere richiamati attraverso comandi da tastiera o *shortcut*, che permettono di velocizzare notevolmente il lavoro. Generalmente, gli *shortcut* relativi alle operazioni di editing e montaggio più utilizzate (come tagliare, copiare o incollare), sono gli stessi in tutte le DAW; altri comandi, anche non relativi all'editing, possono variare da software a software. Spesso gli *shortcut* sono indicati nel menù della DAW di fianco alle rispettive voci. In ogni caso, è sempre possibile consultare il manuale operativo del proprio software per individuare lo *shortcut* che ci occorre.

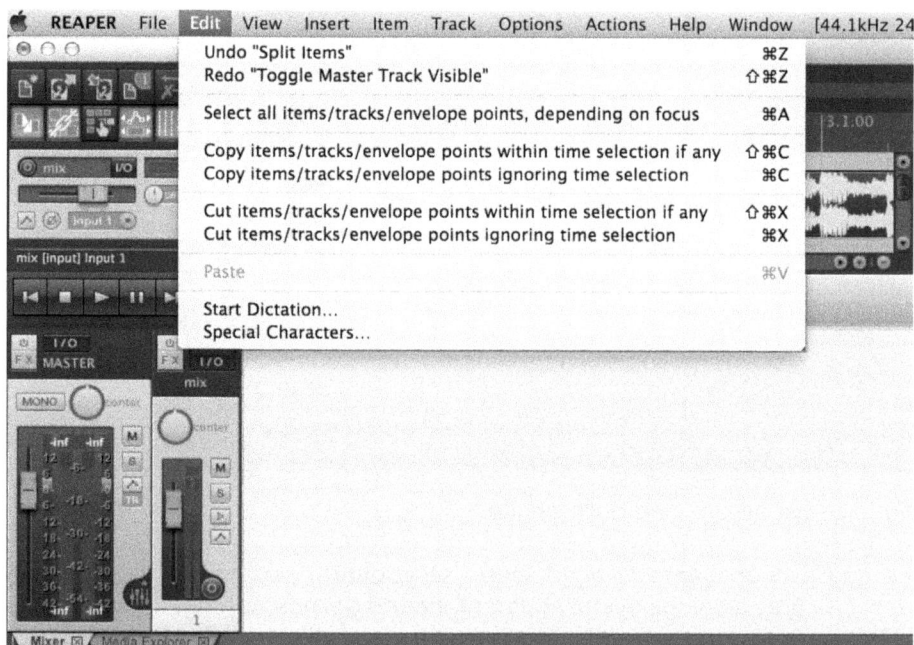

fig. 5.7: menù con operazioni di editing e relativi *shortcut* in *Reaper*

Copia, Incolla, Taglia e Separa

Le operazioni di *editing* più comuni sono: copia, taglia, incolla e separa.

Copia *(Copy)*	Per copiare una o più regioni, è necessario selezionare con un clic del mouse la *clip* o le *clip* da copiare, e poi selezionare la voce "copia" dal menù o utilizzare lo *shortcut* relativo ("cmd+c" per mac; "ctrl+c" per windows).
Incolla *(Paste)*	Per incollare, posizionare il cursore nella zona in cui si desidera inserire la *clip* e selezionare la voce "incolla" dal menù o utilizzare lo *shortcut* relativo scegliere ("cmd+v" per mac; "ctrl+v" per windows).
Taglia *(Cut)*	Utilizzando il comando "taglia" ("cmd+x" per mac; "ctrl+x" per windows), la *clip* selezionata viene letteralmente tagliata (scomparendo) dalla posizione originale e salvata in una memoria temporanea, per poter poi essere incollata in un'altra posizione. Attenzione, la parte tagliata rimane in memoria fino a quando non utilizziamo di nuovo il comando "copia" o "taglia" su un'altra selezione, che sostituirà la precedente in memoria. Fate quindi attenzione quando utilizzate questa funzione per evitare di perdere le vostre *clip*.
Separa *(Split)*	Quello che su alcune DAW è spesso rappresentato con il simbolo delle forbici è lo strumento che separa una regione in due sezioni. Per separare una *clip* bisogna selezionare lo strumento "separa" (o *split*) e cliccare sul punto della *clip* in cui vogliamo effettuare il taglio. Un metodo più veloce per utilizzare questo strumento consiste nel selezionare la *clip*, posizionarsi con il cursore sul punto in cui vogliamo effettuare il taglio e usare lo *shortcut* relativo. Lo *shortcut* per lo strumento separa può variare da DAW a DAW, ed è spesso indicato sul menù accanto alla rispettiva voce. Inoltre, come per tutti gli altri *shortcut*, è sempre possibile consultare il manuale operativo del proprio software per individuare la scorciatoia da tastiera.

5.A4 FADE IN, FADE OUT E CROSSFADE

Il termine *fade* è un termine usato principalmente nel linguaggio cinemato-grafico e sta a indicare una transizione tra un'immagine e l'altra. Per chiarire meglio il concetto, pensiamo a quando in un film si passa gradualmente dallo schermo nero all'immagine (o viceversa).
Il concetto di *fade*, oltre che all'immagine, è applicato anche al suono. In una DAW è possibile utilizzare tre tipi di fade.

- Applicato ad una clip audio, il **fade in**, o assolvenza, determina il passaggio graduale dal silenzio al valore di ampiezza originale della *clip* in un certo lasso di tempo.

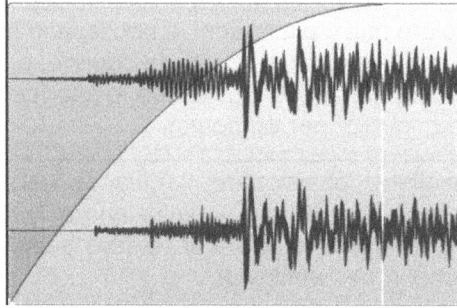

fig. 5.8: visualizzazione di un *fade in*

- Il processo contrario, cioè il passaggio da un determinato valore di ampiezza della *clip* al silenzio in un certo lasso di tempo, è chiamato **fade out** o dissolvenza. Ne è un esempio la parte conclusiva di una canzone in cui il volume decresce gradualmente fino al silenzio.

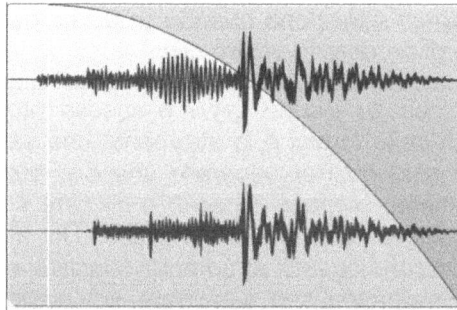

fig. 5.9: visualizzazione di un *fade out*

- Si parla di **crossfade** o dissolvenza incrociata quando, in due eventi sonori sovrapposti, il *fade out* del primo si sovrappone al *fade in* del secondo nello stesso intervallo di tempo.

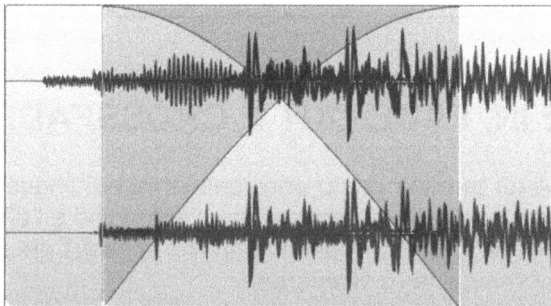

fig. 5.10: visualizzazione di un *crossfade*

Sulle *clip*, i *fade* sono raffigurati tramite linee che congiungono i punti di inizio e fine delle transizioni. Il diverso andamento di queste linee rappresenta il modo in cui l'ampiezza dell'onda passa da un valore a un altro[15].

5.A5 EDITING VELOCE

Nella maggior parte dei software DAW è possibile richiamare diverse funzioni di *editing* direttamente sulla *clip*, al passaggio del mouse, senza dover dare preventivamente alcun comando da tastiera o mouse[16].
Attraverso questa modalità di richiamo è possibile avere le funzioni di *editing* di maggior utilizzo "a portata di clip", velocizzando notevolmente il lavoro.
Tra le funzioni più utili, quelle che ritroviamo nella maggior parte dei software sono quelle che permettono di:
• coprire/scoprire l'inizio o la fine della *clip* (*trim*)
• creare *fade in* e *fade out*
• modificare il *gain*

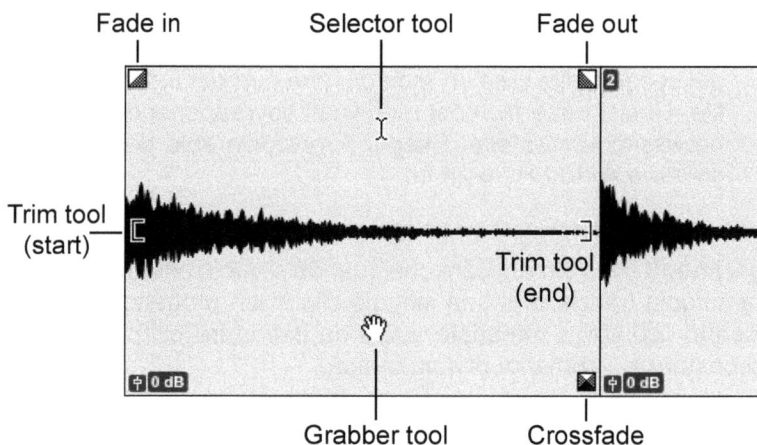

fig. 5.11: *Smart Tools* su *Pro Tools*

Sulla scheda *Risorse Didattiche U5* potete trovare i link ad alcuni video tutorial sull'editing veloce in diverse DAW.

Unità 5 - Risorse Didattiche U5 - Video Tutorial - Editing veloce

---

[15] Le linee di *fade* possono esprimere variazioni di ampiezza lineari (ad es. rappresentate da linee rette) o logaritmiche ed esponenziali (rappresentate da curve).
[16] Alcuni software richiedono l'attivazione di una precisa modalità di funzionamento del puntatore mouse per accedere a queste funzioni veloci. Per maggiori informazioni a riguardo consultare il manuale operativo del software.

ATTIVITÀ E VERIFICHE

8 IN CLASSE - ATTIVITÀ E VERIFICHE INDIVIDUALI

1. Impostazioni di un progetto audio.
    a. Crea un nuovo progetto audio sulla DAW con i seguenti parametri: 135 bpm; 7/8; visualizzazione della timeline in *bars&beats*; visualizzazione della griglia in sedicesimi; funzione di *snap* attivata.

    b. Crea un nuovo progetto audio sulla DAW con i seguenti parametri: 80 bpm; 3/4; visualizzazione della timeline in *minutes & seconds*; visualizzazione della griglia in quarti; funzione di *snap* disattivata.

2. Editing e fades.
    In un nuovo progetto audio, crea una traccia audio e importa al suo interno due file audio a tua scelta (puoi attingere anche dalla cartella *Audio U5* di questa Unità). Una volta importati i file esegui le seguenti operazioni:
    a. Copia i due file su di una seconda traccia. Sulla copia del primo file esegui un *fade in* che duri per tutta la lunghezza del file. Sulla copia del secondo file crea un *fade out* che duri per tutta la lunghezza del file. Unisci i due file così modificati sovrapponendoli e creando un brevissimo *crossfade*. Esegui il *mixdown* solo del nuovo file così creato a 44100 Hz e 24 bit.

Suggerimenti: Non dimenticare che quando si vuole effettuare il *mixdown* di una singola traccia o di una singola clip in un progetto multitraccia è necessario "isolare" il materiale audio da esportare utilizzando, in base alle circostanze, i comandi di *solo* o *mute*.

---

    b. Copia i due file originali su di una terza traccia audio. Taglia entrambi i file in modo da ricavare 8 nuove clip ciascuno. Copia ogni nuova clip 3 volte. Mischiando e poi unendo tra loro queste nuove 24 clip crea due nuovi file di 12 clip ciascuno (utilizza i *crossfade* nei punti di giunzione delle clip). Applica *fade in* e *fade out* all'inizio e alla fine dei nuovi file (scegli tu la lunghezza). Ora esporta i nuovi file uno alla volta a 44100 Hz e 16 bit.

Suggerimenti: Prova ad effettuare le operazioni di editing utilizzando gli *shortcut* e i comandi di editing veloce presenti sulla clip.

A CASA - QUESTIONARI DI AUTOVERIFICA

1. Cosa sono i bpm?

2. A cosa serve la funzione *snap*?

3. Cosa sono il *fade in* e il *fade out* e perché è importante applicarli ogni volta che si effettuano tagli alle *clip*?

4. Cos'è il *crossfade*?

5. Cos'è il *trim*?

6. Cos'è il *mixdown* e quali operazioni devo compiere per effettuarlo?

7. Cosa misura l'ampiezza dell'onda?

8. Che differenza c'è tra ampiezza di picco e ampiezza istantanea?

9. A quale attributo percettivo è associata l'ampiezza dell'onda?

10. Cosa sono la soglia di udibilità e la soglia del dolore?

11. Cosa succede se il livello di pressione sonora (SPL) subisce un incremento di 6 dB?

UNITÀ 6
CATTURARE IL SUONO

Argomenti trattati

6.1   CATTURARE IL SUONO

6.2   UNA PASSEGGIATA SONORA

Appendici

6.A1 TIPOLOGIE DI MICROFONI

6.A2 TECNICHE DI RIPRESA MICROFONICA DI BASE

6.A3 IL SOUNDSCAPE

6.A4 CONVERSIONE A/D E D/A

6.A5 LIVELLI DI REGISTRAZIONE E dBFS

PREREQUISITI PER IL CAPITOLO
• Contenuti delle Unità da 1 a 5

OBIETTIVI
Abilità
• Essere in grado di registrare una fonte sonora con l'uso dei microfoni
• Saper operare i collegamenti tra microfoni e scheda audio
• Saper posizionare i microfoni in maniera adeguata in base alla fonte
• Saper regolare adeguatamente i livelli di registrazione
Conoscenze
• Conoscere i principi basilari della conversione AD/DA
• Conoscere le principali tipologie di microfoni
• Conoscere le tecniche di ripresa microfonica di base
• Conoscere i principi su cui si basa la *soundscape composition*
• Comprendere come gestire i livelli del segnale nel dominio digitale utilizzando i dBFS

TEMPI
Per un corso biennale di 30+30 settimane: circa 4 settimane (8 ore)

ATTIVITÀ
• Registrazione di strumenti musicali e oggetti con la DAW
• Registrazione di una *soundwalk* per mezzo di dispositivi portatili
• Ricostruzione di un paesaggio sonoro

VERIFICHE
• Questionario di autoverifica
• Produzione di elaborati (partiture, progetti audio)
• Verifiche abilità pratiche
• Verifica generale delle competenze acquisite

SUSSIDI DIDATTICI DISPONIBILI ONLINE
• Glossario • Scheda risorse didattiche

MATERIALI NECESSARI
• Computer • Scheda audio • Sistema di diffusione • DAW • Microfoni • Cuffie
• Dispositivi portatili di registrazione

6.1 CATTURARE IL SUONO

Nell'*Unità 2* abbiamo appreso i principi di funzionamento dei diversi tipi di microfono presi in esame (elettrodinamico, a condensatore, piezoelettrico) e imparato come utilizzarli al fine di esplorare le potenzialità sonore degli strumenti musicali e l'ambiente che ci circonda. Durante queste esplorazioni vi sarà sicuramente capitato di imbattervi in un suono particolarmente interessante, così interessante da volerlo "conservare" e magari utilizzare in un futuro progetto musicale. Fino ad ora infatti per i vostri progetti avete utilizzato suoni scaricati dalla rete o forniti da noi; ora è arrivato il momento di utilizzare i vostri suoni, quelli che più vi piacciono: è arrivato il momento di registrare.

Di cosa abbiamo bisogno?

L'attrezzatura che ci occorre per registrare è costituita da dispositivi che abbiamo già incontrato e imparato a usare precedentemente. Infatti, il setup di base per la registrazione è composto da:

- microfono
- scheda audio
- computer
- software audio

Abbiamo già visto come collegare la scheda audio al computer[1]. Quello che ancora non sappiamo è come collegare il microfono alla scheda e come utilizzare il software al fine di registrare invece che semplicemente riprodurre.
Il collegamento del microfono alla scheda audio avviene, così come per il mixer, tramite un cavo con connettori XLR, utilizzando gli ingressi microfonici (XLR) della scheda.
Possiamo scegliere sia un microfono dinamico sia un microfono a condensatore, in quanto, come sappiamo, la scelta varia in base alle esigenze.
In questo caso sceglieremo un microfono a condensatore, perché come prima esperienza vi proponiamo la registrazione del suono degli oggetti presenti nella classe, e per questo tipo di sorgente sonora è il microfono più indicato.
Colleghiamo dunque il microfono al primo ingresso della scheda audio. Ricordate che, avendo scelto un microfono a condensatore, dovremo attivare sulla scheda audio l'alimentazione *phantom* affinché tutto funzioni.

---

[1] Vedi *Unità 3* e relative appendici.

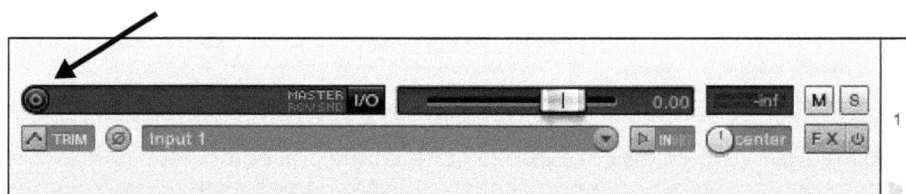

fig. 6.1: interruttore dell'alimentazione *phantom* su una scheda audio esterna

Fatto questo, ci sono da svolgere alcuni passaggi preliminari prima della registrazione vera e propria. Vediamo quali:

- aprite la DAW[2];
- create un nuovo progetto (44.100 Hz e 24 bit);
- create una nuova traccia mono;
- armate la traccia[3] premendo il tasto apposito (vedi fig. 6.2);

fig. 6.2: tasto per armare la traccia in *Reaper*

👁 **Una cosa a cui fare attenzione!**

Lavorando con una scheda audio a più ingressi, in genere il software assegna automaticamente gli ingressi (o *input*) fisici alle tracce in ordine progressivo. Ad esempio, alla traccia numero 1 sarà assegnato l'ingresso 1, alla traccia 2 l'ingresso 2 e così via. Nel caso in cui questa operazione non fosse automatica, cercate tra i controlli della traccia la voce input o ingresso, e selezionate l'ingresso fisico al quale è collegato il microfono sulla vostra scheda audio.

---

[2] In alcuni software potreste aver bisogno di selezionare la periferica di ingresso.
[3] Vedi *Unità 4* e relative appendici

Per l'ascolto durante la registrazione, dovremo utilizzare un paio di cuffie anziché il sistema di diffusione (che invece potrà essere usato normalmente per la successiva riproduzione). Il motivo è semplice: evitare che il suono proveniente dalle casse "rientri" nel microfono durante la registrazione ed evitare inoltre l'indesiderato effetto Larsen[4].

Indossiamo dunque le cuffie e abilitiamo il **monitoring** sulla traccia (se non attivato automaticamente dal software quando l'avete armata) attraverso il pulsante dedicato, solitamente contraddistinto da un piccolo altoparlante[5].

Adesso verifichiamo che tutto funzioni. Proviamo a schioccare le dita davanti al microfono e osserviamo se il *meter* della traccia rileva la presenza di segnale in ingresso.

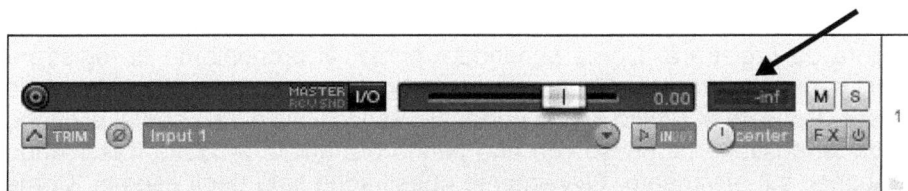

fig. 6.3: presenza di segnale in ingresso in *Reaper*

Se il *meter* si muove, vuol dire che avete effettuato i collegamenti corretta-mente. Se il livello del segnale in ingresso risulta molto basso, agite sul con-trollo del *gain* del relativo canale sulla scheda audio per aumentare la pre-amplificazione. Nel caso in cui invece il segnale dovesse "clippare"[6], usate il *gain* per abbassare il livello o attivate il **pad di attenuazione**. Ovviamente, il livello di ingresso dovrà necessariamente subire delle nuove regolazioni in base alla sorgente sonora che di volta in volta sceglieremo.

fig. 6.4: pad di attenuazione su una scheda audio esterna

---

[4] Questo accorgimento si rende necessario quando non si ha a disposizione una sala di ripresa e una sala di regia separate (come negli studi professionali).

[5] Su alcune schede audio è presente il tasto di *monitoring* diretto (*direct monitoring*) che permette di ascoltare i segnali in ingresso indipendentemente dal software. Ciò viene realizzato "ponticellando" i canali di ingresso verso i canali di uscita.

[6] Vedi *Appendice 6.A4* - Livelli di registrazione e dBFS

- il **monitoring** consiste nell'ascolto del suono proveniente dalla fonte sonora in registrazione. La funzione di *monitoring* è attivabile o disattivabile grazie ad un controllo specifico presente sulla traccia.
- il **pad d'attenuazione** ci permette di effettuare una consistente riduzione del livello del segnale in ingresso (solitamente -20dB). È attivabile o disattivabile tramite un tasto specifico, presente sulle schede audio ed in molti tipi di microfoni a condensatore.

Suoniamo la classe

Adesso che tutto funziona, è arrivato il momento di scegliere la sorgente sonora da registrare. Come accennato prima, vi proponiamo di registrare tutti i suoni più interessanti che riuscite a trovare o produrre all'interno della classe. Pensate al cigolio di una porta, allo scricchiolio di una sedia, al suono di un termosifone percosso con una penna o a quello prodotto trascinando un banco sul pavimento. Ovviamente questi sono solo degli esempi. Come al solito, sperimentate e usate tutto ciò che avete a disposizione. Scelto lo "strumento", possiamo passare alla registrazione vera e propria:

- posizionate il microfono in direzione della sorgente
- regolate il *gain*
- premete il pulsante *rec*[7] sulla *transport bar* per avviare la registrazione
- premete il tasto *stop* per interrompere la registrazione

Ora ascoltiamo quello che abbiamo registrato. Disattiviamo la funzione monitor e premiamo *play*. Se la qualità sonora di quello che avete registrato non vi convince, provate a modificare la posizione del microfono o la regolazione del *gain* ed effettuate ulteriori registrazioni fino ad ottenere il suono che stavate cercando.

Al di là della qualità sonora, provate comunque ad effettuare registrazioni della stessa sorgente sperimentando con posizioni diverse del microfono; vi accorgerete che il suono registrato può cambiare anche considerevolmente. Questo tipo di sperimentazioni può produrre risultati poco graditi ma a volte anche esiti interessanti ed inaspettati.

Terminata la registrazione della prima sorgente sonora, passate alle altre. Potete registrare gli altri suoni sulla stessa traccia o crearne di nuove.

Unità 6 - Risorse Didattiche U6 - Video Tutorial - Registrazione nella DAW

---

[7] Su alcuni software è necessario premere anche il tasto *play* per avviare la registrazione.

Una musica "concreta"

Forse non lo avreste mai detto, ma con tutti i suoni che avete registrato (che molti erroneamente definirebbero "rumori") è possibile fare musica.

All'incirca nella prima metà del XX secolo - soprattutto grazie all'avvento di nuove tecnologie, come la nascita del registratore a nastro - alcuni compositori cominciarono ad abbandonare il concetto di armonia, melodia e nota a favore di quello di suono. Considerarono il suono nella totalità delle sue caratteristiche (es. inviluppo, timbro, frequenza, ampiezza) e iniziarono a comporre musica utilizzando quello che loro stessi definirono "**oggetto sonoro**". Pierre Schaeffer, un compositore francese, gettò le basi teoriche ed estetiche di questo genere musicale, che egli stesso battezzò "*musique concrète*" (musica concreta).

Nelle composizioni di musica concreta gli oggetti sonori divennero quello che erano le note per la musica tradizionale (ovvero il materiale di partenza, la particella elementare del discorso musicale); questi non venivano organizzati secondo i "vecchi" criteri (armonia-melodia-ritmo), bensì in base alle loro caratteristiche sonore[8].

Nella scheda *Risorse Didattiche U6* potete trovare alcuni link per l'ascolto di brani di musica concreta.

Unità 6 - Risorse Didattiche U6 - Musica Concreta - Ascolti consigliati 📶

Dall'ascolto dei brani, vi renderete conto che molti dei materiali di partenza, anche se a volte elaborati[9], non sono altro che registrazioni del suono di comuni oggetti. Esattamente quello che avete fatto voi.

E allora perché non provare anche voi a realizzare una breve composizione di musica concreta?

Un consiglio che possiamo darvi è quello di farvi ispirare dal suono stesso. Non pensate alla fonte, a ciò che ha prodotto il suono, ma a quello che il suono evoca. Un certo tipo di suono può ricordare un gesto (uno scatto, un salto, un urto), un movimento (verso l'alto, verso il basso, verso l'esterno, a spirale), un andamento (veloce, lento, continuo, discontinuo), uno spazio (vicino, lontano, aperto, chiuso), un'atmosfera (rarefatta, densa) o un "colore" (chiaro, scuro, brillante).

Provate a realizzare una breve composizione (massimo 30 secondi) utilizzando gli oggetti sonori da voi registrati.

Dagli oggetti agli strumenti musicali

Il materiale sonoro per una composizione di musica concreta non deve necessariamente provenire dal suono di oggetti comuni, ma da qualsiasi fonte che produca suono. Come gli strumenti musicali.

---

[8] Per un approfondimento sulla musica concreta vi invitiamo a consultare i materiali didattici integrativi presenti sulla scheda relativa a questa unità didattica disponibile sul sito.

[9] Affronteremo l'elaborazione del suono più avanti.

Vi chiediamo dunque di creare degli oggetti sonori registrando strumenti musicali classici suonati in maniera non convenzionale[10]. Guardate questi strumenti da una prospettiva differente, cercando di tenere bene a mente i concetti esposti in precedenza. Focalizzate l'attenzione sul suono, non sulle note (con gli strumenti musicali la tentazione è forte).

Per rendere meglio l'idea, provate ad ascoltare gli esempi sonori che trovare nella cartella relativa a questa unità.

Unità 6 - Audio U6 - guit_concrete1.wav
Unità 6 - Audio U6 - guit_concrete2.wav

Con gli oggetti sonori registrati, realizzate una breve composizione (massimo 30 secondi).

6.2 UNA PASSEGGIATA SONORA

Nell'*Unità 3* abbiamo accennato alla *soundscape composition*. La *soundscape composition* è un genere di musica che utilizza come materiale sonoro registrazioni di ambienti ed elementi della natura. Esistono diversi approcci alla *soundscape composition*. Uno di questi viene comunemente definito "passeggiata sonora". La passeggiata sonora consiste letteralmente nella registrazione di una passeggiata in un determinato ambiente. Ed è quello che vi chiediamo di fare ora.

Cosa ci serve

La registrazione di *soundscape* (ed in particolare di passeggiate sonore) necessita spesso di dispositivi portatili, perché, come potete immaginare, potrebbe risultare piuttosto scomodo portarsi dietro computer, scheda audio e microfono (anche se nessuno lo vieta). Dispositivi oggi molto utilizzati sono i registratori portatili.

fig. 6.5: esempio di registratore portatile *Zoom H4n*

---

[10] Ricordate di utilizzare la *D.I. Box* per strumenti con uscita ad alta impedenza, oppure utilizzare l'apposito ingresso **instrument** (talvolta denominato D.I. Input). Per approfondimenti vedi *Appendice 3.A2*.

Ne esistono diversi modelli e di differenti fasce di prezzo. Ovviamente non siamo obbligati ad utilizzare questo tipo di registratori, soprattutto perché al giorno d'oggi la tecnologia ci mette a disposizione apparecchiature elettroniche portatili che permettono di effettuare registrazioni di buona qualità, e di cui molti di noi sono in possesso. Stiamo parlando di smartphone, lettori mp3, tablet, dittafoni etc.

Dove andare

Per questo tipo di attività vi chiediamo di registrare una passeggiata all'interno di un ambiente per voi molto significativo dal punto di vista sonoro. Proprio come un pittore sceglie di ritrarre un determinato paesaggio perché affascinato dagli elementi visivi, così voi potete decidere di "catturare" il suono di un particolare paesaggio perché attratti dagli elementi che lo caratterizzano o perché legati ad esso affettivamente. Potrebbe essere una passeggiata in un parco, in una zona particolare della vostra città o in riva al mare. Alcuni compositori di *soundscape* preferiscono registrare paesaggi sonori di ambienti fortemente caratteristici i cui suoni stanno scomparendo (come ad esempio i mercati rionali o le zone rurali). Potreste anche orientarvi su questa scelta. Potete ascoltare alcuni esempi di passeggiate sonore cliccando sui link che trovate all'interno della scheda *Risorse Didattiche U6*.

Unità 6 - Risorse Didattiche U6 - Passeggiata sonora - Ascolti consigliati 📶

Una cosa a cui fare attenzione!   ◉

Durante una registrazione in movimento prestate sempre molta attenzione alla posizione del microfono che state utilizzando (che sia quello del cellulare, del registratore portatile o un microfono esterno collegato alla scheda audio). Cercate di evitare gli scossoni e di sfregare il microfono contro un oggetto, mantenendolo ben saldo.
Inoltre, negli ambienti esterni, fate molta attenzione al gain (basso per quelli molto rumorosi e un po' più alto per quelli più silenziosi) e al vento. Il vento infatti, se molto forte, rischia di rovinare la registrazione. Per tale ragione, se possibile, utilizzate un filtro antivento.

fig. 6.6: filtro antivento

Scelto il percorso della vostra passeggiata e l'attrezzatura da utilizzare, procedete con la registrazione[11].
Terminata la registrazione, importate il file nella vostra DAW e riascoltatelo. Probabilmente con l'ascolto vi accorgerete di alcuni particolari sonori che dal vivo vi erano sfuggiti.
Potreste addirittura realizzare un'analisi della vostra passeggiata, evidenziando su carta (come una mappa sonora) gli elementi ricorrenti o più caratteristici dell'ambiente che avete registrato. Grazie ad un'analisi di questo genere è possibile, ad esempio, rendersi conto di quei suoni che costituiscono il "marchio sonoro" di un determinato ambiente.

Ricostruiamo il paesaggio

Ora che abbiamo preso familiarità con il concetto di *soundscape*, vi proponiamo un'ultima attività: la ricostruzione di un paesaggio sonoro. Nella cartella *Soundscape* trovate i file da usare per questo progetto.

Unità 6 - Audio U6 - Soundscape

Ce ne sono tanti e provenienti dagli ambienti più diversi.

Con questi file dovrete ricostruire un paesaggio sonoro a vostro piacimento. Scegliete voi il numero e la tipologia dei file da utilizzare e la lunghezza massima della composizione (che dovrà essere almeno di 1 minuto).
Potete utilizzare diversi approcci per la realizzazione di questo progetto.
Uno consiste ad esempio nella ricostruzione fedele e realistica di un paesaggio sonoro. In questo caso potreste usare suoni provenienti da un solo ambiente (es. la città) o da diversi ambienti cercando sempre però di riorganizzare coerentemente il materiale, in modo tale da conservare un certo realismo.
Un altro invece consiste nella ricostruzione di un paesaggio sonoro totalmente immaginario. Qui tutto è permesso e non c'è nessun limite. Possiamo ad esempio accostare o sovrapporre suoni che nella realtà non potrebbero coesistere.
Queste come al solito sono soltanto delle indicazioni. Pensate a un'idea e provate a esprimerla attraverso i suoni con la massima libertà.

---

[11] Se utilizzate computer o registratori portatili impostate la frequenza di campionamento a 44.100 Hz e il *bit depth* a 24 bit.

Appendici

6.A1 TIPOLOGIE DI MICROFONI

In questa appendice approfondiamo il discorso sui microfoni che abbiamo già affrontato nel corso dell'*Unità 2*. Tutti i microfoni possono essere classificati in base a due caratteristiche principali:

* principio di trasduzione
* figura polare

Il **principio di trasduzione** indica in che modo il trasduttore all'interno del microfono converte le onde di pressione sonora in energia elettrica.
La **figura polare**, invece, è la rappresentazione grafica della direzionalità.
La **direzionalità** indica la sensibilità del trasduttore in funzione della provenienza del suono. Nel microfono omni-direzionale, ad esempio, la sensibilità è uniforme qualunque sia la direzione di provenienza del suono.

Tra i tipi di microfono classificabili secondo il principio di trasduzione, i più conosciuti e utilizzati sono:

* Microfono dinamico (o "a bobina mobile"), basato sul principio di induzione elettromagnetica
* Microfono a condensatore, basato sul principio di accumulazione elettrostatica
* Microfono a nastro, basato su un differente principio di induzione elettromagnetica

Il microfono dinamico e quello a condensatore li conosciamo già avendoli utilizzati nell'*Unità 2*.

a)   b)   c)

fig. 6.7: a) microfono dinamico; b) microfono a condensatore; c) microfono a nastro

In base alla figura polare, invece, i microfoni possono essere classificati come:

- Cardioide (o unidirezionale)
- Supercardioide
- Ipercardioide
- Figura ad 8 (o bidirezionale)
- Omnidirezionale (o non-direzionale)

Poiché spesso un microfono è caratterizzato da un'unica figura polare, questa definisce la tipologia di microfono (per es. cardioide). Non mancano però esempi di microfoni, detti *microfoni multipattern*, in cui è possibile variare la figura polare - e di conseguenza la direzionalità - attraverso un selettore.

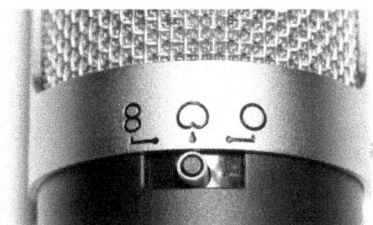

fig 6.8: selettore figura polare su microfono multipattern

In altri casi la direzionalità del microfono può essere modificata sostituendo un elemento del microfono stesso, la capsula. Nei microfoni con capsule intercambiabili, per esempio, una capsula con diagramma polare cardioide può essere facilmente svitata, rimossa dal microfono e sostituita con una capsula omnidirezionale progettata per lo stesso microfono.

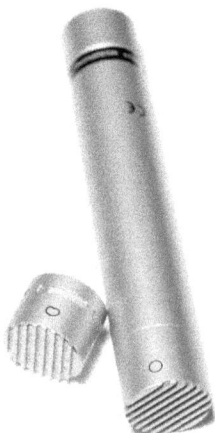

fig 6.9: microfono con capsule intercambiabili

In base alla ripresa che dobbiamo effettuare, sceglieremo il microfono con le caratteristiche di direzionalità più adatte. Vediamo di seguito alcuni dei possibili utilizzi per ciascuna delle figure polari sopra citate.

Omni-direzionale	Questa tipologia di microfono può essere utilizzata per riprendere fonti sonore notevolmente distanti tra loro e da qualsiasi angolazione.
	Esempi di utilizzo:
	- riprese d'ambiente
	- necessità di riprendere più fonti sonore con un solo microfono
Cardioide	Questa tipologia è la più diffusa, soprattutto in ambito live. Com'è possibile notare dalla figura polare, questo microfono è sensibile alle onde sonore dirette verso la parte anteriore della capsula, mentre è quasi totalmente insensibile a quelle dirette verso la parte posteriore.
	Esempi di utilizzo:
	- Ripresa di una singola fonte sonora posta di fronte alla capsula in modo da isolarla da eventuali altre sorgenti situate posteriormente alla capsula.
Super-cardioide	Le tipologie di microfoni con polarità Super-cardioide, Iper-cardioide e Bi-direzionale sono sensibili, in maniera diversa l'una dall'altra, anche alle onde sonore dirette verso la parte posteriore della capsula microfonica. Sono invece poco sensibili alle onde sonore dirette alle zone laterali della capsula.
	Esempi di utilizzo :
Iper-cardioide	- microfono bi-direzionale: ripresa microfonica di due fonti sonore poste l'una di fronte all'altra.
	- microfono Super-cardioide/Iper-cardioide: Ripresa microfonica di una sorgente sonora posta di fronte alla capsula e della componente ambientale proveniente dalla parte posteriore.
Bi-direzionale	

Dinamico, Condensatore e Nastro: pregi e difetti.

Come sappiamo già dall'*Unità 2*, i microfoni dinamici sono i più resistenti ed economici e sopportano bene le dinamiche molto forti. Allo stesso tempo però, per via della robustezza e pesantezza del trasduttore elettromagnetico, hanno una **risposta ai transienti** poco definita. Questo tipo di microfoni è indicato per la ripresa di percussioni e ottoni, nonché di dispositivi di amplificazione (es. amplificatore per chitarra elettrica o basso elettrico) soprattutto nell'ambito *live* dove c'è bisogno di isolare le sorgenti ed evitare il rischio di *feedback*.

Ancora dall'*Unità 2*, sappiamo che i microfoni a condensatore sono più delicati e costosi dei dinamici, e sopportano difficilmente dinamiche forti. A differenza dei microfoni dinamici, i microfoni a condensatore hanno una migliore risposta ai transienti (più veloce) e una **risposta in frequenza** più lineare, (ossia più fedele alla realtà). Questa tipologia di microfono necessita di un'alimentazione esterna (pari a 48 V), anche detta *phantom* (*fantasma*), in quanto viaggia "inosservata" sul cavo microfonico, senza causare alcun disturbo al segnale audio. I microfoni a condensatore possono essere utilizzati per la voce o per strumenti a corda o i legni.

I microfoni a nastro sono i più costosi e delicati di tutti; hanno un'eccellente risposta alle alte frequenze, ma a causa delle caratteristiche costruttive risultano inadatti a supportare dinamiche forti. Possono essere utilizzati per voci con dinamica poco elevata (es. voce bianca) e strumenti a corda.

- La **risposta ai transienti** è il tempo che richiede un dispositivo per rispondere ad un impulso (sia esso elettrico, nel caso dell'altoparlante, o sonoro nel caso del microfono)
- La **risposta in frequenza** misura in che modo un dispositivo restituisce in uscita lo spettro di un segnale in entrata. La risposta in frequenza di una cuffia o di un altoparlante ci dice con che grado di fedeltà questi dispositivi restituiscono in uscita il segnale audio in ingresso. Per esempio, alcuni dispositivi, per le proprie caratteristiche costruttive, possono alterare, in gergo "colorare", il segnale in ingresso restituendo un suono in cui sono state esaltate o, viceversa, attenuate alcune frequenze.

6.A2 TECNICHE DI RIPRESA MICROFONICA DI BASE

Adesso vediamo invece come posizionare i microfoni in base alla loro figura polare e alle condizioni di ripresa.
In ambito live e di studio, le principali tecniche di ripresa sono:

- Ripresa ravvicinata
- Ripresa distanziata

Ripresa ravvicinata

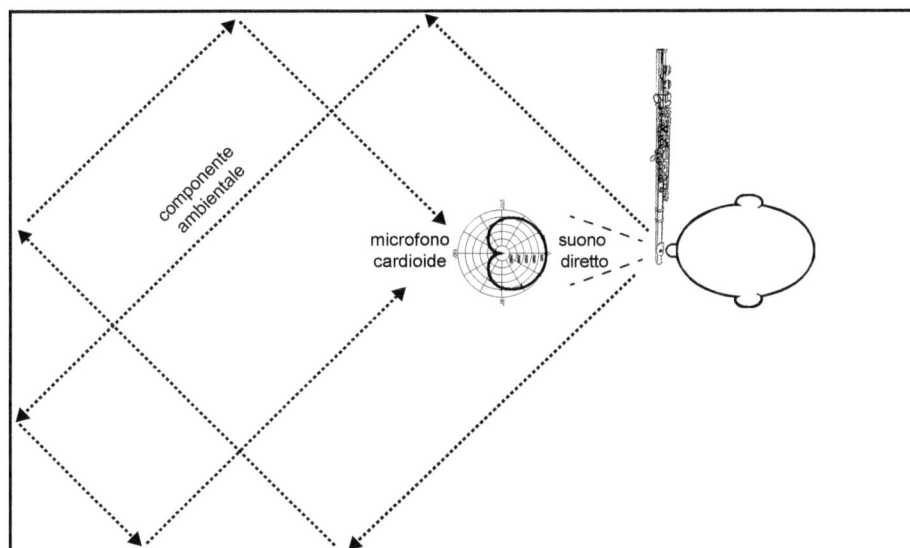

fig. 6.10: tecnica di ripresa ravvicinata

Tipologia: microfono dinamico, microfono a condensatore o microfono a nastro (in base alla fonte sonora da riprendere)
Figura polare: Cardioide

Descrizione: questa tecnica prevede l'uso di un solo microfono posto a una distanza ravvicinata dalla fonte sonora, al fine di ottenere un suono quanto più "pulito" possibile, ossia privo della componente ambientale.

Posizionamento: il microfono viene generalmente posizionato a una distanza di circa 15-20 cm dalla fonte, di fronte la zona di massima emissione sonora (es. la buca della chitarra o la bocca nel caso della voce). È tuttavia possibile modificare angolazione e posizione del microfono rispetto alla fonte per ottenere differenti sonorità.

Utilizzo: questa tecnica è spesso utilizzata in studio per la ripresa di un singolo strumento, al fine di ottenere una sonorità più "pulita" e "focalizzata" possibile, ma in qualche modo meno naturale. Non dimenticate infatti che nella realtà non sarebbe possibile ascoltare un suono privato della componente ambientale.
Un ulteriore utilizzo di questa tecnica consiste nell'accentuare la presenza di un determinato strumento (es. un solista) in un ensemble ripreso con una tecnica *distanziata*.
In ambito live, questa tecnica è utilizzata al fine di evitare rientri indesiderati e soprattutto scongiurare l'effetto Larsen.

Ripresa Distanziata

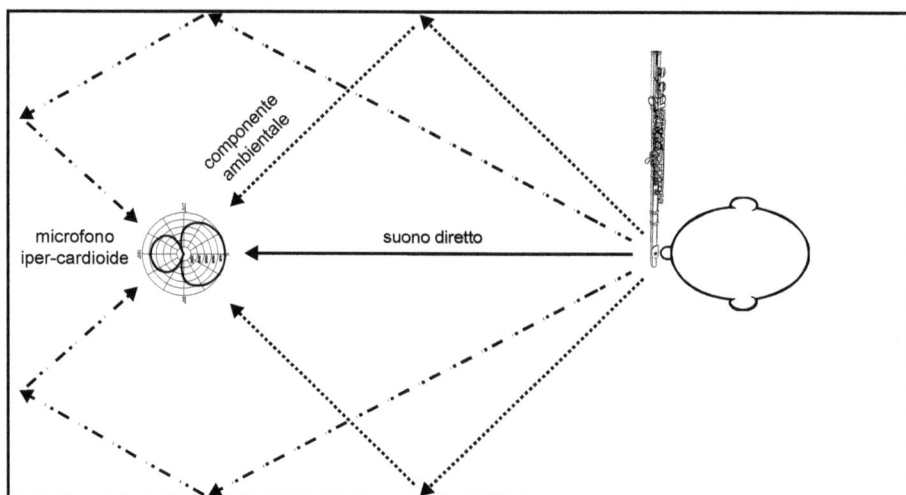

fig. 6.11: tecnica di ripresa distanziata

Tipologia: Condensatore
Figura polare: differenti figure polari (a seconda delle condizioni di ripresa)

Descrizione: questa tecnica di ripresa, a differenza della ripresa ravvicinata, ha lo scopo di riprendere contemporaneamente la fonte e la componente ambientale.

Posizionamento: il microfono è posizionato ad una distanza non inferiore al metro. La distanza può variare in base alla dinamica prodotta dalla sorgente. Se la dinamica è molto forte potrebbe essere necessario aumentare la distanza tra microfono e fonte.

Utilizzo: questa tecnica è utilizzata nei casi in cui si voglia riprendere anche la componente ambientale oltre che la sorgente sonora.
In studio, ad esempio, viene spesso utilizzata per riprendere la componente ambientale da sommare ad una ripresa ravvicinata, al fine di ottenere una sonorità naturale e più fedele all'ambiente in cui è stata effettuata la ripresa.

6.A3 IL SOUNDSCAPE

Per *soundscape* (letteralmente "paesaggio sonoro") si intende l'impronta acustica di un determinato luogo, cioè l'insieme di tutte le componenti sonore che lo caratterizzano.

In ambito musicale, con il termine *soundscape* si intende un documento sonoro che si prefigge lo scopo di registrare il contenuto acustico di un dato ambiente in un particolare lasso di tempo.

L'attività di documentazione sonora del paesaggio sonoro è stata avviata in Canada dal gruppo di ricerca del WSP (*World Soundscape Project*), con l'intento di preservare la memoria dei suoni di un determinato luogo, il cui paesaggio sonoro è in continuo mutamento a causa dell'inquinamento acustico.

Il termine può riferirsi sia alla registrazione acustica di ambienti reali sia all'emulazione musicale o elettronica di un paesaggio sonoro.

La *soundscape composition*, invece, utilizza i suoni del paesaggio sonoro riorganizzandoli in maniera creativa. Questo particolare genere di musica nasce ad opera di alcuni compositori (es. Murray Schafer, Truax, Westerkamp) impegnati nel campo della ecologia acustica.

L'**ecologia acustica** o **ecologia del paesaggio sonoro** studia la relazione fra un ambiente acustico e coloro che vi sono immersi, considerando gli effetti di questi suoni sulle persone. L'obiettivo principale è quello di rilevare gli squilibri provocati su un individuo dall'ambiente sonoro ostile o insano che lo circonda.

La creazione, miglioramento o modellizzazione di qualsiasi ambiente sonoro viene definito **soundscape design**.

Passeggiata sonora

La **passeggiata sonora** o **soundwalk** è un'attività nella quale uno o più individui rivolgono la propria attenzione ai dettagli acustici di un determinato paesaggio sonoro. Essa viene svolta, di solito, stabilendo un itinerario da percorrere a piedi e può prevedere o meno la registrazione del materiale acustico. Questo tipo di attività ha come scopo primario quello di sensibilizzare le persone alla qualità dell'ambiente acustico, permettendo inoltre di sviluppare una maggiore capacità di ascolto. Le passeggiate sonore possono essere condotte anche nei luoghi in cui viviamo quotidianamente poiché, proprio grazie alla totale immedesimazione nel senso dell'udito, possiamo scoprire elementi sonori ai quali non avevamo mai prestato attenzione. Il paesaggio sonoro eventualmente registrato può essere impiegato successivamente nella composizione di paesaggi sonori personalizzati.

Grazie alla passeggiata sonora possiamo sviluppare una maggiore consapevolezza del mondo acustico che ci circonda e delle relazioni che esso intrattiene con le nostre vite.

6.A4 CONVERSIONE A/D E D/A

Nell'*Unità 4* abbiamo parlato di frequenza di campionamento (*sample rate*) e risoluzione in bit (*bit depth*). Questi due parametri giocano un ruolo fondamentale nella conversione analogico-digitale, in quanto definiscono la qualità del materiale audio con cui lavoriamo.
Abbiamo già definito i termini analogico e digitale. Vediamo adesso come questi due concetti si applicano al nostro campo, quello dell'audio.
Un segnale audio analogico è un segnale elettrico la cui tensione varia in maniera analoga all'onda sonora che esso rappresenta[12]. Un segnale audio digitale è un segnale elettrico che alterna solo due stati di tensione (acceso/spento) che vengono interpretati dal dispositivo digitale sotto forma di sequenza di 0 e 1.

Abbiamo accennato alla necessità di convertire i suoni nel linguaggio digitale affinché il nostro computer possa immagazzinarli al suo interno e permetterci di lavorare con essi. Ma come entrano i suoni nel computer e negli altri strumenti digitali? Come avviene il passaggio dal dominio digitale al dominio analogico e viceversa? E infine, come vengono salvati i dati in memoria?

Il processo di trasformazione di un suono in una sequenza di numeri si chiama conversione analogico/digitale (A/D). La prima fase di questo processo consiste nel misurare la tensione elettrica del segnale analogico in ingresso ad intervalli di tempo regolari. In altre parole, possiamo impostare un lasso di tempo, trascorso il quale il convertitore misura il voltaggio del segnale elettrico in quell'istante, come se scattasse una foto. Più breve è quel lasso di tempo, minore è il tempo che trascorre tra uno "scatto" e l'altro, e maggiore sarà l'accuratezza della rappresentazione del segnale da convertire in digitale.
È un po' come scattare, a intervalli di tempo regolari, una serie di fotografie a una persona che sta correndo: se riguardandole in serie vogliamo avere l'idea del movimento fluido della corsa, dobbiamo scattare parecchie foto al secondo, altrimenti i movimenti risulteranno frammentati e poco naturali.
In fondo è proprio così che è concepita una pellicola cinematografica: una sequenza di foto scattate velocemente che ci restituiscono il senso del movimento quando vengono proiettate.
Il numero di "fotografie" fatte al segnale in un secondo viene detto frequenza di campionamento o, in inglese, *sample rate*.
Il termine "campionamento" ci indica il fatto che vengono misurate le variazioni di ampiezza di un segnale a istanti regolari cioè con una data frequenza (misurata in Hertz) che possiamo impostare noi utenti.

---

[12] Vedi *Appendice 2.A2 - Il suono attraverso i cavi*

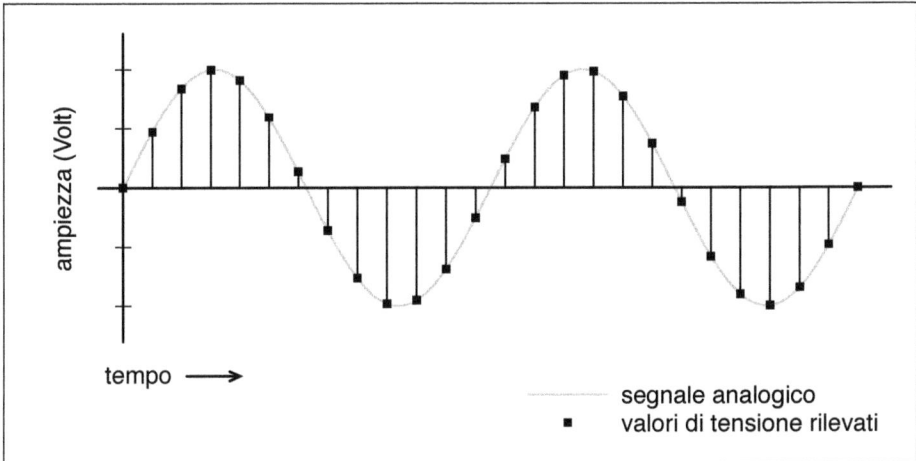

fig. 6.12: sinusoide dopo il campionamento

Su che valore va impostata questa frequenza di campionamento?
È stato stabilito che per una corretta conversione del segnale da analogico
a digitale *la frequenza di campionamento deve essere impostata a un valore
che sia almeno il doppio della più alta frequenza che si vuole campionare*[13].
Nel caso dell'audio, la più alta frequenza che vogliamo campionare è la frequenza più alta udibile dall'orecchio umano che, come abbiamo visto nelle
precedenti unità, è di circa 20.000 Hertz. Per questa ragione, ad esempio,
la frequenza di campionamento utilizzata per i Cd audio è di 44.100 Hz. Il
motivo di ciò è che se vogliamo rappresentare un ciclo di un'onda, dobbiamo
disporre di almeno due campioni per rappresentarne il movimento oscillatorio. Di conseguenza, se vogliamo campionare una frequenza di 20.000 Hz,
abbiamo bisogno di un *sample rate* di almeno 40.000 campioni al secondo
(40.000 Hz).

Al termine di questo primo procedimento ci troviamo però ancora in presenza di un segnale analogico di cui sono stati misurati i valori di voltaggio. Il
vero passaggio al dominio digitale avviene solo nella fase successiva, detta
quantizzazione.

Come è stato detto in precedenza, passare da analogico a digitale implica il
fatto di entrare in un dominio numerico finito.
Nella fase di quantizzazione, ognuno dei voltaggi misurati nel passaggio precedente viene approssimato al valore discreto più vicino tra quelli disponibili.
Il valore di ampiezza viene scelto da una gamma di valori finiti ed è espresso
da una sequenza di numeri binari, (vedi *Unità 3*), di solito con una lunghezza di 16 bit, che può rappresentare solo valori interi compresi tra -32768 e

---

13 Il teorema che lo stabilisce è detto "Teorema di Nyquist" dal cognome dello scienziato che
lo ha enunciato.

+32767, per un totale di 65536 valori di ampiezza disponibili[14]. Il numero di valori disponibili viene definito da un parametro detto risoluzione in bit o in inglese *bit depth* ("profondità in bit")[15]. Il procedimento appena descritto segna definitivamente il passaggio da analogico a digitale.

Per capire meglio il concetto di approssimazione si può pensare a quello che quotidianamente succede con le scarpe o i vestiti che indossiamo. La lunghezza del piede, ad esempio, determina il numero di scarpe che sceglieremo in negozio. Una persona con un piede che misura 26,12 cm e un'altra con un piede di lunghezza pari a 26,24 cm saranno entrambi costretti a comprare una scarpa numero 42. Anche se le due misure sono diverse, vengono fatte ricadere nel valore simile più vicino possibile. Questo avviene perché le grandi industrie non possono fabbricare scarpe con infiniti numeri corrispondenti all'effettiva lunghezza del piede di ognuno di noi. Per questo motivo, si opera un'approssimazione impiegando una gamma finita di valori; nel caso del nostro esempio, le taglie delle scarpe. In questo caso, potremmo dire che la scarpa artigianale confezionata sulla misura esatta del nostro piede corrisponde al segnale analogico (in quanto ne riproduce esattamente la forma e la lunghezza), mentre la scarpa comprata in un negozio è un po' l'equivalente del segnale digitale.

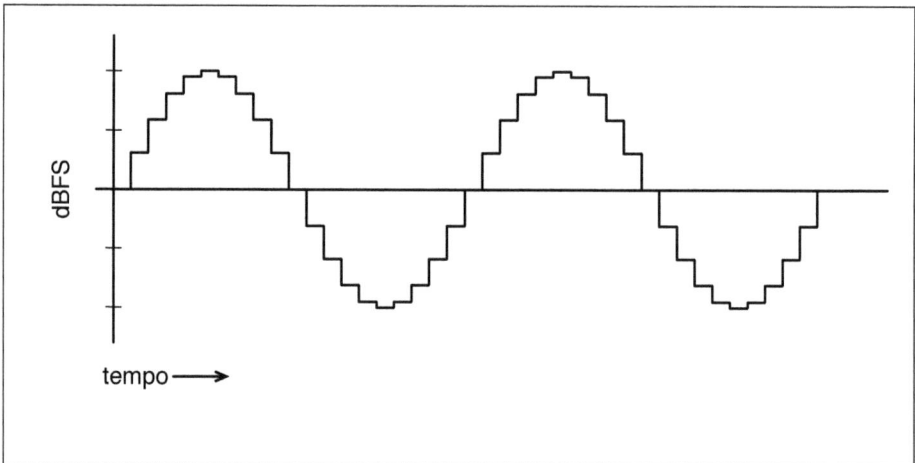

fig. 6.13: sinusoide dopo la quantizzazione

---

[14] Da dove scaturisce questo numero di 65536 valori di ampiezza disponibili? Il calcolo è presto fatto: basta fare 2^{16}. La *base* 2 è il numero di cifre del sistema binario (0 e 1); l'*esponente*, 16, è la lunghezza della sequenza numerica di 0 e 1 che definisce il valore dell'ampiezza del segnale. 65536 sarà quindi il numero delle diverse possibili combinazioni di 0 e 1 che compongono la sequenza binaria di 16 cifre. E se la codifica fosse a 24 bit? In questo caso il numero di possibili combinazioni sarebbe ben più alto, 1.677.216, cioè 2^{24}.

[15] Per approfondimenti sul *bit depth* vedi *Appendice 4.A2*

Ogni bit corrisponde a 6 dB di dinamica per il segnale campionato. Campionando un segnale a 16 bit potremo disporre di 96 dB di dinamica, con i quali sarà possibile esprimere in maniera soddisfacente l'intera gamma dinamica di un'orchestra classica, dal pianissimo al fortissimo. Attualmente, soprattutto in fase di registrazione, si opta per un valore di risoluzione pari a 24 bit che permette di avere una maggiore gamma dinamica equivalente a ben 144 dB.

Cosa succede se un segnale ha una ampiezza troppo alta o troppo bassa? Nel dominio digitale il nostro segnale può muoversi dentro la dinamica consentita dai bit di risoluzione offerti dal convertitore, ma non può mai superare la soglia di **0 dBFS** (*full scale* cioè "fondo scala"). Questa specie di tetto è una soglia invalicabile che il segnale non deve mai superare con la sua ampiezza (volume). Se ciò accade, la nostra forma d'onda si deforma, schiacciandosi e restituendoci un suono aspro e sgradevole all'ascolto.

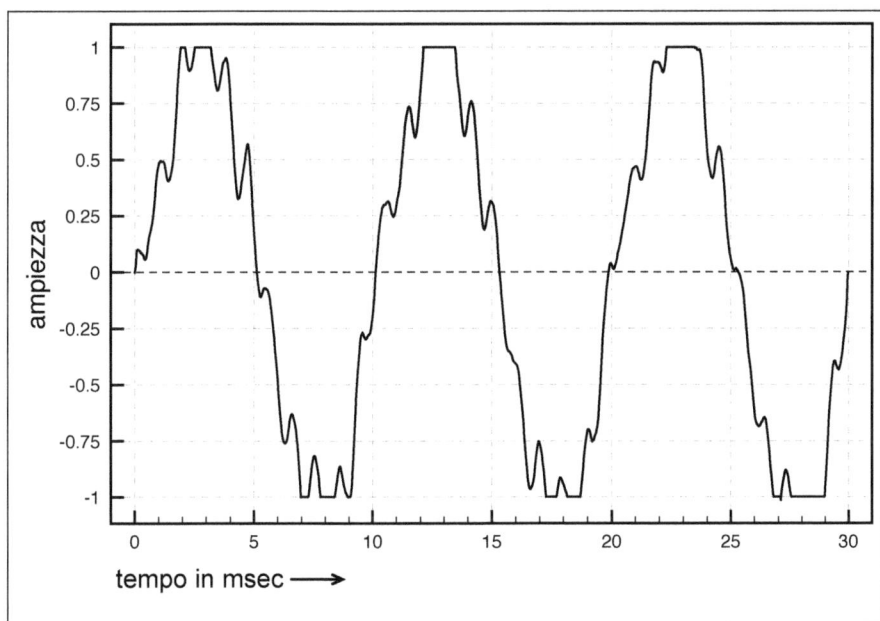

fig. 6.14: onda "tagliata" a causa del superamento della soglia di 0 dBFS

Un altro "pericolo" che minaccia la qualità del nostro segnale digitale si manifesta più chiaramente nel campionamento di parti di segnale che hanno ampiezze più basse. Infatti, in questo caso, viene prodotto un suono indesiderato che va a sommarsi al segnale originale detto **rumore di quantizzazione**. Tale suono è causato dall'errore di quantizzazione, cioè dall'errore che viene generato quando i valori infiniti del segnale analogico vengono approssimati a valori numerici finiti. Per ridurre tale errore - e di conseguenza il rumore di quantizzazione - basta campionare un suono con un bit depth maggiore.

La terza fase del processo di campionamento è la **memorizzazione**, ovvero il salvataggio in memoria del suono campionato. Ma se come abbiamo detto qualità e quantità di spazio occupato in memoria sono inversamente proporzionali, quanto occuperà in memoria un suono campionato con una frequenza di 44.100Hz e 16 bit di risoluzione? Un minuto di audio stereo (2 canali, destro e sinistro) campionato a 44.100 Hz e 16 bit occupa all'incirca 10 Megabyte. Un cd audio con una capienza di 747 MB è in grado di ospitare al suo interno circa 74 minuti di musica in stereofonia (vedi *Appendice 4.A4 - Formati dei file e relative estensioni*).

Conversione D/A

Ogni volta che vogliamo riascoltare un suono campionato, questo dovrà fare a ritroso il percorso appena descritto. Il suono viene letto dalla memoria e indirizzato ad un altro convertitore chiamato **D/A** (Digitale/Analogico) che riconvertirà il dato numerico in segnale elettrico, in modo da poter indirizzare quest'ultimo agli altoparlanti ed essere da questi finalmente trasdotto in un'onda sonora udibile dalle nostre orecchie.

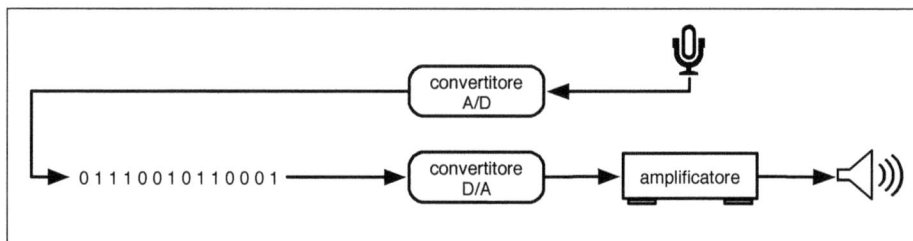

fig. 6.15: conversione analogico-digitale e digitale-analogico

I processi di conversione A/D e D/A vengono svolti da dispositivi detti convertitori: l'ADC (*Analog to Digital Converter*) e il DAC (*Digital to Analog Converter*). Nella maggior parte dei casi, i convertitori sono incorporati nelle schede audio, come avviene per altri componenti come i preamplificatori microfonici. Nel campo audio professionale si utilizzano invece convertitori *stand-alone,* cioè dispositivi hardware a sé stanti che svolgono esclusivamente questa operazione, garantendo un elevato livello qualitativo nella conversione del segnale.

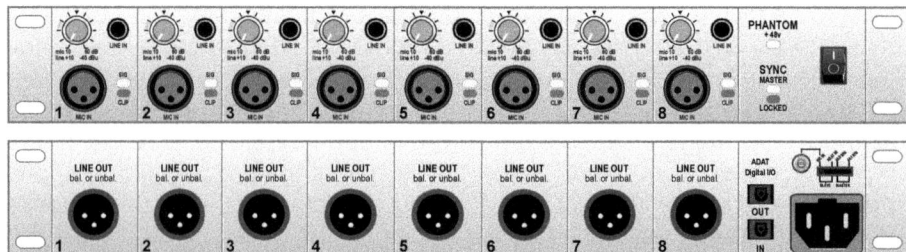

fig. 6.16: convertitori a rack A/D e D/A (fronte e retro)

6.A5 LIVELLI DI REGISTRAZIONE E dBFS

Nell'*Appendice 2.A4* abbiamo visto come regolare il livello di un segnale in ingresso sul mixer analogico utilizzando il *Peak meter*, i cui valori sono rappresentati in VU. In quell'occasione avevamo fatto attenzione a non superare il valore 0 sul *meter* per evitare la distorsione del segnale.

Per regolare invece il segnale in fase di registrazione su un dispositivo digitale, dovremo utilizzare una scala differente. I valori di questa scala sono espressi in dBFS (Full Scale). I **dBFS** misurano l'ampiezza del segnale nei sistemi digitali. Il valore massimo di ampiezza possibile nel dominio digitale è *0 dBFS*.

Dato che la soglia di 0 dBFS rappresenta il limite invalicabile nel dominio digitale, tutti i valori di ampiezza consentiti sono espressi tramite valori negativi, inferiori a 0, dove -∞ dBFS (meno infinito) corrisponde al silenzio assoluto.

Quando il livello d'ingresso supera la soglia di 0 dBFS, si verifica il **clipping**. Nel *clipping*, le porzioni di suono che superano questa soglia vengono troncate, provocando uno schiacciamento della forma d'onda originale. Questo schiacciamento si traduce in una distorsione digitale che risulta particolarmente aspra e sgradevole all'ascolto.

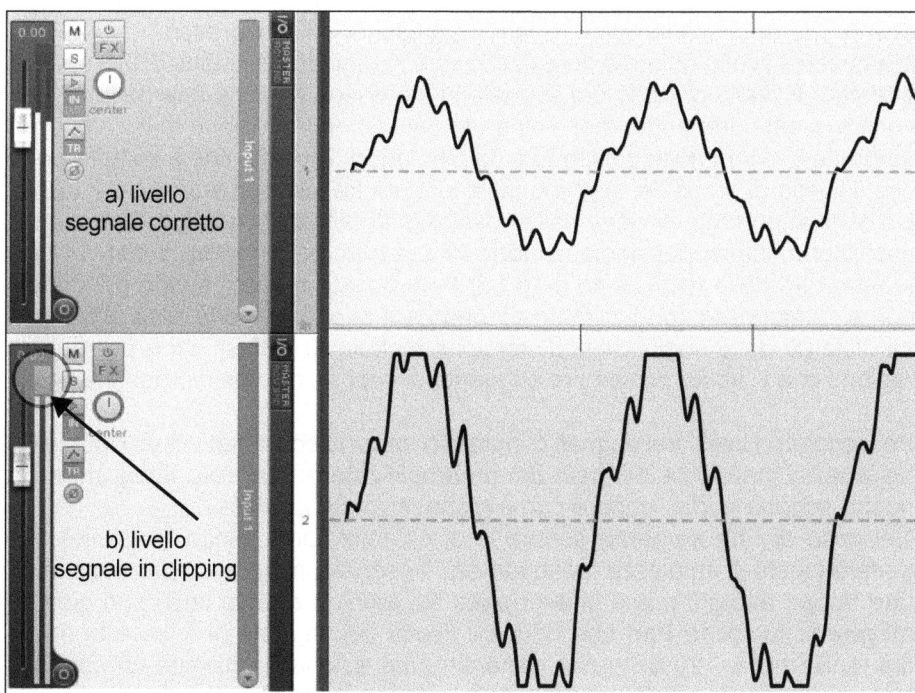

Fig. 6.17: a) Livello di registrazione corretto e relativa forma d'onda
b) livello di registrazione scorretto

Sui *meter* dei canali all'interno di una DAW, il *clipping* è segnalato da una spia di colore rosso che si trova a fine corsa del *meter* stesso e che si illumina nel caso in cui il segnale raggiunga questa soglia.

Quindi per evitare problemi basta registrare il suono stando più bassi possibile col *gain*? Purtroppo le cose non stanno così. Il *clipping* infatti non è l'unico elemento da tenere presente se vogliamo garantire la qualità dell'audio acquisito. Oltre ai picchi di ampiezza massima, è necessario prestare attenzione anche ai momenti in cui il segnale ha ampiezza minore poiché queste zone possono essere coperte dal rumore di fondo, tipico dei dispositivi elettronici. Per questo motivo, bisogna regolare il segnale in modo che le zone con ampiezza minore abbiano, se possibile, un'ampiezza maggiore rispetto al rumore di fondo, mentre quelle con ampiezza maggiore non superino la soglia del *clipping*, cioè 0 dBFS. Il rapporto tra questa soglia (0 dBFS) e il rumore di fondo viene detto **Signal to Noise Ratio** (SNR), ed è una caratteristica che varia a seconda della qualità del dispositivo. La differenza che c'è tra il suono con ampiezza maggiore e quello con ampiezza minore viene invece definita **range dinamico** (o **gamma dinamica**). Dunque, SNR e *range* dinamico sono i due elementi da tenere presenti quando regoliamo il livello di ingresso in fase di registrazione. Se la sorgente sonora che intendiamo registrare è dotata di una gamma dinamica poco ampia, possiamo mantenere più alti i livelli, cioè più in prossimità della soglia di 0 dBFS senza il rischio di "clippare"; in questo modo staremo lontani dal rumore di fondo. Se invece ciò che intendiamo registrare ha un'ampia escursione dinamica, dovremmo necessariamente tenere più bassi i livelli d'ingresso.

Ma qual è il livello ottimale di registrazione in digitale? A quanti dBFS si deve attestare il livello di picco del segnale in ingresso? Non c'è una risposta univoca a questa domanda, molto dipende dal tipo di produzione musicale, dalla sorgente che stiamo acquisendo e da altri fattori. Diciamo che è sempre bene che il livello di picco del segnale sulla singola traccia non superi i -12 dBFS. Un aiuto importante ci viene dalla possibilità di registrare a 24 bit. Con questa risoluzione, infatti, possiamo disporre di una gamma dinamica di ben 144 dB (contro i 96 della risoluzione a 16 bit)[16]. In questo modo il suono più debole non si confonderà con il rumore di fondo e il suono più forte sarà abbastanza distante dalla soglia della distorsione digitale (0 dBFS). Ed è per questa ragione che vi abbiamo sempre suggerito di impostare i vostri progetti a 24 bit.

Per regolare i livelli dei segnali d'ingresso, proprio come nel mixer, dobbiamo agire sulla manopola del *gain* del preamplificatore (sia esso integrato nella nostra scheda audio, oppure come dispositivo *stand-alone*).
Nel caso di una sorgente sonora o di un microfono (molto sensibile) che genera picchi di ampiezza molto elevati, il segnale in ingresso potrebbe risultare troppo alto già prima di aver agito sul *gain*. In questo caso può giovare attivare la funzione **Pad** che riduce il livello del segnale di una certa quantità (solitamente -20 dB) ed è generalmente azionabile tramite un apposito tastino. Un tipico esempio di situazione in cui potrebbe essere necessario attivare il Pad, è quando si registrano delle percussioni con dei microfoni a condensatore. Ciò nonostante alcune sorgenti sonore potrebbero produrre un segnale con un livello di intensità maggiore di quello sopportato da alcuni

---

[16] Vi ricordiamo che ogni bit aumenta di 6 dB la gamma dinamica. Vedi 6.A4.

tipi di microfono. In questo caso, dato che sarebbe lo stesso microfono ad andare in distorsione, la funzione *Pad* sarà inutile; sarà quindi necessario utilizzarne un tipo meno sensibile (es. microfono dinamico).

ATTIVITÀ E VERIFICHE

⟦8⟧ IN CLASSE - VERIFICHE INDIVIDUALI

1. Collegamento del microfono e registrazione
   Crea un nuovo progetto audio a 44.100 Hz e 24 bit e inserisci una nuova traccia mono. Ora individua una sorgente sonora da riprendere. Una volta selezionato il microfono più adatto, collegalo alla scheda audio e regola opportunamente il segnale in ingresso. Adesso avvia la registrazione per 30 secondi. Una volta finito, esporta il file audio appena realizzato a 44.100 e 16 bit.

2. Tipi di microfono e tecniche di ripresa microfonica.
   a. Effettua due diverse registrazioni della stessa sorgente sonora utilizzando prima la tecnica di ripresa ravvicinata e poi la tecnica di ripresa distanziata. Esporta le due registrazioni e riascoltale per analizzare le differenze prodotte dalle due tecniche di ripresa .

   b. Effettua due diverse registrazioni della stessa sorgente sonora dalla stessa angolazione utilizzando prima un microfono dinamico e poi un microfono a condensatore. Esporta le due registrazioni e riascoltale per analizzare le differenze prodotte dai due diversi microfoni.

Suggerimenti: utilizzate quanti più microfoni avete a disposizione. Anche microfoni con stesso principio di trasduzione ma con figure polari differenti producono risultati diversi.

IN CLASSE - VERIFICHE DI GRUPPO

1. Registrazione di una performance di gruppo.
   Scegliete 6 diverse fonti sonore da registrare (strumenti musicali e/o oggetti), 6 esecutori e un direttore che si occuperà anche della registrazione. Una volta scelti strumenti ed esecutori, posizionate il microfono secondo la tecnica di ripresa microfonica distanziata. Fate ora un breve *soundcheck* per regolare il segnale in ingresso e se necessario modificate la posizione di strumenti ed esecutori per una ripresa ottimale. Una volta pronti, il direttore avvierà la registrazione e darà il via agli esecutori per l'inizio della performance. Terminata la performance, effettuate il *mixdown* e riascoltate la vostra registrazione.

Suggerimenti: potete basare la vostra performance sull'improvvisazione o, al contrario, pianificarla nei minimi dettagli. In questo caso sarà necessario effettuare delle prove prima di passare alla registrazione della performance vera e propria. Se lo ritenete opportuno, inoltre, potete utilizzare una partitura d'esecuzione.

📖 A CASA - QUESTIONARI DI AUTOVERIFICA

1. A cosa serve la funzione *monitoring* che si trova sulla traccia?

2. A cosa serve il tasto PAD che si trova sulle schede audio?

3. Cosa significa "armare" la traccia?

4. Basandoti sulle esperienze svolte in classe e sugli ascolti fatti, definisci brevemente la *musique concrète*.

5. Basandoti sulle esperienze svolte all'esterno della classe e sugli ascolti fatti, definisci brevemente la *soundscape composition*.

6. Indica pregi e difetti del microfono a nastro e fai un esempio di utilizzo.

7. Indica pregi e difetti del microfono elettrodinamico e fai un esempio di utilizzo.

8. Descrivi le diverse figure polari che conosci.

9. Quando si utilizza un microfono cardioide? Fai un esempio.

10. Quando si utilizza un microfono omni-direzionale? Fai un esempio.

11. Cos'è la risposta in frequenza?

12. Descrivi brevemente le tecniche di ripresa microfonica ravvicinata e distanziata. Indica quando e perché vengono utilizzate.

13. Quali sono le differenze tra un segnale analogico e un segnale digitale?

14. Spiega brevemente il processo di campionamento descrivendo le tre fasi in cui si articola.

15. Cosa succede se viene superata la soglia di 0 dBFS?

16. Cos'è il *clipping*?

17. Cosa devo fare per ridurre il rumore di quantizzazione?

18. Cosa esprime il *Signal to Noise Ratio* (SNR)?

19. Cos'è il *range* dinamico o gamma dinamica?

20. Cosa conviene fare per riprendere una sorgente sonora che genera picchi di ampiezza molto elevati.

UNITÀ 7
LOOP

Argomenti trattati

7.1   LOOP

7.2   CREIAMO LOOP CON I NOSTRI SAMPLE

Appendici

7.A1 FORMATI DEI LOOP

7.A2 CLICK, PRECOUNT E PRE/POST ROLL

PREREQUISITI PER IL CAPITOLO
• Contenuti delle Unità da 1 a 6

OBIETTIVI
Abilità
• Essere in grado di creare *loop* da file audio preesistenti
• Essere in grado di creare *loop* attraverso la registrazione
• Saper creare un composizione musicale con l'utilizzo di *loop*
Conoscenze
• Conoscere i diversi formati dei *loop*
• Comprendere le funzionalità di *click*, *pre-count* e *pre/post roll*

TEMPI
Per un corso biennale di 30+30 settimane: circa 2 settimane (4 ore)

ATTIVITÀ
• Realizzazione di brevi composizioni basate sui *loop*

VERIFICHE
• Questionario di autoverifica
• Produzione di elaborati (progetti audio)

SUSSIDI DIDATTICI DISPONIBILI ONLINE
• Glossario • Scheda risorse didattiche

MATERIALI NECESSARI
• Computer • Scheda audio • Sistema di diffusione • DAW • Microfoni • Cuffie

7.1 LOOP

In senso generale il termine **loop** (in italiano *ciclo*) indica un'azione che dopo essere stata compiuta si ripete.

In musica il *loop* non è altro che la ripetizione ciclica di un evento sonoro o **campione** (in inglese *sample*), cioè di un suono o di una sezione che si reitera ciclicamente nel tempo. Parlare di ripetizione e ciclicità porta necessariamente a parlare di ritmo. Infatti l'utilizzo dei *loop* solitamente riguarda quei generi musicali basati sul ritmo, come ad esempio *pop, hip-hop* o *techno*. In questi generi vengono usate delle brevi cellule (tra una e quattro battute) e su queste cellule ripetute si costruisce spesso l'intero brano. L'utilizzo più comune dei *loop* riguarda frequentemente gli strumenti della sezione ritmica, ovvero batteria e basso. Ma si può lavorare con i *loop* partendo da qualsiasi materiale sonoro.

> • la parola **campione** in questo caso è sinonimo di "suono campionato" ossia registrato

Loopiamo

L'utilizzo dei *loop* è semplice e intuitivo, e permette di creare un brano molto velocemente, partendo da pochi e brevi eventi musicali. Proviamo subito a farlo anche a noi.

Nella cartella relativa a questa unità troverete diversi campioni suddivisi per genere (*funk* e *dance music*) da utilizzare come *loop* e con cui realizzare un breve progetto musicale. Per ogni cartella ci sono campioni di vari strumenti (es. batteria, basso, chitarra, tastiere).

Unità 7 - Audio U7 - Funky Loops
Unità 7 - Audio U7 - Dance Loops

Con questi campioni vi chiediamo di comporre un brano strumentale della durata di massimo 2 minuti.

Quando si crea musica con i *loop* è consigliabile impostare il progetto sulla DAW in modo da poter lavorare con tempo e suddivisione ritmica. Come già fatto nell'*Unità 5* dunque, impostate *bpm* e suddivisione ritmica della sessione in base a quelli dei campioni e attivate la funzione di *snap*.

Ora create una traccia per ogni strumento che volete utilizzare. Nel caso in cui voleste utilizzare batteria, basso, chitarra e tastiera dovrete creare 4 tracce. Ovviamente, nulla vieta per esempio di poter utilizzare due chitarre (una ritmica e una solista per esempio). In quel caso create due tracce di chitarra. Come già spiegato precedentemente è molto utile assegnare un nome alle tracce, così da avere sempre un riferimento visivo e sapere su quale materiale sonoro si sta lavorando (es. per le chitarre: gtr1 e gtr2 o gtr_rythm e gtr_solo).

Per questo progetto vi chiediamo di creare almeno 4 tracce. Una volta create le tracce dovrete importarvi i *sample*. In questa fase potete agire in due modi differenti.

Il primo consiste nell'ascoltare l'anteprima dei file prima dell'importazione, per scegliere con quale *sample* si vuole cominciare a lavorare. Questo metodo in qualche modo implica l'inizio del processo compositivo vero e proprio, in quanto scegliendo e inserendo i *sample* e creando i *loop* di volta in volta, avete già delineato mentalmente a grandi linee una struttura e una forma, sulla quale poter poi intervenire successivamente.

Il secondo metodo invece consiste nell'importare sulle tracce tutti i campioni (in base allo strumento) e ascoltarli all'interno della *edit window*. In questo modo si ha il materiale costantemente a portata di mano, e la struttura e la forma del brano possono derivare da una serie di prove, tentativi ed esperimenti.

Come al solito queste indicazioni sono solo e soltanto dei consigli, perchè non c'è nessuna regola precisa per quanto riguarda l'organizzazione dei propri progetti e delle modalità di lavoro.

Per quanto riguarda i campioni da utilizzare siete liberi di scegliere. Potete lavorare con i *sample* relativi ad un solo genere o mischiarli.

Poichè avete ormai una certa dimestichezza con gli strumenti di *editing*, potreste anche lavorare sugli stessi campioni per crearne delle varianti (potreste ad esempio trasformare l'attacco dal battere al levare o modificare la progressione degli accordi). Nuovi *sample* significano nuovi *loop*.

Quelli che abbiamo utilizzato fino ad adesso in questa unità sono campioni già tagliati a tempo, cioè predisposti per essere eseguiti a *loop*; volendo però, possiamo estrapolare campioni da canzoni o altro materiale audio e tagliarli in modo che siano riproducibili in maniera ciclica. Possiamo ad esempio importare una canzone contenente alcune battute in cui suona solamente la batteria e tagliare precisamente inizio e fine di questa parte in modo che essa venga eseguita perfettamente a tempo una volta messa a loop.

Questa tecnica di creazione dei *loop* è alla base della produzione musicale di molti Dj e produttori di musica *hip-hop* o *house*; in questi generi musicali non è insolito estrapolare parti di canzoni famose per costruirne di nuove.

Per quanto riguarda il montaggio, gli unici comandi che dovrete utilizzare saranno copia e incolla o **duplica**. Il comando duplica ci consente di copiare la clip selezionata un determinato numero di volte (a nostra scelta) e di porre le copie una dopo l'altra sulla traccia. Il comando duplica è selezionabile dal menù di editing della *DAW* o attivabile attraverso lo *shortcut* relativo[1].

Alcune *DAW* consentono di duplicare il *loop* semplicemente estendendo la clip audio: il contenuto viene automaticamente replicato più volte semplicemente attivando l'apposita funzione "loop"[2].

---

[1] Lo *shortcut* relativo al comando duplica può variare in base al software utilizzato. Consultate il manuale operativo del vosto software.

[2] Alcuni software offrono questa funzione come un apposito strumento di *editing* (Pro Tools) mentre altri come una funzione da attivare sulla clip audio prima di estenderla.

Non dimenticate che l'*editing* ed il montaggio non sono gli unici strumenti con cui lavorare. Dinamica e spazializzazione infatti sono altrettanto importanti, dunque prestate sempre attenzione ai volumi delle tracce e alla loro collocazione nello spazio stereo.

La funzione di riproduzione ciclica

Nella *DAW* esiste una funzione molto utile, che può rivelarsi indispensabile lavorando a questo tipo di progetti. Questa funzione prende appunto il nome di *riproduzione ciclica* (o "ciclo" o "repeat" in base al software utilizzato) e permette di riprodurre ciclicamente una selezione. La funzione di riproduzione ciclica si attiva cliccando il tasto specifico, spesso situato sulla *transport bar*[3].

fig. 7.1: tasto di riproduzione ciclica sulla *transport bar* di *Cubase*

Grazie a tale funzione possiamo riascoltare ripetutamente e attentamente una parte specifica di un progetto o un *sample* senza bisogno di premere continuamente *play* e *stop*.

7.2 CREIAMO LOOP CON I NOSTRI SAMPLE

In rete è possibile trovare una grandissima quantità di librerie di campioni da utilizzare come *loop* per i vostri progetti. Ce ne sono per tutti i generi e gusti musicali. Ma perchè non utilizzare i nostri suoni per i *loop*?

Come abbiamo visto, una prima possibilità consiste nell'estrapolare campioni a partire da materiale preesistente attraverso l'*editing*; è possibile ad esempio utilizzare materiale sonoro con scansione ritmica (es.canzoni famose) oppure materiale sonoro privo di ritmo (es.soundscape). Per farvi un'idea più chiara nella cartella *Loop concreti* relativa a questa unità, potete ascoltare alcuni esempi di campioni da utilizzare come *loop*, ricavati da materiale concreto e suoni di *soundscape*.

Unità 7 - Audio U7 - Loop concreti

Ricavare dei *sample* da materiale pre-esistente può risultare un'operazione piuttosto complessa che approfondiremo successivamente.
Una seconda possibilità consiste invece nel registrare nuovi *sample* da utilizzare come *loop*. Ed è quello che andremo a fare ora.

---

[3] Alcuni software chiamano questa funzione "loop" o "ciclo". Per l'attivazione della funzione di riproduzione ciclica consultare il manuale relativo al software utilizzato

Stabilendo una scansione ritmica iniziale del progetto, registreremo delle brevi cellule sonore di lunghezza variabile (1, 2 o 4 battute), utilizzando i suoni della classe, come già fatto nell'*Unità 6*. A differenza dell'unità precedente però vi chiediamo di suonare questi oggetti come veri e propri strumenti musicali e creare delle frasi ritmiche e melodiche in funzione di un futuro progetto compositivo. Per farvi un'idea di ciò di cui stiamo parlando provate ad ascoltare i brani consigliati nella scheda relativa a questa unità. I brani sono stati interamente composti utilizzando oggetti comuni.

Unità 7 - Risorse Didattiche U7 - Musica da oggetti comuni - Ascolti consigliati

Poichè le nostre frasi musicali avranno una lunghezza determinata e saranno basate su una scansione ritmica e metromica ben precisa, oltre ai procedimenti che già conosciamo dovremo necessariamente utilizzare anche alcune nuove funzioni della DAW. Ma vediamo tutti i passi necessari:

- attivate la visualizzazione della griglia in battute e impostare i bpm
- impostate la suddivisione ritmica
- create una traccia mono
- armate la traccia
- stabilire la lunghezza della sezione da registrare sulla timeline (cominciate con 4 battute)
- attivate la funzione di *punch*
- armate la traccia
- attivate il *click*

- Il **click**, presente in tutte le DAW, è l'equivalente virtuale di un metronomo che ci aiuta ad andare a tempo in fase di registrazione.

La funzione di **punch** (su alcuni software *auto-punch* o *punch-in* e *punch-out*) permette di iniziare e interrompere la registrazione esattamente all'inizio e alla fine di una selezione sulla *timeline*. Il cursore di riproduzione non deve partire necessariamente dal punto preciso di inizio selezione. Infatti, una volta che il cursore di riproduzione tocca i punti di inizio e fine selezione, la DAW attiva e interrompe automaticamente la registrazione.
Questo ci permette di riprodurre un certo numero di battute prima della registrazione. Attivando il click e partendo con il cursore di riproduzione prima della selezione (es. una battuta prima), potremo infatti ascoltare il metronomo (e il materiale audio eventualmente presente) prima della registrazione vera e propria, per attaccare a suonare nel punto giusto e a tempo[4].

---

[4] É possibile ottenere lo stesso risultato attraverso la funzione di *pre-roll,* oppure con il *precount* (*countoff*) che ci permette di ascoltare il solo click. Per approfondimenti fate riferimento alla relativa appendice in questa unità.

La funzione di *punch* è attivabile cercando la voce specifica nei menù della DAW (in alcuni software anche direttamente dalla *transport bar*).

fig. 7.2: funzione di *punch* in *Studio One free*

La funzione di click[5] è attivabile quasi sempre sulla *transport bar* o sulla *tool-bar* attraverso il tasto specifico[6].

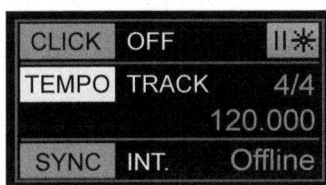

fig. 7.3: funzione di click in *Cubase Ai7*

Create dunque una selezione di 4 battute - lasciando un paio di battute di margine tra l'inizio della *timeline* e l'inizio della selezione per ascoltare il click a vuoto - e attivate click e *punch*.
Indossate le cuffie e armate la traccia. Adesso siete finalmente pronti a registrare.
Registrate tanti *sample* e quanto più diversi possibile. Suonate ritmi, melodie, variate la "strumentazione" e la lunghezza dei *sample*.
Una volta conclusa la fase di acquisizione dobbiamo passare a quella di esportazione. Esportate i *sample* uno alla volta[7]. Ricordate che quando effettuate il *mixdown* di una selezione il software esporta tutto ciò che è compreso in quella selezione. Dunque se state lavorando con più tracce mettete in solo la traccia sulla quale si trova il *sample* che vi interessa. Ricordate inoltre che è molto importante il nome che associate alle clip che esportiate, in modo da poterle sempre riconoscere e ritrovare.

Unità 7 - Risorse Didattiche U7 - Video Tutorial - La funzione di punch

---

[5] Per approfondimenti su *click* e *punch* consultate le appendici a fine unità.

[6] In alcuni software come *Pro Tools* è necessario creare prima una traccia apposita per il click.

[7] Vedi paragrafo sul *mixdown* nell'*Unità 5*.

Adesso si compone

Con i *sample* appena realizzati vi chiediamo ora di creare una breve progetto compositivo (minimo 1 minuto - massimo 2) basato sull'utilizzo dei *loop*, sulla falsa riga degli esempi musicali che vi abbiamo proposto in questo paragrafo. In quegli esempi avete scoperto che è possibile creare un brano musicale basato sul ritmo e sulla melodia senza dover per forza utilizzare i classici strumenti musicali. Provateci anche voi.

Create un nuovo progetto, importate i nuovi *sample* e realizzate i vostri *loop*. Ora non vi resta che divertirvi. Vi diamo qualche suggerimento:

- sovrapponete i *loop* su più tracce per creare intrecci ritmici e melodici
- giocate con i volumi e con il pan
- sperimentate l'utilizzo creativo dei *fade* per modificare l'intro e la fine della composizione o dei *loop* stessi
- affiancate due, tre o più *sample* differenti per realizzate nuovi *loop*

Per quanto riguarda la struttura come al solito la libertà è massima. Fatevi ispirare dal materiale stesso o, se volete, provate ad organizzarlo preventiva-mente, realizzando un breve schema (magari su carta) di quello che pensate possa essere lo sviluppo del pezzo.

Un'ultimo consiglio, ma estremamente importante: non dimenticate che la musica è fatta anche di pause e silenzi.

Appendici

7.A1 FORMATI DEI LOOP

Nel paragrafo 7.2 abbiamo parlato di come realizzare nostri *sample* da utilizzare come *loop* esportandoli semplicemente come normali file audio. In realtà il "mondo dei loop" ha subito un forte sviluppo tecnologico che ha portato alla creazione di file specifici, ottimizzati per la riproduzione e la manipolazione dei *loop*.
I file che precedentemente definivamo *sample* (o campioni), vengono definiti in quest'ultimo caso *loop*. Questo perchè questa tipologia di file è predisposta esclusivamente per la riproduzione ciclica. Negli anni '90 erano molto popo-lari i cd contenenti collezioni di *loop* audio, di diversi strumenti e diversi generi musicali, da caricare nei campionatori. Negli anni successivi, con l'avvento delle DAW, vennero alla luce formati specifici nei quali esportare i *loop*.

Questi formati di file permettono di elaborare i nostri file audio in modo da includere al loro interno informazioni aggiuntive quali ad esempio la velocità metronomica, la durata relativa (in *bars*, *beats* etc.), i punti di inizio e fine del *loop*, l'eventuale tonalità etc.
Queste informazioni ci permettono di adattare il *loop* alle caratteristiche del nostro progetto. I formati più comuni dei *loop* sono i seguenti tre:

1. **ACID files**: i file ACID vengono esportati dalla DAW Sonic Foundry (SONY). Si tratta di file wave dalla tipica estensione *.wav* che però con-tengono informazioni aggiuntive al loro interno quali la velocità metro-nomica (in *beats* e *bars*), il tempo musicale, punti di attacco e la tona-lità. Questo formato non è molto utilizzato a causa del fatto che non è supportato da molti software. Non esistono attualmente editor gratuiti per creare *loop* ACID e l'unico editor esistente è solo per Windows.
2. **ReCycle (REX)**: i file REX (estensione *.rex* e *.rx2*) vengono esportati dal software ReCycle della software house svedese Propellerheads. I file REX hanno la caratteristica di essere "affettati" (*slicing*) in tante piccole porzioni che cominciano nei punti di attacco della forma d'onda. Questa operazione di riduzione del file audio in "fettine" (*slices*), unita alle informazioni circa la durata relativa, la velocità metronomica e la tonalità, ci aiuta ad adattare il *loop* a qualsiasi impostazione bpm del nostro progetto. Questo formato ci offre anche la possibilità di interventi creativi, permettendoci di elaborare singolarmente ogni *slice* del *loop*. I file REX possono essere usati all'interno di diversi software quali Cubase/Nuendo, Ableton Live, Pro Tools etc. Purtroppo, sebbene siano diversi i software in grado di aprire un file REX, non esistono *editor freeware* per crearne uno, occorre necessariamente acquistare ReCycle se si vogliono creare file di questo tipo.
3. **Apple Loops**: si tratta di un formato recente (con estensione .caf) creato dalla Apple per essere usato nei software GarageBand e Logic. Gli *Apple Loops* possono essere creati attraverso l'*Apple Loops Utility*.

Come gli altri formati, offrono dati aggiuntivi che permettono al *loop* di essere adattato con facilità a qualsiasi progetto. A differenza degli altri formati, gli *Apple Loops* includono una serie di informazioni che descrivono il genere musicale del *loop*, lo stile, il tipo di scala musicale usata e altri aggettivi che aiutano a catalogare e trovare il *loop* adatto al nostro progetto. Questo formato di *loop* non è molto supportato al di fuori dei software Apple.

7.A2 CLICK, PRECOUNT E PRE/POST ROLL

Come abbiamo visto nel corso di questa unità, la funzione di click ci offre una sorta di metronomo virtuale integrato nella nostra DAW a cui possiamo far riferimento in fase di registrazione o di *editing* del suono. Come con un metronomo vero, è possibile regolare il bpm (la velocità metronomica) e il tempo musicale (4/4, 7/8 etc.) affinchè vengano scanditi acusticamente i tempi forti e i deboli. Su alcune DAW possiamo inoltre decidere a quale uscita fisica indirizzare il suono del click, scegliere un suono personalizzato e decidere intonazione e livello degli accenti forti e deboli.
La maggior parte delle DAW permette inoltre di scrivere nel progetto variazioni di velocità metronomica (ottenendo anche effetti come l'accelerando e rallentando) e cambi di tempo (ad esempio una battuta in 4/4, la successiva in 6/8 e così via).
Un'altra funzione del click, utile in fase di registrazione, è il **precount** (o **count off**). Questa funzione ci da la possibilità di ascoltare una o due battute a vuoto[8] (scandite dal suono del click) prima che la DAW inizi la registrazione.
Pertanto, tramite la funzione *precount*, possiamo avviare la registrazione lasciando il cursore proprio all'inizio della battuta nella quale vogliamo registrare, senza avviare la riproduzione qualche battuta prima.

Count Off	2 bars
Meter	4/4
Tempo ♩	120.0000

fig. 7.4: La funzione di *Countoff* (*precount*) sulla *Transport bar* di *Pro Tools 10*

---

[8] Alcune *DAW* consentono di regolare la quantità di battute di *precount*.

Una funzione simile a quella del *precount* è quella del **pre-roll**. Questa funzione, analogamente a come fatto in fase di registrazione nel paragrafo 7.2, ci permette di mandare in riproduzione la DAW per un determinato intervallo di tempo prima della registrazione. A differenza del *pre-count*, il *pre-roll* consente di ascoltare oltre al click (se attivato) tutto il materiale audio presente prima dell'intervallo da registrare.

Il **post-roll**, invece, è una funzione che permette di continuare la riproduzione dopo un intervallo di selezione. Alcuni software consentono l'utilizzo di questa funzione solo in modalità di registrazione e solo con la funzione *punch* attivata.

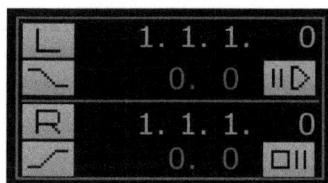

fig. 7.5: La funzione di *pre-roll* e *post-roll* in *Nuendo*

Le funzioni di *pre-roll* e *post-roll* sono un retaggio della modalità di registrazione su nastro. Il *pre-roll*, ad esempio, veniva usato per far raggiungere al nastro una velocità costante prima di iniziare la registrazione. Il *post-roll*, invece, serviva a lasciare un margine ulteriore dopo il punto in cui veniva interrotta la registrazione per consentire eventuali *editing* successivi. Il *pre-roll* viene sfruttato ancora oggi quando si lavora con macchine esterne che hanno bisogno di un piccolo lasso di tempo per sincronizzarsi fra loro all'avvio della registrazione.

Unità 7 - Risorse Didattiche U7 - Video Tutorial - Click e Precount
Unità 7 - Risorse Didattiche U7 - Video Tutorial - Pre-roll e Post-roll

ATTIVITÀ E VERIFICHE

⟨8⟩ IN CLASSE - VERIFICHE INDIVIDUALI

1. Comporre un brano strumentale della durata di massimo 2 minuti utilizzando i *loop* presenti nella cartella relativa a questa unità o altri *loop* liberamente scaricati da internet

2. Comporre un brano strumentale della durata massima di 5 minuti basato sui *loop* estrapolando campioni da canzoni tagliando opportunamente inizio e fine della parte da voi scelta.

3. Creazione di *loop* ritmici da materiale non ritmico.
Scegli del materiale sonoro privo di scansione ritmica (almeno 3 file), come ad esempio musica elettroacustica, *soundscape* o materiale concreto. Puoi prendere i file dalla tua libreria musicale personale o utilizzare quelli presenti nella cartella Audio di questa o altre unità. Da ognuno dei file scelti realizza almeno 2 *loop*.

Suggerimenti: poichè il materiale iniziale è privo di scansione ritmica, per stabilire la lunghezza del *loop* non fate riferimento alla griglia bensì al contenuto del materiale stesso (prendete come riferimento i file presenti nella cartella *Loop concreti*). Prima di tagliare e creare il *loop* vero e proprio, potete verificare se il vostro *loop* funziona selezionando la parte interessata e attivando la riproduzione ciclica.

---

4. Creazione di loop attraverso la registrazione.
Scegli quattro fonti sonore da registrare (strumenti musicali o oggetti).
Per ogni fonte sonora realizza i seguenti loop:
- 2 loop di 1 battute in 4/4 a 120 bpm
- 2 loop di 2 battute in 3/4 a 80 bpm
- 2 loop 1 battuta in 2/4 a 140 bpm
- 2 loop di 4 battute in 6/8 a 100 bpm

Suggerimenti: una volta finita la creazione dei *loop* esportali e salvali in una cartella dedicata per poterli riutilizzare per progetti futuri. Non dimenticare di nominare i file quanto più accuratamente possibile per trovarli con facilità e sapere sempre di cosa si tratta.

IN CLASSE - VERIFICHE DI GRUPPO

1. Performance di gruppo. (6 studenti, 2 al mixer, 4 ai computer)
    Organizzate una performance di gruppo con la laptop orchestra basata
    sull'improvvisazione e sull'utilizzo dei *loop*.
    a. Ogni esecutore sceglie 2 *loop* da utilizzare. È importante che tutti i
        loop abbiano stesso bpm (ma possono avere differente scansione
        ritmica). Potete utilizzare i *loop* già forniti da noi per le attività di
        questa unità oppure usarne di nuovi (magari creati da voi in pre-
        cedenza). Utilizzate una traccia per ogni *loop* e sistemate i *loop*
        esattamente ad inizio *timeline*. In questo modo, durante la perfor-
        mance, avrete la possibilità di suonare i *loop* contemporaneamente
        o uno alla volta utilizzando il comando di *mute*. Uno degli esecutori
        attiva il *count off* (o *pre count*) di 2 battute. Finito il *count off* tutti gli
        esecutori cominciano a suonare. È importante che tutti attacchino
        a tempo per evitare sfasamenti ritmici. Durante la performance gli
        esecutori dovranno anche fare attenzione alle indicazioni dei registi
        del suono.

    b. I registi del suono dovranno dosare opportunamente i volumi, agire
        sull'EQ e sulla disposizione dei suoni nello spazio stereofonico,
        dare le opportune indicazioni agli altri esecutori. Potete basare la
        vostra performance su una partitura d'esecuzione oppure sull'im-
        provvisazione.

Suggerimenti: lo sfasamento ritmico nel quale potreste incorrere non
attaccando perfettamente a tempo potrebbe non rivelarsi necessariamente
una cosa negativa. Anzi, potrebbe addirittura risultare interessante
creando delle affascinanti poliritmie.

▤ A CASA - QUESTIONARI DI AUTOVERIFICA

1. Che cos'è un *loop*?

2. A cosa serve la funzione di *punch*?

3. Quali parametri della funzione *click* della DAW posso configurare?

4. Qual è la differenza tra le funzioni di *precount* (o *count off*) e *pre-roll*?

UNITÀ 8
TRASFORMARE IL SUONO

Argomenti trattati

8.1 ELABORAZIONE DEL SUONO NEL MIXER

8.2 ELABORAZIONE DEL SUONO NELLA DAW

8.3 ELABORAZIONI ESTREME!

Appendici

8.A1 ACUSTICA E PSICOACUSTICA V

8.A2 IL RIVERBERO

8.A3 Il DELAY

8.A4 I DIVERSI FORMATI DI PLUG-IN

PREREQUISITI PER IL CAPITOLO
- Contenuti delle Unità da 1 a 7

OBIETTIVI
Abilità
- Essere in grado di utilizzare il modulo interno di effetti del mixer per l'elaborazione del suono
- Essere in grado di elaborare il suono nella DAW mediante plug-in
- Saper applicare processi di elaborazione *offline*

Conoscenze
- Comprendere il percorso del segnale nell'utilizzo delle mandate e dei ritorni nel mixer per l'aggiunta di effetti
- Comprendere il percorso del segnale nell'utilizzo delle mandate e dei ritorni nella DAW per l'aggiunta di effetti
- Comprendere il funzionamento degli *insert* per l'utilizzo di plug-in nella DAW
- Comprendere la differenza tra processi *real time* e *offline*
- Conoscere l'anatomia dell'apparato uditivo e comprenderne il funzionamento
- Comprendere il comportamento del suono nello spazio
- Comprendere la differenza tra eco e riverbero
- Comprendere le modalità di localizzazione del suono da parte dell'apparato uditivo
- Conoscere i diversi formati di plug-in

TEMPI
Per un corso biennale di 30+30 settimane: circa 4 settimane (8 ore)

ATTIVITÀ
- Utilizzo del modulo di effetti interno del mixer per l'applicazione di effetti attraverso le mandate e i ritorni FX
- Utilizzo dei plug-in nella DAW per l'applicazione di effetti attraverso mandate e ritorni FX e *insert*
- Applicazione di processi di elaborazione *offline* nella DAW

VERIFICHE
- Questionario di autoverifica
- Produzione di elaborati (progetti audio)
- Verifiche abilità pratiche
- Verifica generale delle competenze acquisite

SUSSIDI DIDATTICI DISPONIBILI ONLINE
- Glossario • Scheda risorse didattiche • Applicazioni ed esempi interattivi

MATERIALI NECESSARI
- Mixer • Sistema di diffusione • Computer • Scheda audio • DAW

8.1 ELABORAZIONE DEL SUONO SUL MIXER

Elaborare un suono significa applicare dei procedimenti che ne modifichino le caratteristiche originarie come, ad esempio, altezza, inviluppo o contenuto spettrale. Nell'*Unità 1* abbiamo avuto un primo approccio all'elaborazione del suono con l'utilizzo dei filtri del mixer, attraverso i quali abbiamo modificato il contenuto spettrale del suono.
Ma l'equalizzatore non è l'unico mezzo che il mixer ci mette a disposizione per elaborare il suono. Molti mixer, infatti, sono dotati di un modulo interno di effetti, grazie al quale è possibile elaborare il suono in diversi modi.

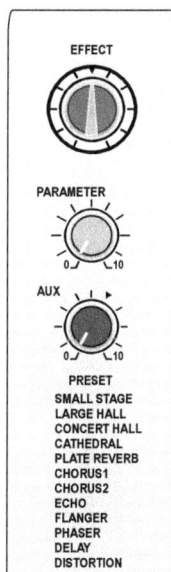

fig. 8.1: modulo di effetti interno di un mixer

Il riverbero e il delay sono due degli effetti più comunemente presenti su un modulo interno del mixer.
Grazie all'effetto di riverbero, ad esempio, è possibile simulare l'acustica di determinati ambienti, come quello di una cattedrale, una stanza di piccole o grandi dimensioni, un'arena o una sala da concerto.
Sul modulo di effetti del mixer sono solitamente presenti dei *preset* (es. *cathedral*, *concert hall*, *stage*) grazie ai quali è possibile simulare le caratteristiche acustiche di un ambiente.
Il delay (letteralmente "ritardo"), invece, ci permette di emulare artificialmente il fenomeno acustico dell'eco. I parametri del delay consentono di controllare il tempo di ritardo e il numero delle ripetizioni.

Vediamo adesso come utilizzare il modulo interno di effetti del mixer. A differenza dell'EQ, implementato su ogni canale, il modulo di effetti interno è un dispositivo indipendente in grado di ricevere il segnale audio da tutti i canali, elaborarlo e infine inviarlo all'uscita principale.

L'invio del segnale audio dal canale all'effetto avviene attraverso le **mandate FX** (*FX send*), presenti su ogni canale. Le mandate FX sono delle **mandate ausiliarie** (o *AUX send*) espressamente dedicate alla regolazione della quantità di effetto da sommare al segnale originale.

Tramite la mandata FX, infatti, una copia del segnale viene prelevata dal canale e inviata al modulo di effetti interno; regolando la manopola della mandata FX si regola la quantità di segnale inviata dal canale al modulo d'effetti[1].

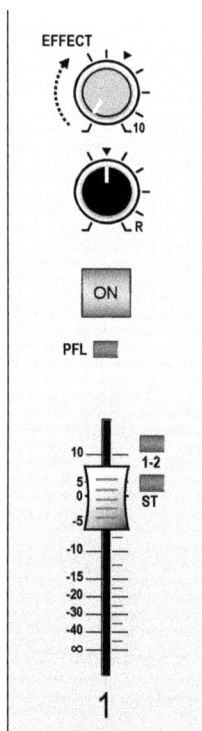

fig. 8.2: controllo della mandata FX di un canale

Il segnale elaborato, proveniente dal modulo effetti, è infine inviato a un apposito canale del mixer (vedi figura 8.3), solitamente detto **ritorno effetti** (**FX return**) mentre su alcuni mixer di fascia economica, per ottimizzare gli spazi, il controllo del ritorno effetti è gestito tramite una semplice manopola. Il controllo del ritorno gestisce quanto segnale effettato viene inviato alle uscite principali del mixer.

---

[1] Nei mixer non dotati di modulo effetti interno è possibile utilizzare un modulo di effetti esterno. In questo caso, non avendo a disposizione le mandate FX, sarà necessario usare le mandate ausiliarie.

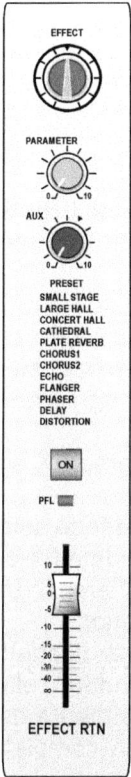

fig. 8.3: *channel strip* dedicata al ritorno effetti

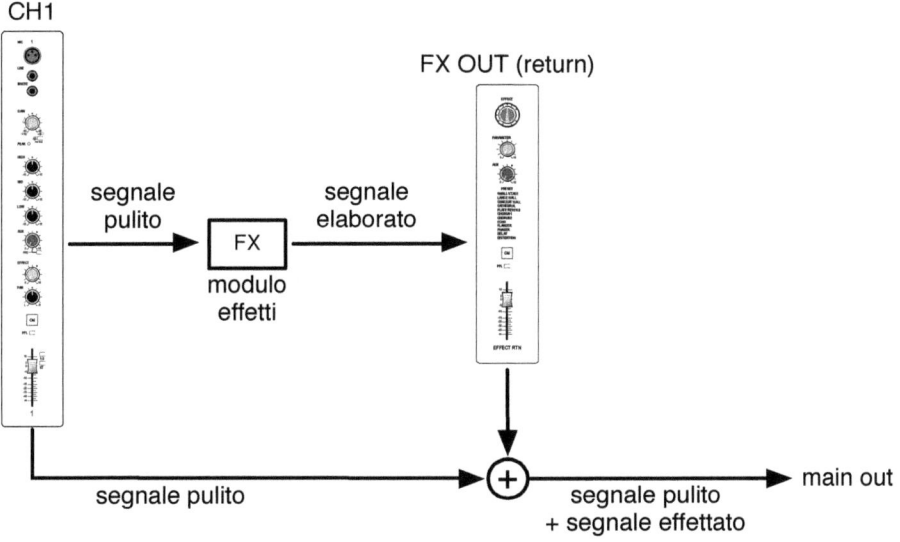

fig. 8.4: schema riassuntivo percorso del segnale dal canale all'effetto e verso le uscite principali.

Generalmente, nei mixer dotati di un modulo di effetti, non è possibile utilizzare più di un effetto contemporaneamente; l'effetto scelto, dunque, sarà
lo stesso per tutti i canali. In questo caso si è soliti regolare la quantità del
segnale effettato (**wet**) di ogni canale tramite le singole mandate FX, mantenendo un valore fisso per il controllo *FX return*.

Per capire al meglio come funziona il **routing** (o percorso) del segnale tra i
canali e il modulo di effetti, proviamo ad eseguire questa semplice operazione:

1. collegate quattro differenti sorgenti sonore (es. laptop, lettore mp3,
   microfono, strumento etc) agli ingressi del mixer;
2. selezionate un *preset* di riverbero sul modulo effetti del mixer;
3. inviate il segnale audio di ogni canale al modulo effetti ruotando la
   mandata FX verso destra;
4. aumentate il volume del ritorno FX agendo sul *fader* o sulla manopola
   dedicati;
5. a questo punto escludete l'effetto solo dalla prima e dall'ultima sorgente sonora agendo sulle mandate FX dei rispettivi canali. Dovreste poter
   chiaramente percepire la differenza tra i suoni ai quali è stato applicato
   l'effetto e i suoni senza effetto;
6. ripristinate adesso la quantità di effetto sul primo e sull'ultimo canale;
7. ora provate invece ad escludere l'effetto da tutti i canali. Per fare ciò,
   invece di abbassare le mandate FX dei singoli canali, agite sul controllo
   del ritorno FX. Abbassando completamente il volume del ritorno FX
   escluderete l'effetto da tutti i canali.

Questa esercitazione è utile per prendere dimestichezza con la regolazione
degli effetti attraverso mandate e ritorno FX e per permetterci di gestire al
meglio il *routing* del segnale a seconda delle necessità.
Se, ad esempio, ci troviamo nella situazione in cui la quantità di effetto (ad
es. riverbero) che percepiamo è troppa su tutti i canali, possiamo diminuirla
agendo sull'unico controllo del ritorno effetti. Se invece la quantità di effetto
che vogliamo regolare è solo quella su un dato suono/canale, dobbiamo
agire sulla mandata FX del canale specifico.

Fate ulteriori prove per imparare a gestire al meglio gli effetti del modulo
interno e perfezionatevi nella gestione delle mandate e del ritorno FX.

- Una **mandata ausiliaria** o **AUX send** è un controllo presente sui canali grazie al quale è possibile veicolare il segnale in ingresso verso un'uscita ausiliaria differente dall'uscita principale *main out*. Le mandate ausiliarie possono essere *pre-fader* o *post-fader*, nel caso in cui il segnale venga prelevato prima o dopo del controllo del *fader* del canale.
- Nell'ambito delle tecnologie musicali, per **effetto** si intende la modalità di elaborazione di un suono ottenuta dosando il bilanciamento tra segnale pulito (*dry*) e segnale elaborato (*wet*). Per **processo** si intende invece la modalità di elaborazione in cui si mantiene solo il segnale elaborato. Di solito vengono utilizzati come effetti il riverbero, il delay e le modulazioni (chorus, phaser e flanger, che illustreremo più avanti), mentre vengono utilizzati come processi dispositivi che agiscono sulla dinamica, sullo spettro (come l'equalizzatore) o sulla collocazione spaziale del suono.
- Il **routing** è il termine utilizzato per descrivere il percorso del segnale audio all'interno di una catena elettroacustica.

8.2 ELABORAZIONE DEL SUONO NELLA DAW

Come il mixer, anche la DAW è strutturata in modo tale da poter effettuare l'elaborazione del suono tramite gli effetti. Ma, mentre nel mixer gli effetti sono generati da un dispositivo fisico (il modulo), nella DAW questi dispositivi sono ricreati virtualmente attraverso software specifici chiamati **plug-in**[2].
Possiamo dunque trovare, per esempio, *plug-in* dedicati al riverbero, al delay o ad altri tipi di elaborazione.
Per poter essere utilizzati nella DAW, i *plug-in* hanno bisogno di essere assegnati ad un **insert**.

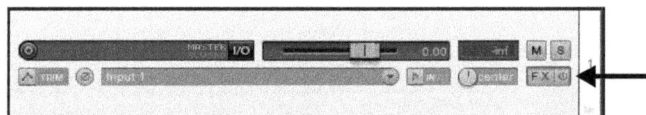

fig. 8.5: tasto di *insert* sul canale della DAW in *Reaper*

---

[2] Solitamente, al momento dell'installazione, tutte le DAW presentano al loro interno un pacchetto base di *plug-in*. Ciò nonostante, è sempre possibile espandere la propria libreria di plug-in, sia acquistandoli sia scaricandone versioni gratuite qualora ce ne fosse la possibilità. Nella scheda *Risorse Didattiche U9* potete trovare un elenco di plug-in gratuiti (multipiattaforma e multiformato) consigliati.

- In informatica, un **plug-in** è un componente software che aggiunge delle caratteristiche specifiche ad un software principale, permettendo di implementarne ed estenderne le funzionalità. Quasi sempre i *plug-in* sono software non autonomi, nel senso che possono essere utilizzati soltanto all'interno del software principale. Alcuni *plug-in*, definiti *stand alone*, possono però essere utilizzati anche al di fuori di esso, come software indipendenti.

- L'**insert** è una "deviazione", un punto di "innesto", nel quale inserire il *plug-in* e attraverso cui il segnale del canale è costretto a passare prima di arrivare all'uscita del canale stesso (sia esso audio o di ritorno FX). Inserendo dunque un *plug-in* nell'*insert*, il segnale "pulito" viene convogliato automaticamente nel *plug-in*, elaborato e poi immesso nuovamente nel canale.

Possiamo applicare un effetto caricando un *plug-in* negli insert secondo due modalità:

A. direttamente sul canale/traccia audio
B. sul canale di ritorno FX e di conseguenza utilizzando il sistema delle mandate e dei ritorni esattamente come nel mixer analogico

Cominciamo con il vedere la prima modalità:

1. create un nuovo progetto;
2. create una traccia e importate al suo interno un file audio;
3. aprite la *Mix View* per visualizzare la *channel strip*;
4. individuate la voce *insert* sulla *channel strip* del canale;
5. cliccate sull'*insert* e selezionate un plug-in di riverbero;

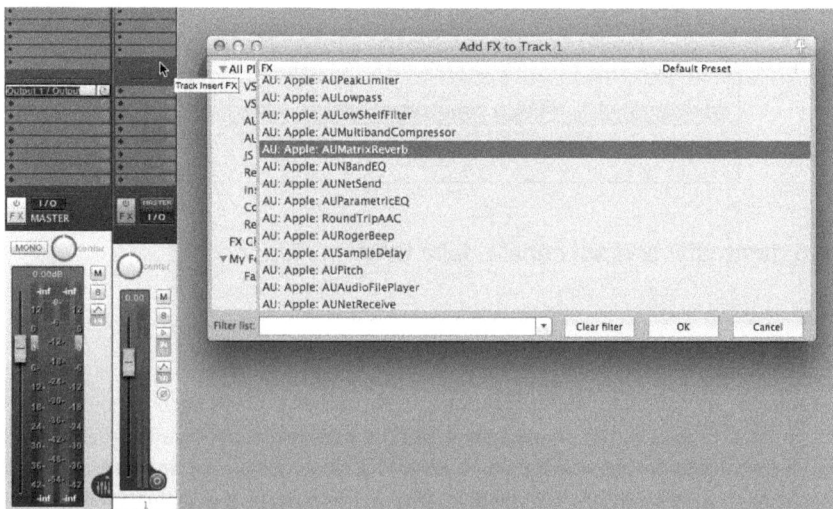

fig. 8.6: slot di *insert* nella *channel strip* in *Reaper*

A questo punto si aprirà l'interfaccia grafica del *plug-in* da voi scelto.

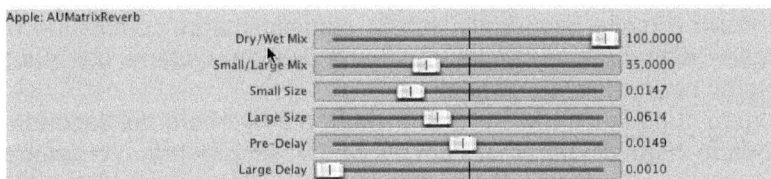

fig. 8.7: *plug-in* di riverbero con controllo della regolazione del *dry/wet*

Attraverso l'interfaccia del *plug-in* avrete la possibilità di modificare numerosi parametri dell'effetto di riverbero, come ad esempio il tempo di ritardo o le dimensioni della stanza. Uno dei controlli più importanti presenti nei *plug-in* di riverbero (così come in tanti altri *plug-in*) è quello relativo alla regolazione del *dry/wet*.

Il controllo del **dry/wet** (vedi figura 8.7) permette di regolare proporzionalmente la percentuale di segnale pulito (*dry*) e segnale effettato (*wet*). Settando il controllo di *dry/wet* al 100% ascolteremo soltanto il segnale effettato[3] mentre, regolandolo allo 0%, soltanto il segnale pulito. Settando il controllo al 50% avremo un bilanciamento equivalente di segnale pulito e segnale effettato.
Oltre che modificare i parametri manualmente, avete anche la possibilità di caricare dei *preset* che generalmente la casa produttrice del *plug-in* mette a disposizione.
A questo punto mandate in riproduzione e ascoltate il vostro file audio elaborato. Provate a modificare i parametri del *plug-in* durante la riproduzione per sperimentare con le varie possibilità messe a disposizione dal *plug-in* di riverbero.

Poiché ogni canale audio presenta numerosi *insert* (il numero varia in base al software utilizzato) abbiamo la possibilità di utilizzare più effetti contemporaneamente su ogni singolo canale.
Provate dunque ad aggiungere al canale un altro *plug-in* oltre a quello del riverbero, come ad esempio un delay, caricandolo sull'*insert* successivo.
Otterremo dunque sul canale una combinazione di due effetti: riverbero e delay. In questo caso l'elaborazione è suddivisa in due fasi:

1. il segnale "pulito" è inviato al *plug-in* di riverbero
2. il segnale riverberato è inviato al *plug-in* di delay

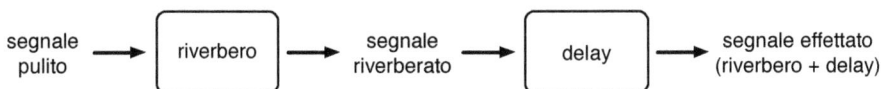

fig. 8.8: combinazione di effetti in serie

---

[3] Utilizzare un *plug-in* in *insert* sul canale/traccia audio con il controllo del *dry/wet* al 100% equivale ad applicare un processo, in quanto il segnale pulito andrà perduto e si manterrà solo quello elaborato.

Questo tipo di concatenazione di effetti viene generalmente definita "in serie". In un collegamento di effetti in serie l'ordine con cui sono disposti i *plug-in* nei diversi *insert* è molto importante. Infatti, semplicemente cambiando l'ordine della serie, l'elaborazione risultante differirà dalla precedente pur mantenendo inalterati i parametri dei *plug-in*.

Posizionate dunque il delay nel primo *insert* e il riverbero nel secondo *insert* mantenendo invariati i parametri dei *plug-in*. Vi accorgerete che l'elaborazione produrrà un "effetto" decisamente diverso rispetto al precedente. Ora provate ad applicare più *plug-in* contemporaneamente su uno stesso canale e variate l'ordine della serie per sperimentare diverse modalità di elaborazione.

Unità 8 - Risorse Didattiche U8 - Video Tutorial - Utilizzo degli insert nella DAW

Mandate e ritorni nella DAW

Vediamo adesso invece la seconda modalità di applicazione di un effetto, ossia quella che utilizza il sistema delle mandate e dei ritorni.

Esattamente come il mixer, anche la DAW è strutturata in modo da poter utilizzare effetti attraverso mandate e ritorni. La DAW, infatti, mette a disposizione numerose mandate FX per ogni canale.

I ritorni FX sulla DAW vengono generalmente denominati "canale FX" o "traccia FX", e possono essere creati con lo stesso procedimento con cui si creano altri tipi di tracce. Il numero massimo di canali/tracce FX che è possibile utilizzare per ogni canale è equivalente al numero massimo di mandate disponibili sul canale (il numero può variare a seconda del software utilizzato).

Vediamo dunque come utilizzare i *plug-in* all'interno della nostra DAW con il sistema delle mandate e dei ritorni FX:

1. create un nuovo progetto;
2. create una traccia e importate un file audio;
3. create una traccia/canale FX dall'apposito menù del vostro software[4];
4. aprite la *Mix View* per visualizzare la *channel strip*;
5. caricate un *plug-in* di riverbero sul primo *insert* del canale/traccia FX;
6. attivate la prima mandata (*send*) disponibile sul canale dov'è caricato il vostro file audio;
7. selezionate sulla mandata il canale/traccia FX con il *plug-in* di riverbero;
8. alzate il livello della mandata per ascoltare il suono effettato;

---

[4] In alcuni software non è possibile creare una "traccia/canale FX" per utilizzare un *plug-in* in *send* e *return* ma basta semplicemente utilizzare un canale/traccia audio sul quale è stato caricato un *plug-in* in *insert*. A questo punto basterà sfruttare le mandate ausiliarie per indirizzare il segnale audio dagli altri canali a questo canale ed "effettarlo". Come abbiamo già detto, infatti, i canali/tracce FX della DAW corrispondono ai canali di ritorno effetti del mixer; questi ultimi non sono altro che normali canali audio sul quale transita il segnale una volta uscito dall'unità d'effetto.

fig. 8.9: creazione canale FX e uso delle mandate in *Reaper*

Sul canale 2 è stato caricato in *insert* un riverbero; sul canale 1 occorre attivare la prima mandata (*send*) disponibile (gli slot delle mandate in *Reaper* si
distinguono dagli *insert* perchè hanno un pallino a destra)

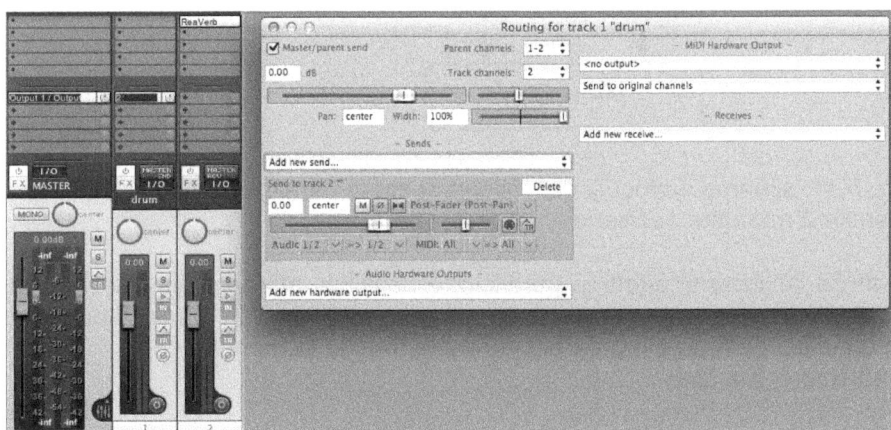

fig. 8.10: esempio di *routing* del segnale e regolazione del livello della mandata in *Reaper*

Sulla prima mandata del canale 1 è stata selezionato il canale 2 (canale FX) sul
quale è caricato il *plug-in* in *insert*. Dal pannello a destra contrassegnato con
Send to track 2 è possibile regolare il livello della mandata agendo sullo *slider*
Esattamente come nel mixer, la regolazione dei livelli di mandate e ritorni
permette di gestire il bilanciamento tra suono pulito e suono effettato.

◉ | Una cosa a cui fare attenzione!

Quando nella DAW si utilizza un *plug-in* dotato di controllo *dry/wet* con il sistema delle mandate e dei ritorni, è fondamentale regolare tale controllo al 100% in modo da poter gestire la quantità di segnale pulito e di segnale elaborato tramite le mandate. Se così non fosse, al segnale pulito del canale verrebbe a sommarsi, oltre alla percentuale di segnale elaborato, anche quella di segnale pulito in uscita dal *plug-in*, rendendo meno efficace l'elaborazione.

Provate adesso a utilizzare anche altri effetti sfruttando lo stesso procedimento. Creiamo altri due o più ritorni FX e selezioniamo per ognuno di essi un *plug-in* differente. Mantenendo i parametri dei *plug-in* inalterati, invertite ora l'ordine delle mandate. Noterete che l'effetto prodotto rimarrà invariato rispetto all'ordine precedente. Questo perché, a differenza del collegamento in serie sperimentato prima, agli effetti vengono mandate delle "copie" del segnale pulito tramite un percorso parallelo.

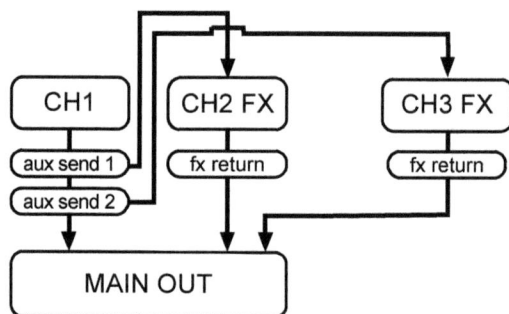

fig. 8.11: schema a blocchi del collegamento in parallelo di due effetti diversi tramite 2 mandate ausiliarie

Tramite l'utilizzo di effetti in parallelo, è possibile effettare più tracce/canali contemporaneamente con un unico *plug-in*, regolando in maniera differente la quantità d'effetto di ogni traccia/canale tramite la mandata[5].
Vediamo come fare:

1. create un nuovo progetto;
2. create due o più tracce audio e importate dei suoni al loro interno;
3. create una traccia/canale FX e caricate un *plug-in* di riverbero in uno dei suoi *insert*;
4. attivate per tutti i canali la prima mandata;
5. selezionate su ogni mandata il canale/traccia FX con il *plug-in* di riverbero;

---

[5] Utilizzare un solo effetto per più canali permette inoltre di limitare il consumo di CPU ottimizzando così le prestazioni del nostro computer.

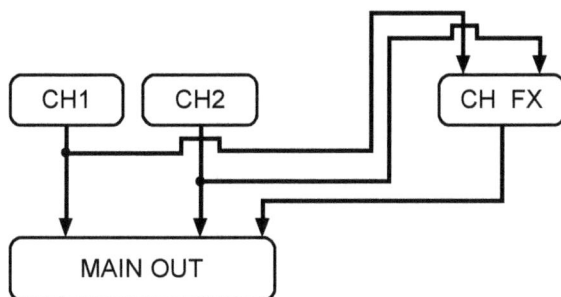

fig. 8.12: schema a blocchi del collegamento in parallelo di più tracce a uno stesso effetto

Adesso, utilizzando lo stesso *plug-in*, provate ad applicare il riverbero in quantità diverse per ogni canale agendo sulle mandate. Ripetete la stessa operazione caricando vari tipi di effetto, variandone ripetutamente la quantità tramite il controllo delle relative mandate; otterrete così risultati sonori sempre differenti.

Unità 8 - Risorse Didattiche U8 - Video Tutorial - Mandate e ritorni nella DAW ⊛

8.3 ELABORAZIONI ESTREME!

Nel precedente paragrafo abbiamo applicato gli effetti tramite alcuni *plug-in* che in tempo reale ci permettevano di ascoltare il risultato dell'elaborazione sonora.

Questa modalità di elaborazione del segnale viene definita in *real time* (in tempo reale) in quanto possiamo variare la regolazione dei parametri e ascoltarne contemporaneamente il risultato prodotto.

Opposta all'elaborazione in *real time* troviamo l'elaborazione *offline*, in cui possiamo ascoltare il risultato prodotto dopo un tempo di elaborazione[6].

Alcuni dei più comuni tipi di elaborazione *offline* sono il *reverse*, il *time stretching* e il *pitch shifting*[7]. Vediamo nel dettaglio in cosa consistono.

Il **reverse** è un processo che permette la trasformazione del file originale nella sua copia speculare, cioè nello stesso file riprodotto al contrario (dalla fine verso l'inizio). Questo processo era già stato sperimentato con il nastro magnetico. La particolarità di questo processo è che non vengono riprodotte solo le note (ove ve ne siano) ma è l'intera evoluzione del timbro di un suono ad essere riprodotta al contrario.

---

[6] Nella modalità *offline* i tempi di trasformazione del segnale variano a seconda della complessità dell'elaborazione e della potenza della CPU.

[7] Alcuni *plug-in,* sfruttando l'attuale potenza di calcolo dei computer, permettono la realizzazione del *pitch shifting* anche in tempo reale.

fig. 8.13a: *reverse* - file originale

fig. 8.13b: *reverse* - copia speculare

Per farvi un'idea del risultato sonoro prodotto dal processo di *reverse* aprite l'esempio interattivo *Reverse* all'interno dell'applicazione *TM Lab*.

🖥 *TM Lab - Unità 8 - Reverse*

Il **time stretching** (in inglese letteralmente "allungamento del tempo") è un processo che consente l'espansione o la contrazione temporale di un file. Come è possibile sperimentare anche con i giradischi e i nastri magnetici, il tempo e l'intonazione sono inversamente proporzionali: variando la velocità di riproduzione di un nastro (es. audiocassetta[8]) o di un disco in vinile, varierà anche l'intonazione. Al crescere dell'intonazione, infatti, avremo una diminuzione della durata del file audio; viceversa, al crescere della durata del file corrisponderà un abbassamento del *pitch*. Tuttavia le moderne DAW implementano dei processi in grado di variare la lunghezza di un file audio preservandone l'intonazione.

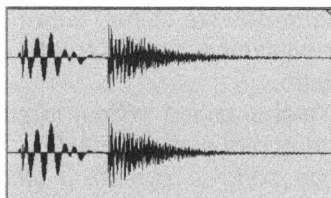

fig. 8.14a: *time stretching* - file originale

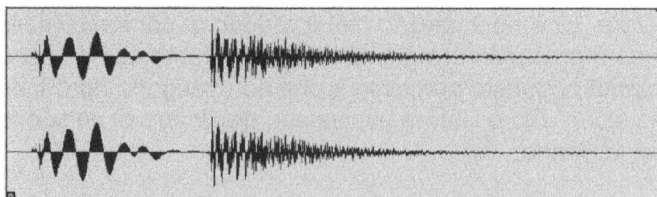

fig. 8.14b: *time stretching* - file processato

---

[8] L'audiocassetta o musicassetta è stata uno dei supporti audio più utilizzati fino alla fine degli anni 90'.

Il **pitch shifting** consiste nella trasposizione del *pitch* di un file audio. A differenza del *time stretching*, dove veniva variata la durata di un file, in questo tipo di elaborazione viene modificata l'intonazione[9].

Per ascoltare la differenza tra il processo di *time stretching* e quello di *pitch shifting* aprite gli esempi sonori *Time Stretching* e *Pitch Shifting* all'interno dell'applicazione *TM Lab*.

TM Lab - Unità 8 - Time Stretching
TM Lab - Unità 8 - Pitch Shifting

Questi tipi di elaborazioni vengono effettuati sulla singola clip e non sul segnale in transito nel canale, come avveniva con l'elaborazione in *real time*. I processi appena illustrati agiscono dunque sul file audio pre-esistente, creandone una copia elaborata. Possiamo applicare consecutivamente anche più processi *offline* sul nostro file; tuttavia, a causa della consequenzialità delle operazioni, i processi sono reversibili (tramite *undo*) solo in ordine cronologico[10]. Questo vuol dire che se ad esempio applichiamo un *pitch shifting* e successivamente un *reverse*, per rimuovere il *pitch shifting* dovremo prima necessariamente rimuovere il *reverse*.
In realtà molte DAW mettono a disposizione dell'utente una "storia dei processi" tramite la quale è possibile tornare alla versione originale del file o anche ad una elaborazione intermedia con un clic. Questo tipo di elaborazione viene pertanto definita "non distruttiva".[11]
Provate dunque ad applicare questi processi sui vostri file audio all'interno della DAW.
Su alcune DAW è possibile accedere a questi processi cliccando con il tasto destro del mouse sulla clip audio mentre, su altre, è possibile trovare questi e altri processi all'interno di un apposito menù a tendina.[12]
In ogni caso, nella scheda *Risorse Didattiche U8*, potete trovare alcuni tutorial che mostrano nello specifico come applicare i processi di *reverse*, *time stretching* e *pitch shifting* all'interno di alcune DAW.

Unità 8 - Risorse Didattiche U8 - Video Tutorial - Processi offline

Sperimentate con queste tre tipologie di elaborazione, cercando di estremizzare il risultato sonoro ottenuto. Provate a combinare questi processi per ottenere suoni sempre più complessi e lontani da quelli di partenza, prestando di volta in volta attenzione alle variazioni ottenute e alla perdita di definizione del suono.

---

[9] Le moderne DAW permettono di applicare il processo di *pitch-shifting* sia preservando la durata del file originale sia variandola di conseguenza.

[10] Vedi "Annulla e ripristina" - *Unità 5*

[11] Un'elaborazione di tipo distruttiva invece, determina la perdita del file originale.

[12] I menu dei software consigliati contenenti i processi *offline* sono: Cubase/Nuendo - *Audio > Processa*; Pro Tools - *Audiosuite*; Studio One - *Audio*; Reaper - *Item*

Appendici

8.A1 ACUSTICA E PSICOACUSTICA V

L'orecchio

L'orecchio è l'organo principale del nostro apparato uditivo ed è a tutti gli effetti un trasduttore, in quanto trasforma le onde di pressione sonora in impulsi elettrici che vengono poi interpretati e trasformati in sensazione uditiva dal cervello.
Con il termine orecchio, in genere, si fa riferimento alla sola parte a noi visibile. In realtà si tratta di un organo ben più complesso, suddiviso in tre parti distinte:

- **orecchio esterno**
- **orecchio medio**
- **orecchio interno**

Vediamo insieme quali sono le caratteristiche anatomiche delle tre parti e quali funzioni svolgono.

- **Orecchio Esterno**
  L'orecchio esterno è formato dal **padiglione auricolare** e dal **condotto uditivo** (figura 8.15 a e b). Il padiglione auricolare è l'unica parte visibile dell'apparato uditivo; grazie alla sua forma e alla sua struttura anatomica riesce a captare le onde sonore e a incanalarle nel condotto uditivo, un "tubicino" attraverso il quale raggiungono l'orecchio medio. L'orecchio esterno ha anche il compito di proteggere l'orecchio medio e interno da possibili lesioni e di mantenerne temperatura e umidità costanti, per preservarne il perfetto funzionamento.

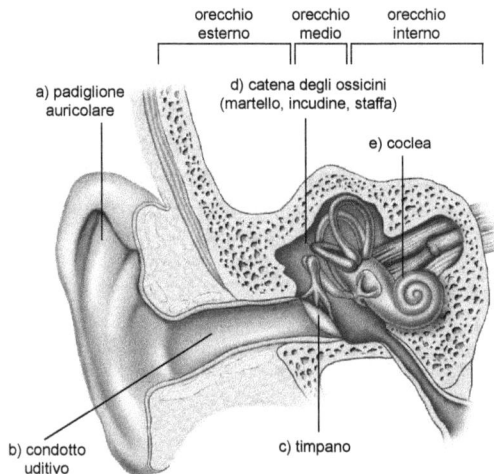

fig. 8.15: orecchio esterno, medio e interno

- **Orecchio medio**
  Esattamente alla fine del condotto uditivo ha sede il **timpano**, che dà inizio all'orecchio medio (figura 8.15 c). Il timpano è una membrana sottilissima ed estremamente delicata (abbiamo visto che un suono con una pressione di 160 dB ne provoca la rottura), che trasmette le vibrazioni dell'onda sonora dall'orecchio esterno all'orecchio interno attraverso la **catena degli ossicini** (figura 8.15 d) a cui è collegato. La catena degli ossicini è un sistema di leve formato da tre minuscole ossa (*martello, incudine* e *staffa*), che amplifica il movimento del timpano, cioè trasferisce le variazioni di pressione a un'altra membrana, la **finestra ovale**, con la quale termina l'orecchio medio.

- **Orecchio interno**
  Alla finestra ovale è collegato l'organo principale dell'orecchio interno (figura 8.15 e), la **coclea**, nella quale avviene la trasduzione vera e propria. La coclea, infatti, contiene i meccanismi per trasformare le variazioni di pressione in impulsi elettrici che vengono poi interpretati dal cervello come sensazione uditiva.
  La coclea è una cavità ossea a forma di spirale o chiocciola (coclea in latino significa appunto chiocciola) (vedi figura 8.16) separata in due gallerie (*zona vestibolare* e *zona timpanica*) da una sottilissima membrana chiamata *membrana basilare*.

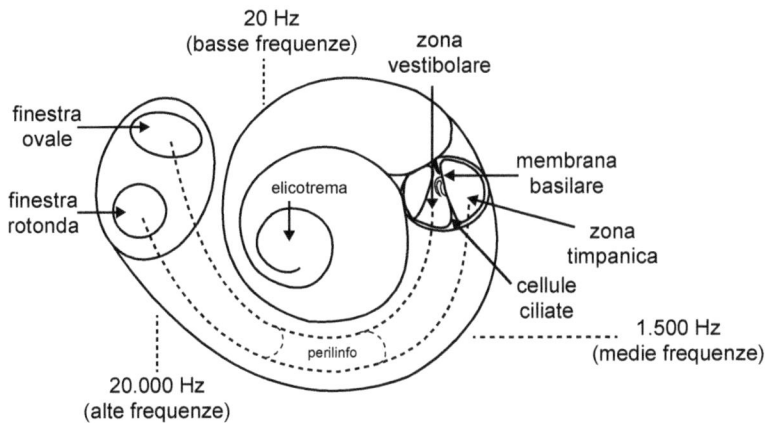

fig. 8.16: sezione della coclea

All'interno della cavità è presente un liquido, detto *perilinfo*, che ha la capacità di ritrasmettere le variazioni di pressione che riceve. Il perilinfo è in grado di passare da una galleria all'altra grazie all'*elicotrema*, un'apertura situata alla fine della membrana basilare. Su entrambi i lati della membrana basilare sono adagiati degli organelli piccolissimi ma essenziali nel processo di trasduzione, le *cellule ciliate*. Le cellule ciliate sono dei ricettori acustici (circa 30.000) a forma di microscopiche ciglia, collegati direttamente alle fibre nervose; sono divise in piccoli gruppi, ognuno dei quali sensibile esclusivamente ad una ristretta banda di frequenze.

Questi minuscoli ricettori servono a ricevere le onde di pressione sonora e a convertirle in impulsi elettrici.

Infatti, quando le onde sonore provenienti dalla finestra ovale raggiungono la coclea, il perilinfo trasferisce le vibrazioni sia sopra che sotto la membrana basilare grazie all'apertura dell'elicotrema. La membrana basilare entra quindi in oscillazione – un po' come la corda di uno strumento – e trasmette l'oscillazione alle cellule ciliate. A questo punto le cellule ciliate trasformano il proprio moto oscillatorio in relativi impulsi elettrici che vengono trasmessi ai neuroni del nervo acustico e quindi al cervello, che ci restituisce la sensazione sonora.

Il suono nello spazio

Il nostro sistema uditivo è uno strumento indispensabile per determinare le caratteristiche dello spazio che ci circonda. Infatti, così come gli occhi, anche le orecchie permettono di stabilire le dimensioni e i materiali di cui è composto l'ambiente circostante. Per far questo il nostro apparato uditivo analizza il comportamento del suono nello spazio.

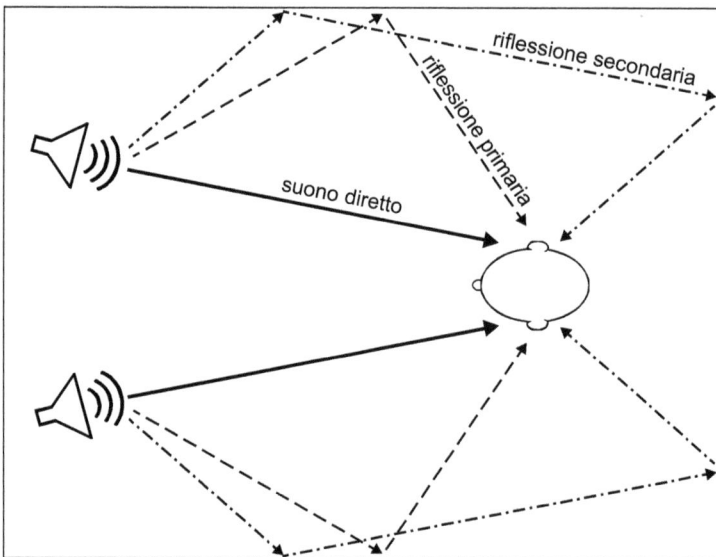

fig. 8.17: comportamento del suono in un ambiente chiuso

Nella figura 8.17 è rappresentato il comportamento del suono in un ambiente chiuso, dal momento in cui è generato fino a quando raggiunge le nostre orecchie. I due altoparlanti rappresentano la sorgente, mentre le linee rappresentano alcune delle diverse traiettorie del suono perché, come sappiamo, esso non si propaga in una sola direzione, ma in tutto lo spazio. La linea continua nera rappresenta il suono diretto, ovvero le prime onde sonore che giungono alle orecchie. Il suono diretto è infatti il primo ad arrivare, perché non trova ostacoli davanti a sé.

Cosa succede invece quando il suono una superficie riflettente, come ad esempio un muro? Accadono tre cose:

- una parte del suono passa attraverso l'ostacolo
- una parte del suono viene assorbita dall'ostacolo
- una parte del suono rimbalza sull'ostacolo. Quest'ultimo fenomeno prende il nome di **riflessione**.

Tutti e tre i comportamenti sono influenzati dal materiale di cui è composto l'ostacolo. Alcuni materiali sono studiati appositamente per assorbire il suono (come nelle sale insonorizzate), altri ne accentuano la riflessione e altri ancora assorbono o riflettono solo determinate frequenze. La moquette o i tappeti, ad esempio, sono degli ottimi materiali assorbenti, al contrario del marmo che è invece un materiale riflettente.

Le riflessioni possono essere di due tipi: primarie o secondarie.
Parliamo di **riflessioni primarie** quando il suono rimbalza una sola volta sull'ostacolo prima di raggiungere le orecchie. Parliamo invece di **riflessioni secondarie** quando il suono rimbalza più di una volta. Nella figura 8.17 le riflessioni primarie sono rappresentate da linee tratteggiate semplici, mentre le secondarie da linee a tratteggio misto.

Poiché il disegno non è tridimensionale, ci permette di osservare solo le riflessioni orizzontali. In realtà, il suono si riflette anche verticalmente.
A ogni riflessione il suono perde d'intensità, fino a scomparire. Da queste differenze d'intensità il nostro sistema uditivo ricava informazioni sulle capacità di assorbimento dell'ambiente, e quindi sui materiali di cui è composto.
Il tempo che separa il suono diretto dalle riflessioni, invece, fornisce indicazioni sulla grandezza dell'ambiente.
Più grande sarà lo scarto temporale tra suono diretto e riflessioni, più grande sarà l'ambiente, e viceversa.
Generalmente, se il suono riflesso giunge alle nostre orecchie con un ritardo superiore ai 25 - 35 millisecondi[13] ha luogo il fenomeno dell'**eco**.
Nell'eco il suono riflesso viene percepito come una ripetizione ben distinta del suono emesso dalla sorgente. Pensiamo a quando, in spazi estesi, urliamo il nostro nome e lo sentiamo ripetere in maniera chiara e precisa.
L'eco si verifica se l'ostacolo che causa la riflessione del suono si trova a più di 17 metri dalla sorgente. Perché 17 metri? Se ricordate, il suono percorre circa 340 m al secondo. Supponendo di trovarci dove si trova la sorgente sonora o di essere noi stessi la sorgente sonora, il suono percorrerà questa distanza e tornerà indietro alle nostre orecchie dopo circa 1/10 di secondo, che è la soglia minima di tempo affinché due stimoli sonori siano percepiti come distinti.

---

[13] Questo intervallo, denominato *zona di Haas*, può variare in base al tipo di suono. Ad esempio, per alcuni suoni, il fenomeno dell'eco può verificarsi anche a soglie inferiori ai 25 ms o superiori ai 35 ms.

Assistiamo dunque al fenomeno dell'eco solo in ambienti molto ampi poiché, in tali circostanze, il tempo di riflessione piuttosto lungo permette al suono riflesso di non confondersi col suono diretto.

Se invece il ritardo del suono riflesso rispetto a quello diretto è inferiore ai 25 - 35 millisecondi, assistiamo al fenomeno del **riverbero**.
A differenza dell'eco, nel riverbero il suono riflesso non è percepibile singolarmente, ma si fonde col suono diretto, prolungandolo per una certa quantità di tempo. Il **tempo di riverberazione** indica il tempo che un suono impiega per attenuarsi di 60 dB. La grandezza di una stanza, le sue caratteristiche costruttive e i materiali di cui è composta influiscono sul tempo di riverberazione, che è quindi diverso da ambiente ad ambiente.
Il riverbero è un vero e proprio "marchio di fabbrica" acustico: è quel fenomeno che ci permette di classificare acusticamente gli ambienti e di capire se ci troviamo all'interno di una cattedrale, di un teatro, di una sala di registrazione o di una piccola stanza. Per questo motivo il riverbero - analogico o digitale – è uno degli effetti più utilizzati dai musicisti, sia dal vivo che in studio di registrazione. Un suono privo di riverbero, privo cioè di "ambiente", suonerebbe decisamente innaturale.

📺 *TM Lab - Unità 8 - Il riverbero e l'eco*

La localizzazione del suono

Oltre ad aiutarci nella percezione dell'ambiente circostante, le riflessioni sono fondamentali nella localizzazione di una fonte sonora.
Per capire come il nostro sistema percettivo utilizzi questo fenomeno a proprio vantaggio, possiamo fare nuovamente un paragone con la vista. L'apparato visivo è capace di generare immagini tridimensionali perché ha a disposizione due occhi. Ogni occhio vede un'immagine diversa rispetto all'altro, perché osserva da angolazioni differenti. Il cervello analizza queste differenze di angolazione restituendoci un'immagine tridimensionale e dandoci il senso di profondità.

Con un occhio soltanto non sarebbe possibile, ed è per svolgere questa stessa funzione che abbiamo due orecchie. Avere due orecchie permette di localizzare il suono secondo lo stesso principio della vista: il cervello analizza le differenze di percezione tra un orecchio e l'altro. Queste differenze sono di tre tipi:

• Differenze di tempo
  Poiché le orecchie sono opposte l'una all'altra, il suono impiega tempi diversi per raggiungerle, dovendo percorrere distanze diverse. Nonostante queste differenze siano piccolissime (parliamo di millisecondi), il cervello è in grado di rilevarle. In realtà, quello che il nostro cervello analizza è la differenza di fase, perché, come sappiamo, un ritardo di tempo si traduce in un ritardo di fase.

- Differenze di ampiezza
  Le differenze di ampiezza sono dovute al fatto che soltanto una delle orecchie riceve il suono diretto, mentre all'altra giunge un suono con minore intensità a causa dell'ostacolo formato dalla testa.

- Differenze di spettro
  Le differenze di spettro sono provocate dalla forma asimmetrica dei padiglioni auricolari e dalla schermatura della testa. Questi due elementi agiscono come una sorta di filtro che modifica il contenuto frequenziale del suono da un orecchio all'altro.

Le differenze di tempo e ampiezza ci danno informazioni sulla posizione del suono sul piano orizzontale (destra-sinistra), mentre quelle di spettro ci aiutano a localizzare il suono sul piano verticale (sopra-sotto).
Il riverbero, infine, fornisce indicazioni sulla distanza dalla fonte sonora (vicino-lontano).

8.A2 IL RIVERBERO

Come abbiamo visto, il riverbero è il risultato dell'interazione di un suono con lo spazio circostante, interazione che, grazie alla riflessioni prodotte dall'impatto del suono stesso sulle superfici limitrofe, produce una sorta di "nuvola sonora" che sopravvive all'effettiva estinzione del suono che l'ha generata.

Nella storia delle tecnologie audio sono stati inventati parecchi metodi per riprodurre artificialmente un riverbero. Il primo in assoluto fu l'utilizzo delle "camere di riverberazione". In effetti questa più che una riverberazione artificiale era piuttosto una "riverberazione postuma". Infatti con questa tecnica il suono, precedentemente registrato in una stanza con poco riverbero, veniva emesso da un altoparlante posizionato in un ambiente riverberante detto appunto "camera di riverberazione" per essere ripreso da uno o più microfoni.

La vera e propria riverberazione artificiale inizia con i riverberi a piastra (*plate reverb*) e con quelli a molla (*spring reverb*). Nei riverberi a piastra il suono viene trasdotto in corrente elettrica e fatto passare dentro una piastra metallica che vibra in accordanza col suono prolungandone la durata. Il riverbero a molla, del quale fin dagli anni '50 sono stati dotati parecchi amplificatori per chitarra, sfrutta lo stesso principio con la sola differenza che il suono attraversa una o più molle metalliche. Con questi due tipi di unità di riverberazione entriamo nel mondo della simulazione acustica in quanto il suono non veniva reimmesso in un ambiente per poi essere registrato con il relativo riverbero bensì simulato sfruttando la capacità dei materiali metallici di risuonare.

Con gli anni '80 compaiono i primi riverberi digitali, macchinari elettronici in grado di emulare il suono di innumerevoli ambienti nonché quello delle piastre e delle molle usate fino ad allora per la riverberazione artificiale. Con l'avvento di questi macchinari nascono anche dei tipi di riverberazione che fungono più da effetti speciali che da vera e propria simulazione di uno spazio acustico quali il riverbero *reverse* (cioè riprodotto al contrario) e quello *gate*, con un decadimento quasi immediato, tipico di parecchia musica pop degli anni '80.

L'ultimo gradino dell'evoluzione in fatto di riverberazione artificiale è rappresentato dai *plug-in*, software in grado di racchiudere in pochi bit tutto il necessario per simulare uno spazio acustico.
In particolare, l'ultima frontiera della tecnologia digitale è rappresentata dal "riverbero a convoluzione"; questo tipo di riverbero funziona grazie a particolari impulsi registrati nei vari ambienti che si intende simulare. In qualche modo c'è un'analogia con le camere di riverberazione; qui però ad essere riprodotto e ri-registrato nell'ambiente non è il suono da riverberare bensì un impulso cioè un suono di brevissima durata costituito da tutte le frequenze. Una volta registrato il riverbero generato dall'impulso, un programma si occupa di studiare come quel particolare ambiente reagisce al suono: quanto dura il riverbero, quali frequenze decadono più velocemente etc.

Queste caratteristiche possono quindi essere applicate a qualsiasi altro suono simulando perfettamente il comportamento del riverbero di quello spazio.

Vediamo adesso quali sono i parametri più comuni di una unità di riverberazione artificiale, sia esso un effetto hardware o software (*plug-in*):

Room Shape/Type: su molti riverberi digitali o in forma di *plug-in* è possibile scegliere l'algoritmo, cioè la tipologia di ambiente che si vuole simulare (*Room, Chamber, Hall, Stage, Plate, Spring*, etc.)

Decay Time/Reverb Time: il parametro più importante, una volta scelto l'algoritmo, è il tempo di riverberazione o tempo di *decay* che permette di impostare la lunghezza della "coda" del riverbero; quando l'intensità della coda di un riverbero arriva ad abbassarsi di -60dB viene considerata estinta. Stanze più ampie avranno decadimenti più lenti mentre ambienti più piccoli avranno *decay* più veloci.

Pre-delay: è un altro dei parametri più importanti; esso regola il tempo che intercorre fra il suono *dry* cioè diretto e le prime riflessioni (*early reflection*) cioè le riflessioni che tornano alle nostre orecchie dopo essere state riflesse da una sola superficie (es. le pareti di una stanza più prossime alla sorgente sonora). Nella realtà, più sarà grande l'ambiente, maggiore sarà il tempo di *pre-delay*.

Stereo Width/Spread: alcuni riverberi permettono di regolare la larghezza del riverbero nel panorama stereo. Questo parametro al minimo ci restituirà un riverbero mono, cioè uguale per il canale destro e sinistro; se impostato al massimo invece ci darà un segnale totalmente diverso fra i due canali ma il riverbero si cancellerà del tutto se ascoltato in mono.

High Damping: questo parametro simula il decadimento naturale delle alte frequenze. Le alte frequenze infatti tendono a perdere energia una volta che impattano contro una superficie riflettente poiché gran parte del suono viene assorbito.

Diffusion: quando questo parametro è settato al minimo le singole ripetizioni/riflessioni sono distinguibili separatamente. Man mano che il parametro viene incrementato le singole riflessioni non sono più percepibili come separate.

Density: controlla la frequenza con la quale le singole ripetizioni si sommano per creare la densità. Con un settaggio basso il riverbero suonerà più granuloso; con un settaggio più alto il riverbero suonerà più "denso".

Wet/Dry: regola la proporzione fra segnale effettato e segnale non effettato.

Unità 8 - Risorse Didattiche U8 - Video Tutorial - Il plug-in di riverbero 🌐

8.A3 IL DELAY

Un altro effetto che ha avuto un'evoluzione tecnologica simile al riverbero per quanto riguarda la sua simulazione artificiale è l'eco. Il dispositivo preposto alla riproduzione dell'effetto d'eco è il *delay* che in inglese vuol dire "ritardo" in quanto questo effetto viene ottenuto sommando al suono originale una sua copia ritardata nel tempo.

Agli albori della storia delle tecnologie audio, l'effetto di eco è stato riprodotto tramite l'utilizzo di registratori a nastro. La lunghezza del nastro determinava il tempo fra il suono diretto e quello ritardato. Con un numero di testine di lettura superiore ad una sul registratore era possibile ottenere più di una singola ripetizione del suono diretto (*multi-tap*).
Negli '70, con la diffusione della circuiteria analogica a stato solido, vennero sviluppati i primi *delay* a transistor che ottenevano il ritardo del segnale attraverso l'impiego di circuiti elettronici. Questa nuova tecnologia rese molto più controllabile e trasportabile l'unità di ritardo (oltre che molto più solida rispetto alle delicate macchine a nastro) tanto che moltissimi pedali di *delay* per chitarra costruiti e utilizzati ancora oggi sfruttano proprio questo principio costruttivo.
Anche per il *delay* l'ultimo stadio di sviluppo è rappresentato dalla sua incarnazione digitale, hardware (unità a rack, pedalini o altri dispositivi portatili) e software (*plug-in*).
La tecnologia digitale, oltre a costare molto meno, ha la praticità di poter salvare e richiamare velocemente settaggi diversi, cosa parecchio utile in un *live*, ad esempio.
Vediamo ora quali sono i principali parametri di una unità di ritardo:

Delay time: permette di impostare il tempo di ritardo. Solitamente è misurato in millisecondi ma la maggior parte dei *delay* moderni, soprattutto quelli digitali e in particolare quelli in forma di *plug-in*, hanno la possibilità di impostare il ritardo in base alle suddivisioni di un tempo metronomico.

Unità di tempo: quando presente, permette di impostare il ritardo in base ai millisecondi (classico) oppure in base alle suddivisioni di un tempo metronomico (quarti, ottavi, sedicesimi, etc.)

Feedback: rimettendo il segnale ritardato in circolo, stabilisce il numero di ripetizioni che ascoltiamo prima che il suono si estingua. Se settato al minimo, ascolteremo una sola ripetizione del segnale in ingresso; al massimo invece (sebbene il massimo sia sempre limitato a circa 98 o 99%, altrimenti il *delay* darebbe vita all'effetto Larsen), permette di prolungare le ripetizioni all'infinito.

Wet/Dry: regola la proporzione fra segnale diretto e ripetizioni.

Unità 8 - Risorse Didattiche U8 - Video Tutorial - Il plug-in di delay

8.A4 I DIVERSI FORMATI DI PLUG-IN

Per quanto riguarda l'audio digitale, i plug-in sono disponibili in diversi formati. I tre formati più conosciuti e utilizzati sono VST (sviluppato da Steinberg), RTAS/AAX (sviluppato da Avid) e AU (sviluppato da Apple).
Inizialmente questi formati erano stati sviluppati per essere utilizzati esclusivamente nelle workstation delle rispettive *software house* (VST in *Cubase/ Nuendo*, RTAS in *Pro Tools* e AU in *Logic Pro*). Attualmente però i formati VST e AU possono essere utilizzati anche in DAW di altre case produttrici.
Altri esempi di formati di plug-in nativi (ossia sviluppati dalla casa produttrice della DAW) sono: JS (Cockos, produttrice di *Reaper*), AUDIOSUITE, AAX, TDM (*Avid*) e MAS (*MOTU*, produttrice di *Digital Perfomer*).[14]
I formati LADSPA e LV2 (inizialmente nati per il sistema operativo Linux) non sono invece dedicati ad una workstation specifica e possono essere utilizzati in diverse DAW (*Ardour, Traverso* e *Audacity*).
Nella tabella sottostante potete trovare un elenco delle DAW più comunemente utilizzate e dei rispettivi formati di plug-in supportati.

Casa produttrice	DAW	Formato di plug-in supportato	Sistema operativo
Avid	Pro Tools	AUDIOSUITE RTAS TDM AAX (nativi)	Windows/Mac
Steinberg	Cubase/ Nuendo	VST (nativo)	Windows/Mac
Apple	Logic Pro	AU (nativo), TDM, VST*	Mac
MOTU	Digital Performer	MAS, AU (solo mac), VST	Windows/Mac
Cockos	Reaper	JESUSONIC, JS (nativi), VST, AU (solo mac), DirectX	Windows/Mac
Open source	Ardour	LADSPA, LV2 (nativi), VST, AU (solo mac)	Windows/Mac/ Linux
Open source	Source	LADSPA, LV2, VST	Windows/Mac/ Linux
* È possibile utilizzare i VST su *Logic Pro* soltanto attraverso delle utility come *VST to Audio Units Adapter*.			

Come possiamo notare dalla tabella, il formato più diffuso e compatibile con quasi tutte le DAW è il formato VST.

Unità 8 - Risorse Didattiche U8 - Attività integrativa: Remix

---

[14] Alcuni formati di plug-in, come TDM (fino a *Pro Tools 10*) e MAS, possono essere utilizzati esclusivamente con l'ausilio di hardware dedicato della stessa casa produttrice.

ATTIVITÀ E VERIFICHE

IN CLASSE - VERIFICHE INDIVIDUALI

Utilizzo del modulo di effetti del mixer.

1. Collega due sorgenti a due canali del mixer. Nel caso in cui tu stia collegando sorgenti stereo (lettore MP3, smarphone etc.) utilizza i canali stereo del mixer. Scegli un effetto sul modulo FX e impostane i parametri. Agisci sui controlli delle mandate FX (*FX send*) per regolare in modo diverso la quantità di effetto. Elabora il timbro del suono agendo sui controlli dell'EQ. Gestisci infine la quantità di effetto generale inviata alle uscite principali tramite il fader del canale di ritorno effetti.

Utilizzo dei plug-in nella DAW.

2. Crea un nuovo progetto audio e inserisci 4 file audio in 4 nuove tracce. Utilizzando 3 tracce FX e 4 *insert* fai in modo da ottenere il seguente risultato:
    a. Stesso tipo di riverbero su tutte le tracce
    b. Un delay con un tempo di ritardo lungo su 2 tracce e un delay con un tempo di ritardo corto su altre 2 tracce
    c. Equalizzazione diverso per ogni traccia

3. Crea una catena di plug-in in modo da ottenere un delay filtrato avendo la possibilità di gestire la quantità di effetto risultante con un solo comando. Crea inoltre 2 *preset* in modo da ottenere i seguenti effetti:
    a. Tempo di ritardo breve, livello di feedback alto e timbro "chiaro"
    b. Tempo di ritardo lungo, livello di feedback basso e timbro "ovattato"

4. Modificando i parametri del plug-in di riverbero crea 3 preset che ricostruiscano l'acustica di 3 ambienti molto differenti tra loro. Descrivi le caratteristiche acustiche dei tre ambienti appena creati.

Processi off-line.

5. Da un solo file audio crea 3 nuove versioni che abbiano le seguenti caratteristiche:
    a. durata minore e pitch più basso
    b. lettura del file invertita, durata maggiore e pitch invariato
    c. durata invariata e pitch più alto

IN CLASSE - VERIFICHE DI GRUPPO

1. Provate a realizzare in laboratorio una "camera di riverberazione". Collocate un diffusore all'interno di una stanza, posizionate un microfono omnidirezionale di fronte al diffusore, mandate in riproduzione un segnale e registrate il segnale microfonico. Ascoltate il prodotto della registrazione e analizzate le caratteristiche del riverbero introdotto dalla stanza.

A CASA - QUESTIONARI DI AUTOVERIFICA

1. Spiega brevemente a cosa serve una mandata FX..

2. Che differenza c'è tra una mandata FX (*FX send*) e una mandata ausiliaria (*AUX send*)?

3. A cosa serve il canale del mixer *FX return*?

4. Spiega brevemente cos'è un plug-in.

5. A cosa serve il controllo *dry/wet* di un riverbero?

6. Spiega le differenze tra l'utilizzo degli effetti disposti in serie e l'utilizzo degli effetti disposti in parallelo.

7. Spiega in cosa consiste il *reverse*.

8. Spiega in cosa consiste il *time stretching*.

9. Spiega la differenza tra processi in *real-time* e processi *offline*.

10. Spiega il fenomeno della riflessione del suono.

11. Che differenza c'è tra eco e riverbero?

12. Cos'è il tempo di riverberazione?

13. Quali sono i parametri principali del riverbero?

14. Quali sono i parametri principali del delay?

UNITÀ 9

IL MIDI (1A PARTE)

Argomenti trattati

9.1 IL MIDI

9.2 COME DEI MINIMALISTI DIGITALI

Appendici

9.A1 IL PROTOCOLLO MIDI

9.A2 FREQUENZA E NOTE MIDI

PREREQUISITI PER IL CAPITOLO
• Contenuti delle Unità da 1 a 8

OBIETTIVI
Abilità
• Saper importare un file MIDI
• Saper caricare un *Virtual instrument*
• Saper utilizzare un *Sample player*
• Saper esportare una sequenza MIDI eseguita da un *Virtual Instrument* sotto forma di file audio

Conoscenze
• Comprendere il protocollo MIDI
• Comprendere il funzionamento dei *Virtual instrument*
• Comprendere la relazione tra frequenza e note MIDI

CONTENUTI
• Protocollo MIDI
• Traccia *instrument*
• *Virtual instrument*
• *Sample player*

TEMPI
Per un corso biennale di 30+30 settimane: circa 3 settimane (6 ore)

ATTIVITÀ
• Importazione di un file MIDI
• Creazione di una traccia *instrument*
• Ascolto di file MIDI tramite *Virtual instrument*
• Regolazione dei controlli sul pannello del *Sample player*
• Esportazione di una sequenza MIDI eseguita da un *Virtual Instrument* sotto forma di file audio
• Esecuzione di una performance di gruppo utilizzando *loop* MIDI
• Registrazione delle performance

VERIFICHE
• Questionario di autoverifica
• Verifiche abilità pratiche acquisite
• Verifica generale delle competenze acquisite

SUSSIDI DIDATTICI DISPONIBILI ONLINE
• Glossario • Scheda risorse didattiche • Applicazioni ed esempi interattivi

MATERIALI NECESSARI
• Mixer • Sistema di diffusione • Computer • Scheda audio • DAW

9.1 IL MIDI

Fin qui con i nostri computer e le nostre DAW abbiamo lavorato esclusivamente con file audio. Adesso è arrivato il momento di parlare di parlare di MIDI e di file MIDI.
La parola MIDI è l'acronimo di **Musical Instrument Digital Interface**, ovvero "Interfaccia Digitale per Strumenti Musicali". Cosa vuol dire "interfaccia"? L'**interfaccia** è un sistema che mette in comunicazione due apparecchiature per lo scambio di dati. Per far sì che ciò avvenga sono indispensabili due cose: un contatto fisico (realizzabile attraverso porte, cavi e connettori) e un linguaggio comune, cioè comprensibile a tutte le macchine connesse. Per questo motivo con il termine MIDI si intende sia il linguaggio digitale utilizzato dalle macchine per comunicare, sia la parte fisica dell'interfaccia tramite la quale queste vengono collegate.

Il linguaggio MIDI è ciò che utilizziamo per permettere alla DAW di leggere i file MIDI, e le tracce MIDI non sono altro che tracce adibite a ospitare questo tipo di file. Il linguaggio MIDI si esprime attraverso **messaggi**, ovvero "pacchetti" di informazioni inviati da un dispositivo a un altro. Un messaggio MIDI non contiene suono, bensì delle istruzioni su come lo strumento ricevente deve produrre un dato suono.

Ma quali strumenti sono in grado di ricevere dati MIDI? Alla nascita del MIDI il suono veniva generato da strumenti elettronici hardware, quali sintetizzatori e campionatori. Questi strumenti erano in grado di interpretare i messaggi MIDI e di trasformarli in suono grazie a una interfaccia contenuta al loro interno.
Adesso, oltre a poter utilizzare strumenti hardware esterni, grazie alle nostre DAW è possibile utilizzare degli strumenti virtuali, chiamati appunto **virtual instrument**.
Affinché un *virtual instrument* possa suonare, è necessario fornirgli dei dati relativi a un'esecuzione musicale (es. durata, altezza e intensità delle note). Possiamo fornire queste informazioni allo strumento in due modi: in tempo reale, attraverso un *controller MIDI*, o importando un file MIDI contenente un'esecuzione pre-registrata.

Cominciamo col vedere la seconda opzione.
Utilizzate il file MIDI *lagodeicigni.mid* che potete trovare nella cartella *Audio/ MIDI U9* di questa unità.

Unità 9 - Audio/MIDI U9 - lagodeicigni.mid

Scaricate il file MIDI e importatelo nel vostro progetto in una **traccia instrument**.[1] Il file contiene un'unica sequenza MIDI.

---

[1] Per le modalità di importazione di file MIDI e creazione di tracce MIDI/Instrument consultare il manuale della vostra DAW.

> • Una **sequenza** MIDI è una successione di eventi MIDI precedentemen-
> te registrati.

Utilizzate come *virtual instrument* un *sample player* che sia dotato di una libreria di campioni di diversi strumenti acustici (eventualmente anche elettronici)[2].

A questo punto scegliete un **preset** di uno strumento all'interno del *sample player* (es. pianoforte), mandate in *play* la traccia per riprodurre la sequenza e ascoltate il risultato sonoro.

Adesso provate a scegliere il *preset* di un altro strumento e mandate in riproduzione. Potete notare come, sebbene il timbro sia cambiato, l'esecuzione della melodia rimanga identica.

Questo perché i dati MIDI contenuti nel file si comportano come una sorta di partitura che comunica al *virtual instrument* tutti le informazioni necessarie all'esecuzione, al di là del suono che abbiamo scelto.

Provate a cambiare quanti più *preset* volete: l'esecuzione rimarrà sempre invariata, cambierà solo il timbro al variare del *virtual instrument* scelto.

Potreste anche provare, ad esempio, a utilizzare un set di percussioni non intonate (se presente sul vostro strumento) come la batteria, dove ad ogni nota corrisponde uno strumento a percussione diverso. Noterete come, sebbene la successione delle altezze non sia più percepibile, resti comunque riconoscibile l'impronta ritmica della melodia.

Unità 9 - Audio/MIDI U9 - Melodie famose

Nella cartella *Audio/MIDI U9* di questa unità potete trovare altri file MIDI. Importateli nella vostra traccia *instrument* e divertitevi a cambiare il suono a melodie famose.

Unità 9 - Risorse Didattiche U9 - Video Tutorial - Creazione di una traccia instrument, inserimento di un file MIDI e di un virtual instrument

Un suono personalizzato

Oltre a modificare il timbro alla nostra melodia cambiando di volta in volta lo strumento che la esegue, grazie al *sample player* è possibile modificare il timbro dello strumento stesso.

Molti *sample player* e campionatori offrono infatti un pannello ricco di controlli che ci consente di modificare il suono. I controlli solitamente presenti permettono di intervenire sull'inviluppo del campione (per es. modificando attacco,

---

[2] Se la DAW che state utilizzando non è dotata di un *sample player*, in rete è possibile reperirne di gratuiti. All'interno della scheda *Risorse Didattiche U9* potete trovare un'elenco di strumenti *freeware* e multipiattaforma/multiformato (VST, AU, RTAS etc.) consigliati, oltre che un videotutorial sull'installazione di questi ultimi.

decadimento etc.), di filtrarlo o di modificarne l'ampiezza. Vediamo come fare utilizzando gli stessi file MIDI delle melodie famose.

Scegliete un *preset* del *sample player* e provate ad agire sull'attacco del suono rendendolo più lento; un pianoforte con un attacco più lento suonerà più simile a un violino o a un violoncello, strumenti nei quali è possibili controllare l'attacco del suono.
Provate adesso a muovere la frequenza del filtro; ancora una volta il suono ne risulterà completamente modificato, lontano da quello di partenza.
Sperimentate con diversi *preset* e file MIDI, agendo sui controlli a vostra disposizione per creare nuove timbriche e dare una nuova veste a celebri melodie.

Unità 9 - Risorse Didattiche U9 - Video Tutorial - Utilizzo di un virtual [⊛]
instrument

Dal MIDI all'audio

Una volta scelta la melodia che ci piace e dopo aver apportato le modifiche timbriche al *preset*, possiamo esportare un file audio corrispondente al flusso di dati MIDI eseguito con il *virtual instrument* per ascoltarlo al di fuori del progetto della DAW; la procedura di export è esattamente la stessa di quella già affrontata in precedenza per l'esportazione dei file audio[3].
Quello che è importante notare è che, una volta esportato il file audio generato dalla lettura del file MIDI, non potremo più di operare le sostituzioni di suoni e strumenti che abbiamo compiuto in precedenza.

9.2 MINIMALISTI DIGITALI

Proprio come per i file audio, è possibile creare dei *loop* con i file MIDI. I principi e le modalità di utilizzo sono esattamente gli stessi[4].
Ora che abbiamo preso familiarità con il *sample player* e con i file MIDI, vediamo come utilizzarli in modo creativo.
Vi proponiamo un'attività di esecuzione dal vivo. Tutto quello che vi serve sono i vostri computer (dotati di DAW e *sample player* con relativa banca di suoni), il mixer e un sistema di diffusione del suono.
Per questa performance dovrete dividervi in esecutori e direttore, un po' come avete fatto con la laptop orchestra nell'*Unità 1*.

---

[3] Vedi *mixdown* nell'*Unità 5,*
[4] Per rivedere come fare il *loop* di una clip vedi *Unità 7.*

Ogni esecutore dovrà scegliere un *loop* MIDI dalla cartella *Loop MIDI* che si trova all'interno della cartella *Audio/MIDI U9* di questa unità e un *preset* da caricare nel *sample player*; scelto il suono, l'esecutore dovrà apportare delle modifiche al timbro agendo sul filtro e sull'inviluppo d'ampiezza.

I *loop* che vi forniamo sono costituiti da melodie costruite con le note di una stessa scala, ma le combinazioni armoniche e timbriche che ne verranno fuori saranno determinate solo dal *preset* da voi scelto e dalle modifiche che apporterete a quest'ultimo.

Il direttore darà, mediante un gesto della mano, gli attacchi per far cominciare la riproduzione ciclica del vostro file MIDI e allo stesso modo vi indicherà quando arrestarla, determinando così le sovrapposizioni tra i *loop*.

Realizzate più esecuzioni, scambiandovi i ruoli e sperimentando con quanti più suoni potete, utilizzando magari anche suoni di percussioni non intonate. Non preoccupatevi se le sequenze in *loop* non sono sincronizzate tra loro, l'idea è proprio quella di creare una "nuvola" generata dalle sovrapposizioni casuali delle note.

Se volete riascoltare le vostre performance, potete collegare a un'uscita stereo accessoria del mixer (es. *tape out*) un computer con il quale, attraverso una DAW, registrare le esecuzioni su una traccia stereo.

Unità 9 - Audio/MIDI U9 - Esempio 1 - Classic loop.mp3 ; Esempio 2- Videogame loop.mp3

Nella cartella *Audio/MIDI U9* trovate due file audio che sono il risultato di due realizzazioni diverse fatte da noi con i *loop* che avete appena utilizzato.

- Un **virtual instrument** è un software che emula uno strumento musicale hardware, sia esso acustico o elettronico. È possibile caricare i *virtual instrument* all'interno della nostra DAW oppure utilizzarli al di fuori, come software a sé stanti; in questo caso vengono detti *standalone*.
- Una **traccia instrument** non è altro che una traccia MIDI a cui è possibile assegnare uno strumento virtuale. Qualsiasi tipo di file MIDI contenuto all'interno di quella traccia verrà riprodotto con il suono dello strumento.
- Il **sample player** è un lettore di campioni. A differenza del campionatore (*sampler*) - il suo "fratello maggiore" - il *sample player* non è in grado di campionare un suono bensì solo di riprodurlo attingendo a una libreria predefinita. Il *sample player* dispone anch'esso di numerosi controlli per modificare il suono.
- Un **preset** è un'impostazione pre-programmata di uno o più parametri di un dispositivo digitale, che può essere richiamata attraverso un comando. Richiamando un *preset*, i parametri vengono portati sui valori impostati al momento della memorizzazione.

Appendici

9.A1 IL PROTOCOLLO MIDI

Ripercorriamo qui un po' di storia del MIDI. Quando e perché nasce l'esigenza di inventare il MIDI?
Il MIDI nasce nel 1983 quando strumenti musicali elettronici come i sintetizzatori e i campionatori erano diventati molto sofisticati e avevano raggiunto una certa diffusione commerciale, grazie anche alle ridotte dimensioni e a costi più contenuti. Parleremo dei sintetizzatori e dei campionatori nel secondo volume; per ora possiamo dire che entrambi sono strumenti musicali elettronici cioè strumenti che non utilizzano il movimento di parti meccaniche per produrre il suono[5].
Prima della nascita del MIDI, se si volevano suonare due strumenti musicali elettronici insieme per ottenere una timbrica più ricca non c'era altra scelta che suonarli contemporaneamente sfruttando tutte e due le mani... ma se gli strumenti diventavano tre allora le cose si complicavano!
Nel 1982 durante il NAMM, una famosa fiera di strumenti musicali che si tiene tuttora in California, due produttori di sintetizzatori, *Roland* (Giappone) e *Sequential Circuits* (Stati Uniti), decisero di trovare un modo economico per permettere a sintetizzatori di marche diverse di comunicare fra loro.
Subito dopo, a queste aziende se ne unirono altre due, le giapponesi *Yamaha* e *Kawai*.
L'anno seguente, nel 1983, sempre presso il NAMM furono presentati i primi due sintetizzatori in grado di suonare assieme una volta collegati fra loro via MIDI: il *Prophet 600* della *Sequential Circuit* ed il *JX3P* della *Roland*.
Negli ultimi anni abbiamo a che a fare con il MIDI non solo quando utilizziamo strumenti elettronici, ma anche quando adoperiamo software musicali come il *sequencer* (che verrà illustrato nel secondo volume), gli strumenti virtuali e i programmi di notazione musicale.
Anche grazie a questa tecnologia il computer si è evoluto come uno strumento di produzione musicale in grado di restituire un prodotto audio finito e commercializzabile.

L'interfaccia fisica

Lo standard MIDI impiega un tipo di connettore che negli anni '80 era molto diffuso (e quindi molto economico!) vale a dire il **DIN a 5 poli,** ma al giorno d'oggi gli strumenti elettronici si scambiano i dati MIDI anche attraverso le porte USB, soprattutto quando si tratta di connessioni fra computer e strumenti/controller.
Nello standard MIDI solo i 3 poli centrali del DIN vengono effettivamente utilizzati.

---

[5] La chitarra elettrica ad esempio non è uno strumento *elettronico* bensì *elettroacustico* poiché il suono è solo amplificato elettronicamente ma è prodotto dalla vibrazione delle corde.

All'interno del cavo le informazioni viaggiano in una sola direzione proprio come avviene per il segnale audio. È importante che i cavi MIDI non misurino più di 15 metri altrimenti l'integrità delle informazioni potrebbe essere compromessa durante la trasmissione.

fig. 9.1: connettore MIDI DIN 5 poli

Le porte MIDI sono di 3 tipi:

1. **MIDI IN**: da questa porta lo strumento riceve i dati provenienti da un'altra macchina.

2. **MIDI OUT**: da questa porta escono i dati indirizzati a un'altra macchina.

3. **MIDI THRU**: tramite questa porta lo strumento ritrasmette i dati ricevuti all'ingresso MIDI IN per indirizzarli a un'altra macchina.

fig. 9.2: porte MIDI

Vediamo ora alcuni tipici esempi di connessione MIDI tra il computer e una tastiera o un sintetizzatore dotati di porte MIDI.

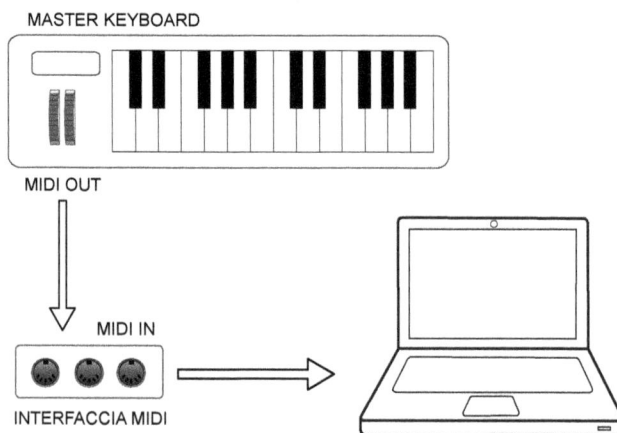

fig. 9.3: connessione unidirezionale tra master keyboard e PC tramite interfaccia MIDI

In figura 9.3 è illustrato un esempio di connessione unidirezionale MIDI tra una *master keyboard* e il computer. La **master keyboard** è una tastiera "muta", cioè un controller MIDI che non incorpora un generatore sonoro al proprio interno. Quando è connessa al computer tramite un'interfaccia di collegamento (MIDI, USB o altro), consente di inviare dati MIDI ai *virtual instrument* o di registrarli sulla DAW. Non essendo dotate di generatore sonoro, le *master keyboard* di solito dispongono solo di porte MIDI OUT o MIDI THRU.

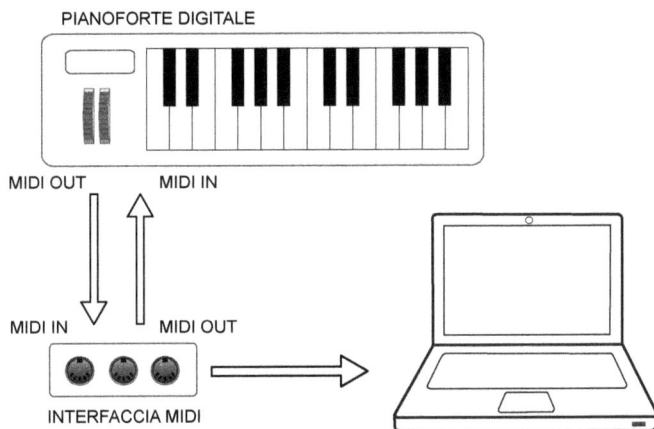

PIANOFORTE DIGITALE

MIDI OUT   MIDI IN

MIDI IN   MIDI OUT

INTERFACCIA MIDI

fig. 9.4: connessione bidirezionale tra tastiera dotata di generatore di suoni (es. sintetizzatore o pianoforte digitale) e PC tramite interfaccia MIDI

In questo secondo esempio (fig. 9.4) la porta MIDI OUT della tastiera è connessa al MIDI IN della scheda audio/interfaccia MIDI mentre il MIDI OUT di quest'ultima è connesso al MIDI IN della tastiera.

Questo tipo di connessione viene fatta quando si dispone di uno strumento elettronico dotato di generatore di suoni interno (campionatore, sintetizzatore, pianoforte digitale etc.). Sfruttando la connessione bidirezionale, questo strumento viene usato sia come *controller* per registrare i dati MIDI su computer sia per inviare i dati MIDI dal computer verso il generatore.

C'è inoltre da aggiungere che, come abbiamo accennato, gli strumenti elettronici di ultima generazione sono dotati di interfaccia USB tramite la quale si connettono al computer e possono realizzare questo tipo di connessione MIDI bidirezionale sfruttando un unico cavo. Grazie alla porta USB che affianca o sostituisce le porte MIDI, i dati possono viaggiare dal computer alla tastiera e viceversa, sempre che quest'ultima sia dotata di modulo sonoro e quindi in grado di accettare dati MIDI in ingresso, altrimenti, come nel caso della *master keyboard*, le informazioni viaggeranno solo in un senso.

Se non disponete di una scheda audio esterna dotata di interfaccia MIDI e la vostra tastiera non è dotata di interfaccia USB, potete acquistare un dispositivo per collegare la vostra tastiera al computer tramite USB. Questo tipo di interfaccia si presenta come un cavo speciale che ha un connettore USB da una parte e due connettori MIDI dall'altra (MIDI IN e MIDI OUT); al centro, di solito, è presente una piccola scatoletta che effettua la conversione.

fig. 9.5: interfaccia MIDI-USB

Il linguaggio MIDI

Ma cosa si dicono esattamente gli strumenti musicali elettronici quando si parlano in MIDI?
Di certo, essendo strumenti musicali parlano ovviamente di musica ma lo fanno in maniera un po' particolare. Dalla porta MIDI OUT di un'interfaccia MIDI infatti non viene fuori un suono ma delle istruzioni su come lo strumento ricevente deve produrre un dato suono.
Le istruzioni che viaggiano attraverso i cavi MIDI si esprimono all'incirca così:

"Suona un sol sulla quarta ottava con intensità pari al 50% dell'intensità massima"

Questo tipo di linguaggio ci offre tra le altre cose la possibilità di memorizzare le nostre composizioni in forma MIDI per farle suonare in un secondo momento ad un qualsiasi strumento elettronico dotato di porta MIDI IN.
Le informazioni MIDI sono organizzate sotto forma di *messaggi*. Vediamo adesso come è strutturato un messaggio MIDI. Il messaggio MIDI è una informazione digitale e quindi numerica che ha una grandezza (o se si preferisce, *lunghezza*) di più byte, di solito due o tre. Ricorderete che 1 byte consente di avere **256 valori** disponibili (da 0 a 255).
I messaggi MIDI vengono trasmessi in maniera **seriale**. Ciò significa che i dati vengono disposti come tanti vagoni di un treno e trasmessi in sequenza, uno dopo l'altro. Nel nostro caso, ad esempio, dalla porta MIDI OUT dello strumento verrà fuori prima il comando "suona una nota" e subito dopo il comando "sol della quarta ottava", mai al contrario e mai assieme!

Il messaggio MIDI è diviso in due parti:
status byte (o **byte di stato**) e uno o più **data byte** (o **byte di dati**)[6].

---

[6] Bisogna osservare che in alcuni casi ci si riferisce allo status byte come 1° byte, al primo data byte come 2° byte e al secondo data come 3° byte. Il concetto è lo stesso, cambia solo il punto di vista, cioè se si dividono i byte in due gruppi (status e data) o se si numerano secondo il loro ordine di trasmissione.

Lo status byte contiene informazioni di tipo qualitativo (es. suona una nota) mentre i data byte contengono informazioni di tipo quantitativo che si riferiscono a comandi impartiti dallo status byte che li precede (es. suona il sol della quarta ottava ad un volume del 50%).

Per evitare che questi due tipi di messaggi vengano confusi, sono strutturati in maniera tale da dividersi i 256 valori disponibili del byte.

Gli status byte sfruttano i valori da 128 a 255 mentre i data byte sfruttano quelli da 0 a 127.

Come abbiamo imparato, i computer e tutti gli altri dispositivi digitali utilizzano il linguaggio binario per calcolare, immagazzinare e trasmettere informazioni. Questo vuol dire che l'ultimo dei data byte, il valore 127, corrisponderà alla parola binaria **01111111** mentre il primo valore degli status byte, il valore 128, corrisponderà a **10000000**.

Come si può osservare, lo status byte più piccolo comincia per **1** e così tutti gli altri status fino a 255, mentre tutti i data byte cominciano per **0** e mantengono invariato il bit iniziale fino al valore 127. Per questo motivo, alla macchina ricevente basterà leggere il primo bit per capire se si tratta di un messaggio di *dati* o di *stato*.

Messaggi di canale

Altra cosa che dobbiamo sapere del MIDI è che esso è in grado di trasmettere non una, bensì 16 esecuzioni contemporaneamente. Per fare questo, gli strumenti MIDI sono dotati di **16 canali** che possono funzionare simultaneamente. Per capire il concetto di canale MIDI bisogna pensare ad un'orchestra o ad una partitura sinfonica: ad ognuno di questi 16 canali è come se corrispondesse uno strumento musicale[7].

Per questo motivo la seconda metà del byte di stato contiene l'informazione sul numero di canale al quale il comando si riferisce. Appena riceve il byte di stato, la macchina è in grado di sapere di che tipo di comando si tratta e a quale dei 16 canali andrà trasmesso. Facciamo subito un esempio pratico.

Il messaggio più comune in ambito MIDI è quello di **Note On** (Nota accesa/suonata). Si tratta del messaggio MIDI a cui abbiamo fatto riferimento fino ad ora e che in sostanza dice quale nota suonare, su quale canale e a che intensità. Vediamo come è strutturato.

status byte (1a parte)	status byte (2a parte)	1° data byte	2° data byte
Note On	Sul canale numero 9	Do della 2ª Ottava	25% dell'intensità

tabella 1: struttura messaggio *note on*

---

[7] Nel prossimo volume vedremo come sfruttare i 16 canali di trasmissione per suonare strumenti diversi.

Se leggiamo questo schema da sinistra verso destra avremo l'esatta sequenza di quello che è un messaggio MIDI di *Note On*. Il primo byte, lo status byte, specifica che si tratta di un messaggio *Note On* e il canale di trasmissione. L'altezza e l'intensità delle note vengono espresse nei due data byte che seguono: nel 1° data byte un valore compreso fra 0 e 127, valore chiamato **key number**, corrisponderà ad una nota delle 11 ottave a disposizione (dove il Do centrale a 261,63 Hz è rappresentato dal numero 60)[8]; nel 2° data byte un valore dello stesso intervallo stabilirà l'intensità, dove lo 0 rappresenta il silenzio e 127 la massima intensità ottenibile[9]. L'intensità in ambito MIDI viene chiamata **velocity**, dato che la "velocità" con la quale premiamo un tasto è proporzionale alla forza che imprimiamo e determina la dinamica del suono. Trattandosi di dati costituiti da pochi byte, la trasmissione è molto veloce, dell'ordine dei millisecondi. Quando premiamo un tasto sul nostro strumento elettronico possiamo ascoltare il suono provenire da un altro strumento a questi collegato in un tempo così breve da sembrarci praticamente sincrono alla pressione del tasto.

Quando lasciamo il tasto, altrettanto velocemente viene trasmesso il messaggio che fa sì che la nota venga smorzata, il **Note Off**.

status byte (1a parte)	status byte (2a parte)	1° data byte	2° data byte
Note Off	Sul canale numero 9	Do della 2ª Ottava	Tempo di smorzamento

tabella 2: struttura messaggio *note off*

Rispetto al messaggio di *Note On*, cambierà la prima parte dello status byte, che definisce il messaggio, e il 2° data byte dove è scritto il tempo che il suono deve impiegare per estinguersi del tutto; resteranno invariati la seconda parte dello status byte (che definisce il canale) e il 1° data byte che definisce la nota precedentemente attivata su quel canale che vogliamo spegnere.

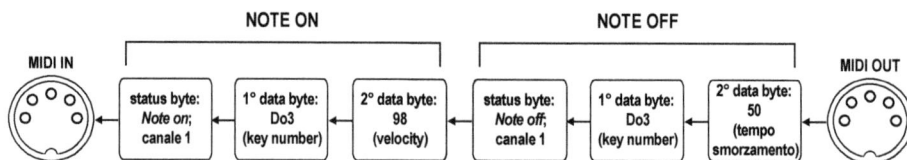

fig. 9.6: ordine di arrivo dei byte dei messaggi *Note On* e *Note Off*

Esiste però un modo più veloce per "spegnere" una nota ed è quello di mantenere attivo lo stesso status byte (quindi sempre un messaggio Note On) e di inviare soltanto il 1° data byte con lo stesso key number e il 2° data byte

---

[8] Vedi tabella 3

[9] Vedi tabella 4

con valore 0 che, in questo caso, non rappresenta il tempo di smorzamento, ma il valore della velocity.

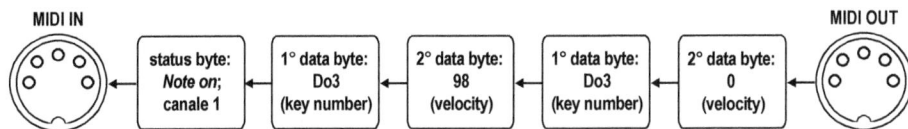

MIDI IN ← | status byte: Note on; canale 1 | ← | 1° data byte: Do3 (key number) | ← | 2° data byte: 98 (velocity) | ← | 1° data byte: Do3 (key number) | ← | 2° data byte: 0 (velocity) | ← MIDI OUT

fig. 9.7: ordine di arrivo dei byte in *Running status*

L'effetto è praticamente lo stesso, salvo per il fatto che si perde la possibilità di controllare il tempo di decadimento della nota ma si guadagna in termini di velocità di risposta da parte dello strumento ricevente.
Questa particolare modalità di trasmissione dei dati viene detta **Running Status** (cioè "stato corrente", "stato ancora attivo") e offre la possibilità di evitare la trasmissione di un nuovo status byte se il messaggio successivo è dello stesso tipo. Poiché l'interfaccia MIDI è di tipo seriale, evitare di ritrasmettere uno status byte rappresenta un risparmio in termini di dati e quindi di tempo di trasmissione.

Questa modalità è utile quando ci sono molte note da trasmettere contemporaneamente. Ma dal momento che il MIDI trasmette una nota alla volta, come facciamo ad ascoltare un accordo di più note? Riusciamo ad ascoltare un accordo perché, sfruttando il *Running Status*, il ritardo tra un messaggio di *Note On* e il successivo è così breve che abbiamo l'impressione che le note siano suonate simultaneamente.

Ottave	Numeri di Note MIDI											
	Do	Do#	Re	Re#	Mi	Fa	Fa#	Sol	Sol#	La	La#	Si
-1	0	1	2	3	4	5	6	7	8	9	10	11
0	12	13	14	15	16	17	18	19	20	21	22	23
1	24	25	26	27	28	29	30	31	32	33	34	35
2	36	37	38	39	40	41	42	43	44	45	46	47
3	48	49	50	51	52	53	54	55	56	57	58	59
4	60	61	62	63	64	65	66	67	68	69	70	71
5	72	73	74	75	76	77	78	79	80	81	82	83
6	84	85	86	87	88	89	90	91	92	93	94	95
7	96	97	98	99	100	101	102	103	104	105	106	107
8	108	109	110	111	112	113	114	115	116	117	118	119
9	120	121	122	123	124	125	126	127				

tabella 3: corrispondenza tra numero di nota MIDI (key number) e nota della scala

Indicazione dinamica	Notazione musicale	Intervallo di velocity
Estrememente debole	*ppp*	Da 1 a 15
Pianissimo	*pp*	Da 16 a 31
Piano	*p*	Da 32 a 47
Mezzo piano	*mp*	Da 48 a 63
Mezzo forte	*mf*	Da 64 79
Forte	*f*	Da 80 a 95
Fortissimo	*ff*	Da 96 a 111
Estremamente forte	*fff*	Da 112 a 127

tabella 4: corrispondenza valore della velocity e dinamica musicale

Esistono anche altri messaggi MIDI oltre a quelli relativi alle note da suonare?

Certamente! Elenchiamo di seguito alcuni degli messaggi più importanti, ognuno dei quali è identificato da un particolare status byte:

Pitch Bend: (1110cccc)[10] "flessione dell'intonazione" è l'equivalente del *bending* chitarristico che si ottiene flettendo le corde mentre le si preme sulla tastiera. A differenza di quanto avviene sulla chitarra però, i controlli disponibili sugli strumenti elettronici (solitamente una rotella o una leva) possono anche flettere l'intonazione verso il grave.

Aftertouch: (1101cccc) "dopo il tocco" si tratta di un messaggio che trasmette l'eventuale pressione aggiuntiva che avviene successivamente all'abbassamento del tasto di uno strumento. Di solito viene utilizzato per controllare parametri espressivi come il vibrato, il tremolo o la variazione della frequenza di taglio di un filtro che incide sulla brillantezza del suono.

---

[10] Le prime quattro cifre identificano lo status byte e quindi il tipo di messaggio; le ultime quattro, indicate con *cccc*, compongono la parte del messaggio nella quale è codificata l'informazione sul canale MIDI. Con quattro cifre possiamo infatti codificare 16 valori (2^4) che corrispondono al numero di canali MIDI disponibili, cioè 16.

Program Change: (1100cccc) "cambio di programma" serve a richiamare una data "memoria" come un *preset* di un suono. Ad esempio, all'inizio del brano possiamo scrivere dei *program change* al fine di predisporre il suono di uno strumento diverso su ognuno dei 16 canali disponibili.

Control Change: (1011ccc) - spesso abbreviato con *CC* seguito dal numero del controllo es. *CC7* - sotto questo status byte vengono raggruppati comandi diversi. Tra i più importanti troviamo la **Modulation Wheel** (*CC1*), una rotella che nei sintetizzatori si trova vicina al *Pitch Bend* e viene usata solitamente per controllare uno o più parametri del suono, come l'ampiezza del *vibrato*. Altri *Control Change* sono il **Main Volume** (*CC7*) che, come dice il nome, controlla il volume generale; il **Damper** o **Sustain Pedal** (*CC64*) che proprio come il pedale del pianoforte prolunga il tempo di smorzamento delle note; il **Panpot** (*Panoramic Potentiometer*) (*CC10*) che ci permette di posizionare un suono più a destra o più a sinistra nel panorama stereofonico.

Tutti quelli descritti fino ad ora sono **Messaggi di canale**, cioè messaggi che si occupano direttamente dell'esecuzione musicale e che contengono l'informazione sul canale di trasmissione. Esiste però anche un'altra categoria di messaggi MIDI altrettanto importante che illustriamo qui di seguito.

Messaggi di sistema

Questo tipo di messaggi svolge funzioni generali e accessorie. Un gran numero di messaggi che rientrano in questa categoria sono pensati per comandare la riproduzione delle sequenze MIDI. Vi ricordiamo che una sequenza MIDI è una successione di eventi MIDI (note e controlli) precedentemente registrati. Fra questi messaggi troviamo:

- **Start**: fa ripartire la riproduzione della sequenza MIDI dall'inizio.
- **Continue**: fa ripartire la riproduzione della sequenza dal punto in cui era stata interrotta.
- **Stop:** ferma la riproduzione.

Altri messaggi di sistema, che però non riguardano da vicino la riproduzione delle sequenze sono, ad esempio, **All Notes Off** e **Reset All Controllers** in grado rispettivamente di spegnere tutte le note e di resettare tutti i controlli principali (come ad esempio la *Modulation Wheel*) alla loro posizione di partenza.
Anche i messaggi di sistema sono inviati mediante la successione di status byte e data byte.

Il General MIDI e lo Standard MIDI file

Come abbiamo visto i messaggi MIDI non contengono suoni ma istruzioni precise su come la macchina che riceve il comando deve produrre il suono. Spesso si sente parlare erroneamente di "suoni MIDI" quando ci si riferisce a suoni campionati poco realistici. Ma se abbiamo capito come funziona il

MIDI, allora sappiamo che non esistono "suoni MIDI" ma solo campionatori dotati di suoni poco realistici.

La stessa sequenza di note MIDI può essere indirizzata tanto a una macchina o a un software dotati di un suono di pianoforte altamente realistico quanto ad una macchina con un suono di pianoforte che risulta artificiale. Il MIDI non è responsabile della qualità sonora finale ma solo della qualità dell'esecuzione musicale.

Ma se i suoni cambiano da strumento a strumento e da software a software, come si fa a dire a dispositivi diversi "utilizza il suono di un organo" o "utilizza il suono di un trombone"?

Per questa esigenza ci viene in soccorso il **General MIDI**, spesso abbreviato **GM**.

Un qualsiasi dispositivo come una tastiera, un campionatore o un software che sia compatibile con il GM è in grado di interpretare correttamente i messaggi di *Program Change* caricando il suono richiesto fra i 128 a disposizione. Il messaggio di *Program Change* contiene lo status byte, che identifica il messaggio, e un solo data byte il cui valore (da 0 a 127) individua lo strumento da selezionare.

Di seguito elenchiamo le famiglie di suoni e i numeri di *Program Change* che corrispondono agli strumenti definiti dallo standard *General MIDI*.

Program n.	Categoria di strumento	Program n.	Categoria di strumento
Da 1 a 8	Pianoforti	Da 65 a 72	Strumenti ad ancia
Da 9 a 16	Percussioni intonate	Da 73 a 80	Flauti
Da 17 a 24	Organi	Da 81 a 88	Sintetizzatori solisti
Da 25 a 32	Chitarre	Da 89 a 96	Sintetizzatori tappeti
Da 33 a 40	Bassi	Da 97 a 104	Effetti sintetizzatori
Da 41 a 48	Strumenti ad arco	Da 105 a 112	Strumenti etnici
Da 49 a 56	Ensemble	Da 113 a 120	Percussioni
Da 57 a 64	Ottoni	Da 121 a 128	Effetti sonori

tabella 5: prospetto della corrispondenza tra numeri di *Program Change* e strumenti secondo lo standard GM

Nello standard GM, dei 16 canali a disposizione il canale numero 10 sarà sempre quello dedicato alla batteria/suoni percussivi.

Di seguito vediamo la *GM Drum map*, cioè l'assegnazione standard delle varie percussioni ai diversi *key number*.

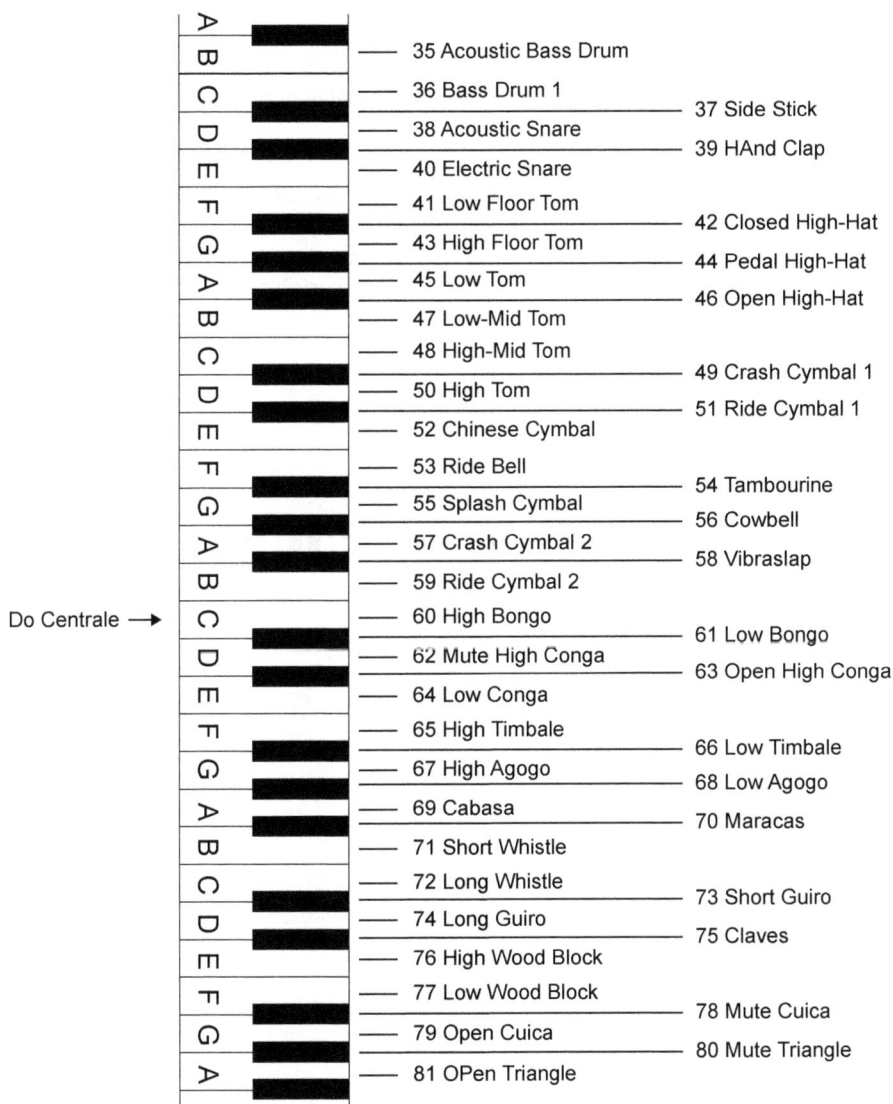

fig. 9.8: corrispondenza tra *key number* e percussioni secondo lo standard GM

Come ormai sappiamo, i dati, per essere salvati, hanno bisogno di essere immagazzinati all'interno di un file che abbia una specifica estensione in modo che sia leggibile da diversi dispositivi. Nel caso del MIDI, il formato dei file si chiama **SMF** cioè **Standard MIDI File** e la sua estensione è *.mid*. Su internet è possibile trovare tantissimi file MIDI di brani famosi appartenenti ai più diversi generi musicali. Proprio grazie al fatto che sfruttano lo standard General MIDI, essi possono essere letti correttamente dai nostri strumenti elettronici o dai nostri computer (oramai quasi tutti compatibili con il GM) anche se sono stati creati con altri dispositivi.

9.A2 FREQUENZA E NOTE MIDI

Come abbiamo visto nella prima unità, la frequenza, a livello percettivo, è connessa alla sensazione di altezza, e ci permette di distinguere i suoni gravi da quelli acuti.

In base al sistema musicale occidentale, detto *sistema temperato*, a ogni nota è assegnata una frequenza ben precisa. Al *La* dell'ottava centrale del pianoforte corrisponde la frequenza di 440 Hz. Nella figura 9.10 potete osservare la corrispondenza tra *key number* (numero di nota MIDI), *pitch* - cioè la nota identificata dal suo nome con l'indicazione dell'ottava di appartenenza - e frequenza.

🖥 ***TM Lab - Unità 9 - Key Number-Pitch-Hertz***

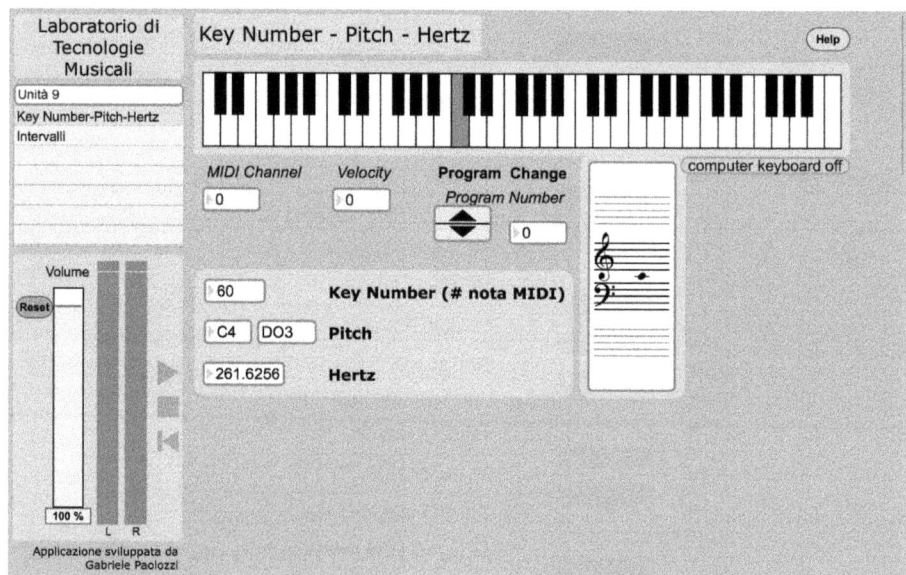

fig. 9.9: *Key Number - Pitch - Hertz*

Aprite adesso l'esempio interattivo *Key Number-Pitch-Hertz* e provate a suonare una nota sulla tastiera virtuale. Nel box *Key Number* viene visualizzato il numero di nota MIDI; nei box *Pitch* il nome della nota nelle notazioni anglosassone e italiana; nel box *Hz* la frequenza della nota. A destra potete visualizzare la nota su pentagramma. Accanto a queste informazioni, l'esempio vi mostra anche la *velocity* della nota e il canale sul quale state trasmettendo. Riuscite a capire da cosa dipende il valore della *velocity*?

Nell'esempio interattivo abbiamo incluso anche la possibilità di selezionare il *preset* dello strumento. Come ormai saprete, ciò avviene tramite il messaggio di *Program Change*. Facendo riferimento alla tabella 5 verificate la corrispondenza dei numeri di *Program Change* con il timbro dello strumento definito dallo standard GM.

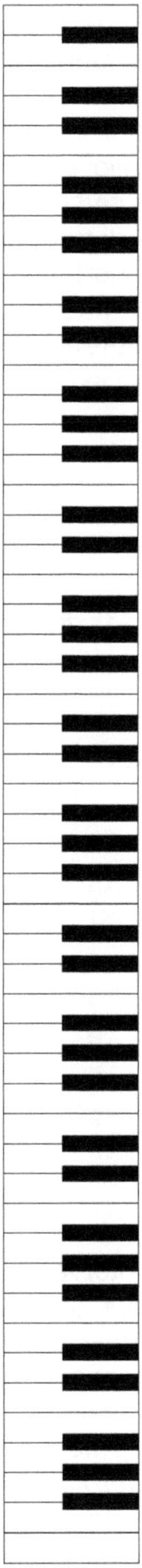

Key Number (numero di nota MIDI)		Pitch (Nota)		Frequenza Hz	
21		A0		27.500	
	22				29.135
23		B0		30.868	
24		C1		32.703	
	25				34.648
26		D1		36.708	
	27				38.891
28		E1		41.203	
29		F1		43.654	
	30				46.249
31		G1		48.999	
	32				51.913
33		A1		55.000	
	34				58.270
35		B1		61.735	
36		C2		65.406	
	37				69.296
38		D2		73.416	
	39				77.782
40		E2		82.407	
41		F2		87.307	
	42				92.499
43		G2		97.999	
	44				103.83
45		A2		110.00	
	46				116.54
47		B2		123.47	
48		C3		130.81	
	49				138.59
50		D3		146.83	
	51				155.56
52		E3		164.81	
53		F3		174.61	
	54				185.00
55		G3		196.00	
	56				207.65
57		A3		220.00	
	58				233.08
59		B3		246.94	
60		**C4**		**261.63**	
	61				277.18
62		D4		293.67	
	63				311.13
64		E4		329.63	
65		F4		349.23	
	66				369.99
67		G4		392.00	
	68				415.30
69		**A4**		**440.00**	
	70				466.16
71		B4		493.88	
72		C5		523.25	
	73				554.37
74		D5		587.33	
	75				622.25
76		E5		659.26	
77		F5		698.46	
	78				739.99
79		G5		783.99	
	80				830.61
81		A5		880.00	
	82				932.33
83		B5		987.77	
84		C6		1046.5	
	85				1108.7
86		D6		1174.7	
	87				1244.5
88		E6		1318.5	
89		F6		1396.9	
	90				1480.0
91		G6		1568.0	
	92				1661.2
93		A6		1760.0	
	94				1864.7
95		B6		1975.5	
96		C7		2093.0	
	97				2217.5
98		D7		2349.3	
	99				2489.0
100		E7		2637.0	
101		F7		2793.0	
	102				2960.0
103		G7		3136.0	
	104				3322.4
105		A7		3520.0	
	106				3729.3
107		B7		3951.1	
108		C8		4186.0	

fig. 9.10: corrispondenza tra *key number*, *pitch* e frequenza

Guardando la figura n. 9.10 possiamo notare che la differenza di frequenza tra due note a distanza di ottava non è sempre la stessa: è minore nelle ottave basse e maggiore in quelle alte. Ad esempio, la differenza tra il Do1 e il Do2 è di pochi Hz, al contrario di quella tra il Do5 e il Do6 che è molto maggiore. Quello che però non cambia è il rapporto. Infatti, dati due suoni a distanza di ottava, quello superiore avrà sempre una frequenza doppia rispetto a quello inferiore. Allo stesso modo, anche il rapporto tra gli altri intervalli (ad esempio quinta giusta, terza minore etc.) rimarrà invariato, indipendentemente dalla banda di frequenza in cui ci troviamo.

Questo concetto è molto importante ed è alla base della percezione degli intervalli musicali da parte del nostro sistema uditivo. Il nostro cervello, infatti, piuttosto che calcolare la differenza tra le frequenze di due suoni, riconosce la relazione che intercorre tra le stesse identificando il tipo di intervallo.

TM Lab - Unità 9 - Intervalli

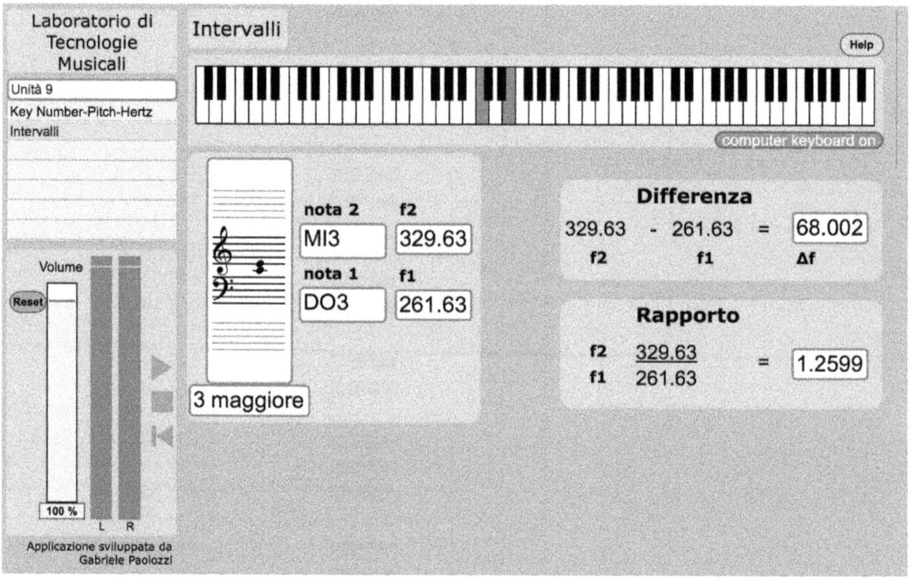

fig. 9.11: Intervalli

Aprite l'esempio interattivo *Intervalli*. Provate a suonare un bicordo, cioè un accordo formato da due suoni, sulla vostra *master keyboard* e osservate la differenza in frequenza tra i due suoni nel box *Differenza* e il rapporto tra le stesse frequenze nel box *Rapporto*. Suonate adesso lo stesso tipo di intervallo su un'altra ottava della tastiera spostandovi verso l'acuto. Noterete che il *Delta f* ha subito un incremento mentre il rapporto è rimasto invariato.

Se non disponete della *master keyboard*, potete scegliere il tipo di intervallo selezionandolo da uno dei *preset* e suonare il bicordo premendo un solo tasto della tastiera del computer o della tastiera virtuale. Il suono scelto sarà quello inferiore del bicordo.

ATTIVITÀ E VERIFICHE

IN CLASSE - VERIFICHE INDIVIDUALI

1. Eseguire un file MIDI tramite tramite un *virtual instrument*
   a. Scaricate un *virtual instrument* gratuito dalla rete per il sistema operativo del vostro computer e installatelo.
   b. Create un nuovo progetto sulla DAW, importate un file MIDI, caricate il *virtual instrument* e modificate il *preset* per cambiare il timbro
   c. Agite sui controlli del *sample player* per modificare le caratteristiche timbriche dello strumento che state utilizzando.
   d. Esportate il risultato finale come file audio.

⧉ IN CLASSE - VERIFICHE DI GRUPPO

1. Collegate 3 o più computer al sistema di diffusione del laboratorio, su ciascun computer caricate un *sample player*, scegliete un *preset* e importate all'interno della sessione uno dei *loop* che trovate nella cartella *Audio/MIDI U9* di questa unità. Realizzate una performance come avete già fatto all'inizio di questa unità. Designate un regista del suono che controlli i volumi e la spazializzazione al mixer.

Suggerimenti: ricordatevi che potete collegare le uscite accessorie del mixer (*tape out* o *rec out*) a un computer e registrare la performance su una traccia stereo con la vostra DAW.

A CASA - QUESTIONARI DI AUTOVERIFICA

1. Cos'è il MIDI e perché è stato inventato?.

2. Cos'è un *virtual instrument*?.

3. Cos'è un *sample player*?

4. Cosa dobbiamo fare se vogliamo ascoltare il nostro progetto al di fuori della DAW?

5. Qual è la struttura di un messaggio MIDI?

6. Quanti sono e a cosa servono i canali MIDI?

7. Descrivi la funzione e la struttura (numero di byte e a cosa servono) del messaggio *Note On*.

8. Che cos'è la *velocity*?

9. A cosa serve un messaggio di *Program change*?

10. Cita 2 o più *Control Change* che conosci e spiega a cosa servono.

BIBLIOGRAFIA ESSENZIALE

AA.VV., *A Student's Guide to Music Technology. For Edexcel AS and A2 Specification*, London,   Rhinegold Publishing Ltd, 2007

ALTON EVEREST, F., *Manuale di acustica*, Milano, Hoepli, 1996.

BIANCHINI, R. - CIPRIANI A., *Il suono virtuale*, Roma, ConTempoNet, 1998.

CIPRIANI, A. - GIRI, M., *Musica elettronica e Sound Design, Vol. I*, Roma, ConTempoNet, 2009.

CIPRIANI, A. - GIRI, M., *Musica elettronica e Sound Design, Vol. II*, Roma, ConTempoNet, 2013.

FRONZI, G., *Electrosound. Storia ed estetica della musica elettroacustica*, Torino, EDT, 2013.

FROVA, A., *Fisica nella musica*, Bologna, Zanichelli, 1999.

GUÉRIN, R., *MIDI. L'interfaccia digitale per gli strumenti musicali*, Milano, Apogeo, 2003.

HOSKEN, D., *An Introduction to Music Technology*, New York, Routledge, 2011.

HUBER, D. M., RUNSTEIN, R. E., *Manuale della registrazione sonora*, Milano, Hoepli, 1999.

LOMBARDO, V. - VALLE, A., *Audio e multimedia*, Milano, Apogeo, 2008.

MURRAY SCHAFER, R., *Il paesaggio sonoro*, Milano, Ricordi LIM, 1985.

PIERCE, J. R., *La scienza del suono*, Bologna, Zanichelli, 1988.

TALBOT-SMITH, M., *Manuale di ingegneria del suono*, Milano, Hoepli, 2002.

INDICE ANALITICO

A

a/d e d/a (conversione), U6, 150, 154
acid files, U7, 169
acquisizione del suono, U1, 23
acustica, U1, 12
adattamento di impedenza, U2, 29
aftertouch: (1101cccc), U9, 216
altezza (pitch), U1, 16, 19
ampiezza di picco, U5, 121
ampiezza istantanea, U5, 121
analogico, U2, 50
analizzatore di spettro, U4, 99
apple loops, U7, 169
attacco/attack (vedi transitori), U4, 101
audio interface (scheda audio), U3, 69, 71

B

banda udibile, U1, 20
bars & beats, U5, 124
battimenti, U2, 48
battimenti multipli, U2, 49
bit, U3, 79
bit depth (o risoluzione in bit), U4, 96
bitrate (frequenza di dati al secondo), U4, 106
bpm, U4, 91 - U5, 115
bridge (o ponte), U3, 75
byte, U3, 79

C

campionatore, U3, 77
campione (o sample), U7, 163
canale, U1, 5, 26
cannon (vedi xlr), U2, 53
cassa, U1, 3, 24
catena degli ossicini, U8, 191
catena elettroacustica, U1, 5
cavi audio, U1, 4
cbr, U4, 106
channel strip, U1, 30
ciclo, U1, 17
click, U7, 166
clip (parti o media), U4, 90, 91 - U5, 116

clipping, U6, 155
coclea, U8, 191
coda (o outro), U3, 75
computer, U3, 76
condotto uditivo, U8, 190
conduttore elettrico, U2, 50
connettori, U1, 4, 5
control change: (1011ccc), U9, 217
controlli di uscita del canale (mixer), U1, 30
corrente elettrica, U2, 50
costanza/sustain (vedi transitori), U4, 101
count off (vedi precount), U7, 170
counter, U4, 92 - U5, 115
cpu (central processor unit), U3, 77
crossfade (o dissolvenza incrociata), U5, 128

D

d/a (digitale/analogico), U6, 154
data byte (o byte di dati), U9, 212
dati, U3, 77
d.i. box, U2, 42
damper (vedi sustain pedal), U9, 217
daw, U4, 89
db, U2, 56
dbfs, U4, 118 - U6, 153, 155
db spl (sound pressure level), U5, 122
dbv, U2, 56
dbu, U2, 56
decadimento/decay (vedi transitori), U4, 101
decay time/reverb time (riverbero), U8, 196
delay, U8, 198
delay time, U8, 198
density (riverbero), U8, 197
desktop, U3, 76
diffusion (riverbero), U8, 197
diffusione del suono, U1, 23
din a 5 poli, U9, 209
direzionalità (microfono), U6, 143
dischi a stato solido (ssd - solid state disk),
     U3, 82
drag and drop, U4, 95
driver, U3, 71
dry/wet (fx), U8, 183
dual mono (o doppio mono), U1, 6
dumper (vedi sustain pedal), U9, 217

duplica (editing), U7, 164

E

eco, U8, 193
ecologia acustica o ecologia del paesaggio
    sonoro, U6, 149
edit view (vedi vista edit), U4, 89
editing, U5, 113, 115, 127
effetto (elaborazione del suono), U8, 181
effect (fx), U1, 30
effetto Larsen, U2, 38
elaborazione del suono, U1, 23
elasticità, U1, 13
elettroacustica, U1, 5
eq (equalizzatore), U1, 28
estinzione/release (vedi transitori), U4, 101

F

fade, U5, 127
fade in (o assolvenza), U5, 128
fade out (o dissolvenza), U5, 128
fader, U1, 7, 30
fase, U2, 45
far-field, U3, 83
fast-forward, U4, 91
feedback, U2, 38
feedback (delay), U8, 198
feedback acustico (vedi effetto Larsen), U2, 5
figura polare (microfono), U6, 143
file, U3, 78
filtri audio, U2, 39
filtro passa-alto, U1, 27
finestra ovale, U8, 191
firewire, U3, 70, 71
forma d'onda, U4, 91, 98
formato audio, U4, 96
formati compressi, U4, 106
formati lineari, U4, 105
formati di plug-in, U8, 199
frequenza, U1, 18
frequenza di battimento, U2, 48

G

gain, U1, 7 - U2, 56
general midi (gm), U9, 218

go to the end, U4, 91
go to the start, U4, 91
griglia, U4, 90, 91 - U5, 125

H

hard disk, U3, 77
hardware, U3, 71 - 76
headphones (cuffie), U3, 83
hertz (hz), U1, 18
high damping (riverbero), U8, 197

I

infrasuoni, U1, 20
impedenza, U2, 42, 57
impulso, U4, 99
in controfase, U2, 47
in fase, U2, 46
ingresso di linea (line), U1, 27
ingresso microfonico (mic), U1, 27
insert (channel strip), U8, 181, 182
interfaccia, U9, 205
intro, U3, 75

K

key number, U9, 214

L

laptop, U3, 76
laptop orchestra, U1, 3
line level (vedi segnale di linea), U2, 56
loop, U7, 163
loop (repeat o ciclo - transport bar), U4, 92
lossless, U4, 106
lossy, U4, 106
low cut (vedi filtro passa-alto), U1, 27
lunghezza d'onda, U1, 17

M

macchina di Von Neumann, U3, 76
main volume (cc7), U9, 217
main out (o main mix), U1, 9
mandate ausiliaria (o aux send), U8, 178, 181
mandate fx, U8, 178

master, U4, 94
master keyboard, U9, 211
memoria ssd, U3, 82
memorizzazione (campionamento), U6, 154
messaggi (midi), U9, 205
messaggi di canale, U9, 217
messaggi di canale (midi), U9, 217
messaggi di sistema (midi), U9, 218
meter, U2, 59, 60
metodo di trasferimento bilanciato, U2, 52
mezzo di propagazione, U1, 12
mic level, U2, 56
microfono, U1, 24, 25
microfono a condensatore, U2, 39, 40
microfono dinamico, U2, 39
middle 8 (bridge), U3, 75
midi, U9, 205
mid-field, U3, 83
midi in, U9, 210
midi out, U9, 210
midi thru, U9, 210
minutes & seconds, U5, 124
mix view (vedi vista mixer), U4, 92
mixer, U1, 3, 26
mixdown (bounce), U5, 118
modulation wheel (cc1), U9, 217
monitor da studio, U3, 69, 71, 83
monitoring, U6, 137, 138
mono, U1, 6 - U2, 55
mono bilanciata, U2, 50
mono sbilanciata, U2, 50
mp3, U4, 106
mpeg1 layer 3 (vedi mp3), U4, 106
musica elettroacustica, U3, 74
mute, U1, 7, 30 - U4, 96

N

near-field, U3, 83
nibble, U3, 79
note off, U9, 214
note on, U9, 213

O

oggetto sonoro, U6, 139
onda a dente di sega, U4, 99
onda aperiodica, U1, 15

onda di pressione sonora (onda sonora), U1, 14
onda periodica, U1, 15
onda quadra, U4, 99
onda triangolare, U4, 99
orecchio esterno, U8, 190
orecchio interno, U8, 190, 191
orecchio medio, U8, 190
outro (vedi coda), U3, 75

P

pad d'attenuazione, U6, 137, 138, 156
padiglione auricolare (orecchio), U8, 190
pan (vedi pan pot), U1, 8, 30 - U4, 96
pan pot, U1, 8, 30 - U4, 96
panpot (cc10), U9, 217
passeggiata sonora (soundwalk), U6, 149
pause, U4, 91
peak (vedi anche peak meter), U2, 61
peak meter, U2, 59, 60
periferiche, U3, 77
periodo, U1, 17
pfl, U2, 58
phantom, U2, 40
pick-up piezoelettrico, U2, 40, 41
pitch bend: (1110cccc), U9, 216
pitch shifting, U8, 189
play, U4, 91
plug-in, U8, 181, 182, 199
ponte (vedi bridge), U3, 75
post-roll, U7, 171
precount (o count off), U7, 170
pre-delay (riverbero), U8, 196
pre-roll, U7, 171
preset, U9, 206, 208
principio di trasduzione, U6, 143
processo, U8, 181
processore (cpu), U3, 77
programmi (software), U3, 78
program change: (1100cccc), U9, 217
psicoacustica, U1, 12
punch, U7, 166

Q

quantizzazione, U6, 151

R

ram (random access memory o memoria
    ad accesso casuale), U3, 78
range dinamico (o gamma dinamica), U6, 156
rca, U2, 55
recycle (rex), U7, 169
record, U4, 91
record enable, U4, 91
redo, U5, 116
reverse, U8, 187
rewind, U4, 91
riflessione, U8, 193
riflessioni primarie, U8, 193
riflessioni secondarie, U8, 193
ring, U2, 51
risposta ai transienti, U6, 146
risposta in frequenza, U2, 40 - U6, 146
ritornello (chorus), U3, 75
ritorno effetti (fx return), U8, 178
riverbero, U8, 194
room shape/type (riverbero), U8, 196
rumore di quantizzazione, U6, 153
running status, U9, 215
ruoting, U8, 180, 181

S

samples (timeline), U5, 125
sample player, U9, 208
sample rate conversion (src), U4, 104
sample rate (sr o frequenza di
    campionamento), U4, 96
scheda audio (audio interface), U3, 69, 71
scheda madre (motherboard o mainboard),
    U3, 78
segnale di linea (line level), U2, 42
sensibilità (microfono), U2, 40
sequenza midi, U9, 206
seriale (messaggi midi), U9, 212
shortcut, U5, 116, 117
signal to noise ratio (snr), U6, 156
sinusoide, U4, 99
sistema binario, U3, 79
sistema operativo, U3, 78
sleeve, U2, 51
snap (o snap to grid), U5, 114, 115
software, U3, 76

soglia del dolore, U5, 123
soglia di udibilità, U5, 122
solo, U1, 4 - U4, 96
sorgente sonora, U1, 12
soundwalk (passeggiata sonora), U6, 149
soundscape, U6, 149
soundscape composition, U3, 74
soundscape design, U6, 149
spazializzazione, U1, 8
spettro, U4, 99
spina, U1, 5
standard midi file (smf), U9, 219
status byte (o byte di stato), U9, 212
stereo, U1, 6 - U2, 22, 55
stereo sbilanciato, U2, 54
stereo width/spread (riverbero), U8, 196
stop, U4, 91
strofa, U3, 75
strumenti tradizionali, U1, 3
sustain pedal (cc64), U9, 217
sweet spot, U3, 72

T

tempo di riverberazione, U8, 194
timbro, U1, 9
timecode, U5, 124
timeline, U4, 90, 91
time stretching, U8, 188
timpano, U9, 191
tip, U2, 51
toolbar, U5, 113, 115
tracce, U4, 90, 91
tracce audio, U4, 96, 104
tracce instrument, U4, 104 - U9, 205, 208
tracce midi, U4, 104
tracce video, U4, 104
transitori, U4, 100, 101
transport bar, U4, 91
trasduttori, U1, 24
trs, U2, 51
ts, U2, 51

U

undo, U5, 115
unità di input, U3, 77
unità di output, U3, 77

unità di tempo (delay), U8, 198
ultrasuoni, U1, 20
usb, U3, 70, 71

V

vbr, U4, 106
velocity, U9, 214
virtual instrument, U9, 205, 208
vista edit, U4, 89
vista mixer, U4, 92
volume, U4, 96
vu meter, U2, 60

X

xlr (o cannon), U2, 53

W

wet (vedi dry/wet), U8, 180, 183

Z

zoom, U5, 115

Ingram Content Group UK Ltd.
Milton Keynes UK
UKHW020714270723
425884UK00005B/6

9 788890 548475